服装零售
终端运营与管理

（3版）

孙菊剑 著

東華大學出版社
·上海·

内容提要

本书从系统论的角度出发，针对服装零售终端运营与管理所涉及的最重要的选址、形象、货品、销售、人员、服务等方面进行系统阐述，既融合了管理学、组织行为学、人力资源管理、市场营销学、供应链管理、服装信息技术等学科的相关理论研究成果，又参考了数十家国内外优秀服装企业的零售终端管理资料，并从中优选了部分案例与读者分享。

本书主要面向的读者为从事服装零售终端运营与管理工作的人员、服装及相关专业师生，以及其他有志于从事服装零售行业的人员。

图书在版编目(CIP)数据

服装零售终端运营与管理/孙菊剑著. —3版. —上海：东华大学出版社，2019.2

ISBN 978-7-5669-1537-5

Ⅰ.①服...　Ⅱ.①孙...　Ⅲ.①服装—零售商业—销售管理　Ⅳ.①F717.5

中国版本图书馆CIP数据核字(2019)第004265号

责任编辑　张　静
封面设计　魏依东

出　　　版：东华大学出版社(上海市延安西路1882号，200051)
本 社 网 址：http://dhupress.dhu.edu.cn
天猫旗舰店：http://dhdx.tmall.com
营 销 中 心：021-62193056　62373056　62379558
印　　　刷：上海龙腾印务有限公司
开　　　本：787 mm×1092 mm　1/16　印张 14.25
字　　　数：388千字
版　　　次：2019年2月第3版
印　　　次：2023年7月第3次印刷
书　　　号：ISBN 978-7-5669-1537-5
定　　　价：55.00元

前言 | PREFACE

国内服装行业已经全面进入品牌时代，而服装品牌间的竞争最终集中体现在零售终端的竞争。服装品牌前期所有的设计开发、生产制造、市场营销等内外管理工作，都必须放在零售环节来进行市场检验，零售业绩无疑是检验服装品牌运作工作的最终标准。

在“零售为王”的今天，越来越多的优秀服装企业已经认识到，服装零售的运营与管理是一个非常完整的营销管理系统。从最初的零售终端市场选址与店面开发、空间与形象设计与管理、人员选聘和日常激励与管理、货品进销存管理、特色化服务流程的打造与服务细节的管理、销售数据分析与过程管理、顾客管理等等，每一个环节就好比构成零售业绩这个木桶的每一块木板，任何一块短板的出现最终都可能会影响到整体的销售业绩。然而，在实际的企业市场运作中，能够将这几个方面同时做得非常理想的品牌并不多见。我在为服装设计与工程专业的本科生开设“服装零售学”这门课程时，以及在课余时间为一些服装品牌提供零售终端人员培训时发现，难以找到一本适合该课程需要的关于服装零售终端运营管理的综合性教材。这也成为编写本书的最初动机。

为了尽量做到理论与实践相结合，本书一方面融合了管理学、组织行为学、人力资源管理、市场营销学、供应链管理、服装信息技术等多学科的相关理论研究成果，另一方面参考了数十家国内外优秀服装企业的零售终端管理资料，并从中优选了部分素材作为案例与读者分享。本书从系统论的角度出发，将服装零售终端运营与管理所涉及到的最重要的选址、形象、货品、销售、人员、服务等方面进行系统阐述，希望能够引导读者从理论的高度、系统的高度来认识和分析终端运营管理所面临的问题，同时能够将理论“落地”，为管理者提供一些行之有效的具体的服装零售终端管理的工具与方法，从而实现“明道”与“优术”相结合的目标。本书主要面向的读者为从事服装零售营运与管理工作的人员、服装及相关专业师生，以及其他有志于从事服装零售行业的人员。

在本书编写的过程中，得到了多方面的大力支持与协助。首先感谢我的硕士研究生导师、东华大学服装与艺术设计学院的蒋智威老师，以及东华大学服装与艺术设计学院的其他诸位老师。正是在东华读研期间，我对服装营销产生了浓厚的兴趣，并且把它作为今后工作和学习的方向。蒋老师作为国内服装品牌运作与零售管理方面的专家，承担了本书的评审工作，并提出了宝贵的建议。

感谢北京锐步科技发展公司总经理李文功先生和销售部客户经理唐艳军小姐为本书销售信息化管理提供的相关资料，同时感谢健锐体育用品有限公司常务副总赖硕先生对第三章“货品管理”提供的宝贵建议。本书在撰写过程中还广泛参阅、借鉴了来自互联网的众多业内人士的观点和案例。由于篇幅关系，不能在这里一一列举，谨对他们的无私分享表示衷心感谢。

我的几位学生也为本书的撰写提供了很大的帮助：圣迪奥（南京）时装有限公司安徽大区拓展部经理石琰，七匹狼安徽分公司视觉形象经理刘兵，七匹狼江苏分公司南京区域助理卢雅捷，汉帛（国际）HEMPEL 品牌部计划数据分析师郑丽萍。其中，石琰为第一章提供了很多宝贵建议，刘兵参与了第二章部分内容的写作并提供了大量素材，卢雅捷为人员、销售与服务管理部分提供了参考建议，郑丽萍为销售数据分析部分提出了建议。

孙菊剑

目录 | CONTENTS

第一章　选址与店铺开发

Sears 集团的创立者 Charles Clore 曾说过:“零售业中三个至关重要的因素是选址,选址,选址!”

终端选址是指专业调研人员通过市场考察、评估,并最终确定店铺地址的一个过程,是传统销售模式下产品从生产加工环节走向前台面向消费者的前提条件,是涉及零售企业的一门必修课。有调查显示,一个商店至少有 85%的业绩不是由内部管理控制的,而是由场地和外部因素决定的。在我国传统零售业中,也有“一步抵三市”的类似说法。

随着服装企业的学习能力和复制能力的增强,伴随着人员的频繁流动,商品经营技术已经和商品本身一样,具有了很强的流动性。而优越的店铺位置却具有稀缺性和难以模仿性,正在成为服装企业竞争力的重要来源之一。优越店铺位置的取得,一方面取决于企业的实力,另一方面则有赖于店铺选址的技术。店铺选址技术和商品经营技术构成了现代零售商业竞争力的两大支柱。

服装企业在进行选址决策时,首先需要从宏观层面考虑本企业市场布点的战略,对目标市场容量进行评估,以及对零售业态进行选择;其次是考虑微观层面的选址操作技巧,包括商圈分析、零售终端具体位置的选择等具体问题。

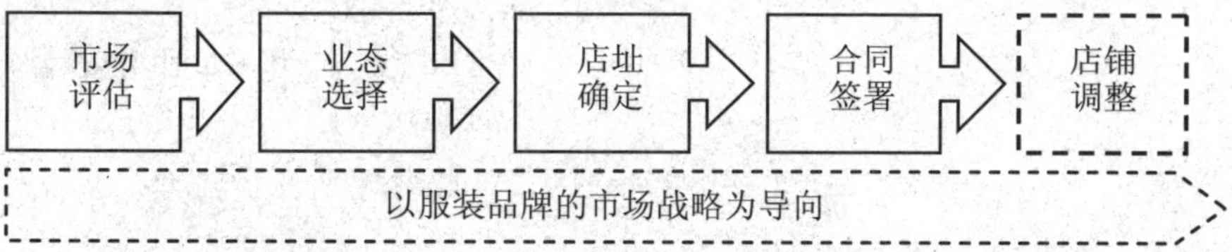

图 1-1　服装零售终端选址总体操作步骤

一、服装零售终端布点战略

“战略”一词最早属于军事概念,在现代被引申至政治和经济领域,其含义演变为泛指统领性的、全局性的,左右胜败的谋略、方案和对策。服装企业在进行零售终端布点时,常见的战略有以下几大类:

1. 辐射型

辐射型布点战略是指在最重要的市场建立一个规模大、形象好、市场旺、管理严的理想卖场。这种理想卖场是策动服装品牌营销的核心力量,并且能够对周边市场形成强烈的辐射带动作用。从全国市场来看,北京、上海、重庆、广州等重要一线城市均能够对各自所在区域形成强烈的辐射；从一个省的市场来看，省会和重要地级市的辐射作用也相当明显，地级市也会对周边县、乡、镇市场起到明显带动作用。

辐射型战略实质上属于一种强势选址战略。该战略适合强势品牌进入一个新的国家或一个新的区域市场，或品牌公司处于企业高速发展期和战略转型期，以配合企业发展速度和规模要求，在当地最繁华商业地段购买或长期租赁大面积、多层店铺，为企业带来强大气势，为品牌快速扩大规模做出贡献。很多大型旗舰店的单店销售甚至可以抵得上一个中小品牌一个省份的销售额。由于采取这种战略需要的初期投入往往较大，因此要求品牌具有较强实力作为后盾。以下是两种不同辐射模式的对比：

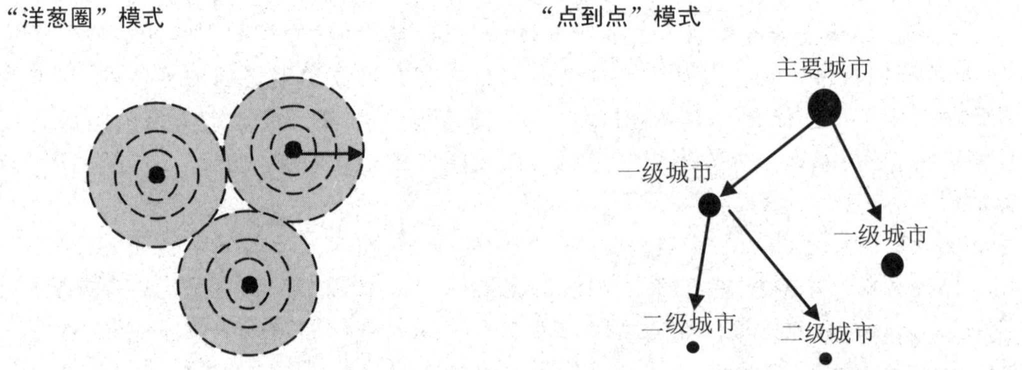

“洋葱圈”模式：
- 能在短时间内在一个区域范围内获得较集中的市场占有率
- 资源需求相对较集中
- 在扩张至周边地区时，分销能力变得更为重要

“点到点”模式：
- 能在短时间内在多个主要城市获得市场占有率
- 对市场扩张有优先排序计划，并有针对性的分销战略
- 资源需求相对较分散
- 在进入二级及三级城市时，分销系统变得更为重要

图 1-2　两种不同的渠道扩张模式

案例 1-1

ZARA“洋葱圈式”的扩张战略

西班牙品牌 ZARA 在进入一个国家开拓市场时，一般首先在主要城市开设一家旗舰店，其后，随着当地运营经验的逐步积累，再在该国的其他地区开设门店。这就好像洋葱从中心到周边扩散生长的过程。

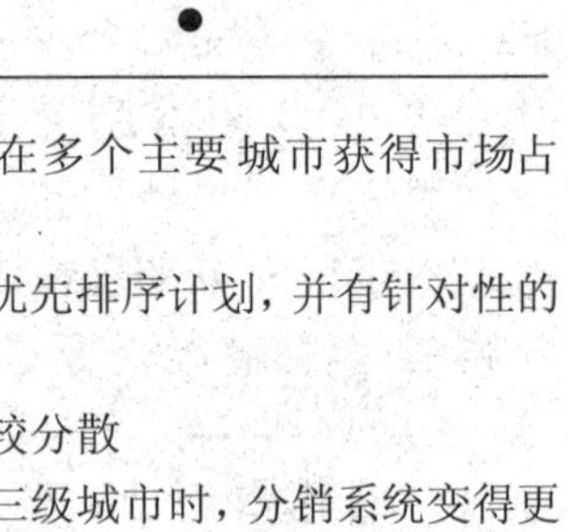

ZARA 由于在进入一个市场之初只开设一家旗舰店，因此完全可以集中财力、人力、物力打造一个能够给消费者具有相当冲击力的门店。这样就能够在短时间内在一个区域范围内获得较集中的市场占有率，能够为将来在统

一国家内的其他门店打造形象和美誉，在积累与改进运营经验的同时，有时间更清晰地观察和感受市场。另外，由于初期只有一家门店，因此即使在该国经营绩效不佳，也便于及时更改经营策略，甚至退出市场以减少损失。因此，ZARA 采取了一种相对稳健的市场拓展策略。

2. 包围型

采取包围型战略布点的品牌多是处于相对弱势的品牌，为了避开强势品牌的正面冲突，而采取的避实就虚的布点方式。采取该战略能够保存弱势品牌的实力，将本企业有限的资源投放到强大竞争对手尚未重视的市场中，在一定程度上获取强势品牌的市场份额。不仅仅是一些实力不强的新品牌会采取包围型战略，甚至一些实力较强的区域性品牌在拓展新市场时，也可以采取这种方式来减少经营风险。中国幅员辽阔，仅县级市场就有 2000 多个，星罗棋布的四线甚至五线市场孕育着巨大的市场机会。

案例 1-2

以纯的“农村包围城市”

以纯在早期从批发向品牌转型的阶段，由于品牌处于弱势地位，为避开与强势品牌正面竞争，采取了一种农村包围城市的策略。由于 20 世纪 90 年代，国内品牌竞争的主战场仍然集中在城市，大多数县乡市场还未能引起足够重视，成为了品牌服装的真空。以纯从这些四五线市场着手，以较低的进货折扣，吸引了大批的代理商和加盟商，通过总代理从原有的批发市场走向全省各地市、各县、各镇网点。这种农村渠道路线使以纯从生产批发型的企业迅速转型成一个知名品牌企业，并通过这个过程迅猛发展和成长起来，在规模做大的同时，积累了品牌管理经验，并逐步对原有终端进行调整和升级，在积累了足够的实力之后，逐步进入国内二三线服装市场，最终跻身于国内休闲装一线品牌之列，实现了“农村包围城市，最后占领城市”的战略目标。

3. 密集型

所谓密集型布点，指的是在特定销售地区，建立多家有规模、有形象、有市场、管理规范的卖场。这种销售卖场群是确立服装品牌在该地区营销优势的主要保证，通常是品牌在重点市场为确保优势竞争地位时采取的策略。密集型布点常被运用于运动品牌和休闲品牌。由于这些服装品牌的产品同质化程度往往较高，因此品牌之间的竞争往往集中体现在店铺数量和店铺质量的竞争上。密集布点为这些品牌最大化地占有市场份额提供了最重要的保证。

服装零售业未来发展正在不断走向垄断，“马太效应”日益明显。垄断需要更大体量、更大规模、更丰富的品牌来打击竞争对手，树立自身优势。密集型开店为服装企业抢占市场先机、垄断市场提供了必要条件，也是品牌在进行多元化、多品牌、多层次定位时快速获得优质渠道的捷径。常见的多开店的方式，以位置错落、互相呼应为宜。此外，形象店、标准店、特价店之间需要协调搭配。

案例 1-3

为何同一品牌在一条街开出多家店?

在终端为王的今天,同一品牌在同一条步行街一口气开四五家店的比比皆是:"真维斯"一度在石家庄的中山路拥有 6 家店铺,天津滨江道有 5 家"应大"专卖店,"耐克"在长春人气最旺的一条街有 4 家店,"美特斯·邦威"在合肥步行街也开出了 4 家店……

密集开店实际上是针对了大中型城市的特点和消费者的购物心理:大中型城市店铺数量多,信息丰富,消费者喜欢比较同类服装后再进行购买。这些品牌在一条街上开出多家店,既增加成交的几率,又形成了品牌的"造势",强化了品牌在消费者心目中的印象,产生广告效应。有些休闲装品牌密集开店则是为了打击竞争对手,挤占对手的经营空间。有时候密集开店也是由于品牌一时之间难以找到大店,为了将货品更完全地展示出来,只有采取开多家店的方式。此外,也有些服装公司采取多品牌战略,客观上要求密集开店。例如班尼路公司旗下拥有 12 个子品牌,这些子品牌常常会集中在一起开店,群体效应和规模效应非常明显。在广州当地最繁华的商业街中山路上,班尼路旗下的 6 个子品牌的店铺一字排开,各个子品牌的产品定位各不相同,形成了极强的集群效应。

4. 分散型

在特征销售地区,按照服装经营定位,有针对性的设立销售卖场的营销策略。往往适用于一些定位比较窄的的品牌,由于消费对象明确,品牌可以根据顾客群的分布情况而选择分散型布点,以迎合顾客群的需要。例如一些高端的奢侈品品牌由于客群往往较为集中,数量也很有限,因此往往布点会非常分散,而不是像大众品牌那样密集布点。

5. 投资型

投资型布点可分成两类:一种是不考虑赢利为目的的策略,其基本要求是建立定位高、管理服务好、商誉形象佳的销售卖场,这种卖场是品牌寻找区域代理、拓展各地市场的一种营销工具。其实质是将零售终端作为品牌形象店,用于品牌进行市场拓展和带动周边市场的销售。

另一种投资型布点,指的是在进行服装终端布点的同时,将商铺本身作为投资经营项目来运作,利用商业地产良好的市场升值空间来获取利润。主要表现为两种运作手法:一种是与商铺所有者签订长期租赁合同;另一种是直接购买的方式,其实质是商业地方地产的运作。当前优质商业地产已经日益成为稀缺资源,对于有实力的品牌公司来说,会考虑以自购的方式来获取商业地产,一方面保证了品牌自身商业经营的稳定性,同时,优质的商业地产本身也具有增值性。

案例 1-4

麦当劳的生意经

令人吃惊的是,麦当劳公司的支柱其实并不是汉堡包,更不是薯条,竟然是与之毫不相干的房地产。可以这样说，如果麦当劳不是有一套以房地产赚钱的本领，很可能就不会有今天的发展。

当年麦当劳公司的总裁克罗克在扩展业务时，坚持不出卖地区连锁权，只售卖个别连锁权，以确保连锁店的品质，但遇到的最大问题就是个别加盟者多半都缺乏资金，无法支付 3 万美元的土地费用和 4 万美元的建筑费用，更无能力争取贷款。为此，麦当劳不得不成立了一个连锁房地产公司，负责寻找适合的开店地点，向地主租赁土地和房屋。连锁房地产公司以 20 年的合约向地主租得土地、店面以后，再将店面租给连锁店主，在其中赚取差价，麦当劳至少可以在房地产上赚取 40%的利润。麦当劳还要求，当餐厅生意达到一定水准以后，各店必须缴纳一定的营业百分比，作为增值租金。这百分比由初始的 5%逐年增加。

自从麦当劳开始实施这种租约制度以后，便要求加盟者首先支付一定的保证金，其中一半在 15 年之后归还，另一半在 20 年期满后归还。这使得麦当劳马上有了可周转的现金，可以进一步以 10 年贷款的条件向银行申请抵押贷款，用以购买这些房地产。也就是说，麦当劳可以不掏钱便买进土地房产，所有的资金都是由加盟者和银行支付。

随着时间的推移，麦当劳还通过买下土地自建连锁店的方式扩大其连锁房地产业务。麦当劳一般以 10 年分期付款的方式来购买土地，再以连锁房地产公司的名义租给加盟者，并使用加盟者交纳的保证金作为土地购置的首期款。购买土地的差额则是由地主支付的，而且地主须将第一债权人的权利让给麦当劳，以使麦当劳向银行取得贷款建屋的资格。自从麦当劳自行购买地产以来，连锁房地产公司最大的任务就不在于寻找地主，而在于找到更多愿意贷款的银行了。从上世纪 60 年代初开始，麦当劳便雇佣了一批专业房地产人才在全国各地寻找适当的地产，还雇佣一组专业人士专门替公司找贷款，他们以支付高额利息为条件，专与各地的小银行交易。这一战略相当奏效，使其在上世纪 60 年代初得以迅速扩张。

目前，在麦当劳 9300 家店面中间，有 60%是属于麦当劳的，其他 40%则是由总部向地主承租的。这使得麦当劳成为全美价值最高的零售房地产公司。

麦当劳的收入中，约有 1/3 来自直营店，其他全部来自加盟店，而这一部分收入的 90%来自房租。开发房地产的战略不仅为麦当劳带来了利润，更重要的是由于控制了房地产权，总公司才能要求加盟店按照其规则行事。

麦当劳到底应如何保护自己，不让加盟者将麦当劳的招牌取下，换上自己的招牌，而拒缴加盟金呢？它如何能使加盟者按照其所希望的方法来制作汉堡包、管理店面、设定菜单呢？经验表明，加盟合约其实并不发生作用。因为在发生这种纠纷时，法院一般会同情弱者，不会站在大公司这一边的，而房地产租约却是最好的“教鞭”，可以使它完全掌握加盟者的行动。

麦当劳这种以经营房地产而谋利的方法，使得加盟者与总部之间的利益不但不冲突，反而使大家站在同一战线上。在加盟者成功地实现高营业额之前，麦当劳只收取很低的基本租金。当营运状况上升到相当的数量时，租金才由基本费转换为按营业额的百分比计算。

麦当劳一定要等到连锁店开始缴纳营业百分比式的租金时，它的投资才开始回收。目前，麦当劳在其9300家连锁餐厅中，除每个月均有500家不能达到付营业额百分比的标准外，其余各分店均能交纳8.5%的租金和3%服务费。在这种情况下，对麦当劳来说，最能够增加收入的方法，便是监督各店的营运，鼓励各店开拓市场。这样，麦当劳一贯坚持的品质、服务、卫生标准最终在经营中得以落实。

6. 混合型

服装企业在实际终端拓展时，常常根据具体情况将以上各种布点战略进行组合运同。

案例 1-5

圣迪奥的布点"组合拳"

南京圣迪奥公司是一家颇具实力的区域性时装品牌，公司在进行选址布点决策时，依据不同市场的情况采取了组合式的布点战略。例如在安徽市场，圣迪奥非常重视省会合肥的辐射作用，在安徽省最著名的商业步行街——合肥步行街开设了数百平米的旗舰店，对周边市场起到了很强的辐射作用。并且在步行街短短的几百米以内，密集开设了另外4家店，在整个合肥市累计开出了16家店，合肥市的销售占该公司在安徽省总销售的相当大一部分比例。而在大部分县级市场则采取了分散性布点，往往只是有选择性地开出一个店，甚至选择了不开店。在公司具备了一定的实力之后，开始有计划地进入上海、北京等一线城市的市区周边市场，进行包围式布点，为占领一线市场做好前期准备。此外，圣迪奥公司正在有计划地对有投资价值的商业地产进行投资购买，用以本品牌的店铺经营。

服装企业在具体选择选址战略时，可以采取单一的战略也可以采取混合式的战略，这取决于公司战略、品牌的定位、企业的内外部资源状况、企业所处的发展阶段、品牌的生存方式、市场竞争情况等多方面综合因素的考虑。

二、服装市场容量评估

对目标区域市场进行市场容量评估，是选址的基础性工作之一。较为准确的市场容量评估，有利于企业做出合理的选址决策。由于采用的手段和分析方法不同，市场容量的评估可分为定性评估和定量评估两大类。

1. 定性评估

定性预测方法是根据经验和定性分析判断，对预测对象的发展变化趋势和状态进行预测的方法。该方法适用范围广、成本低、费时少。缺点是受预测者的主观因素影响大，较难提供准确的数据作为统计的预测值。常用的定性预测方法是集体判断法和参照法。事实上，由于市场中服装品牌间的竞争是一个复杂的动态博弈过程，当中包含着很多不确定因素，如果定性的研究能够充分了解行业的发展历程，了解行业的产业链状态，了解行业的机会点和远景，并且结合目前的市场状况，以此来做出未来市场的预测，这样的预测比单纯的数据预测反而更有科学性。

（1）集体讨论法

这种方法是将销售主管集体讨论的看法和预测结果与统计模型相结合，形成对市场容量的集体预测，主要应用于新产品的研制开发期预测及公司发展的中长期预测。虽然是以个人经验为基础，不像统计数字那样令人信服，但由于销售人员熟悉市场，凭着销售主管丰富的经验与敏锐的直觉预测市场，弥补了统计资料不足的遗憾。具体操作可先让每个参与预测的人员对下年度的销售最高值、最可能值、最低值分别进行预测，提出书面意见，由管理部门算出不同人员的概率值，再据此求出平均销售预测值。

（2）参照法

参照法通过各种渠道，了解该市场中现有的和自己品牌相似品牌的经营状况，以此作为本品牌选址的决策依据。这种方法具有直接、便捷的优点。

2. 定量评估

定量预测方法是根据历史和现状的统计资料，应用数学方式对预测对象的发展变化趋势进行预测的方法。针对某个区域的定量容量评估，可用于终端布点的速度与数量等决策。定量预测的方法很多，较常用的是简单平均法、移动平均法、加权移动平均法、指数平滑法、一元线性回归法等。定量预测是用各种变量构建的模型来表示需求和各种变量之间的关系。

3. 市场容量评估的注意事项

（1）宏观分析、行业分析是前提

宏观分析、行业分析是一切市场分析的前提，当前服装市场价格竞争异常激烈，其根本原因在于同质化的产品市场供给已经严重饱和，这样的特点必然会导致低层次的价格竞争。行业环境往往是一个企业是否最终能够制胜的根本，而行业分析往往又是整个市场研究领域里难度最大的一个研究方面。例如：一个地区人口所从事的行业比例结构，也会决定当地服装消费的总体水平和结构比例。

（2）认准细分市场

服装产品的整体市场之所以可以细分，是由于消费者或用户的需求存在差异性。引起消费者需求差异的变量主要有 4 类，即地理变量、人口变量、心理变量、行为变量。现实中，企业一般是组合运用有关变量来细分市场，而不是单一采用某一变量。以这些变量为依据来细分市场就产生出地理细分、人口细分、心理细分和行为细分 4 种市场细分的基本形式。分析市场潜量只能按照所针对的服装产品、所针对的客户群来搜集不同的数据作为决策依据，同一种数据对于不同定位的服装品牌其重要程度也不同。

（3）正确地搜集数据

有些企业在做市场容量分析的时候，由于对新市场充满热情，分析中的感性成份太多，常常会无意识地抬高市场潜量期望值，表现在某些估算数据明显比实际状况要高得多，而对不利因素或风险因素则人为地避重就轻。此外，有时还需要对某些数据进行修正。例如：对人口收入水平进行分析时，一般采用商圈所在的某一地区的平均收入水平，统计到的常常是一些表面数据，与实际相比，可能有较大的出入，因为对有些行业或个人，会有相当高比重的灰色收入未被考虑在内，若不根据实际对需要采用的数据进行必要的修正，势必会造成商圈分析的误区。再如：人均GDP基本表现了一个地区的发展水平，但并不能完全表明这个地区的人民生活水平，而人均储蓄和人均可支配收入则能够表现这个地区的居民购买力。

（4）避免单纯的数据分析

单纯的数据分析就是仅仅根据数据去预测数据。从表面上看，此种分析非常有科学性，很多市场研究人员也非常苛求数据的正确性，按照大家所熟知的最小二乘法、因子分析、聚类分析等方法来预测未来的市场潜量。事实上，未来绝不可以仅仅用已有数据来分析。即便对于一个相对饱和的市场，如果某品牌具备相较之于对手的比较竞争优势，那也可能意味着巨大的市场机会。

对于一个具体的服装品牌来说，在进行市场容量评估的时候，由于涉及的各种影响因素非常繁杂，既包括宏观经济形势和当地经济环境，又涉及各种不可预测的因素的影响。在一个地区之中，各品牌所占的市场份额始终处于动态的竞争与变化之中，因此还必须考虑品牌之间竞争结构的变化趋势。

三、服装零售渠道类型的选择

1. 零售渠道的定义与划分方法

将服装等产品直接销售给最终消费者的各种销售组织称为零售渠道。零售渠道的种类可以采用以下方法进行划分：

（1）按经营权和所有权划分

主要有直营、加盟、授权、联营、托管等经营方式。

➢ 直营

企业采取直接经营的方式，对店铺的货物、资金、人员、信息、形象等进行直接管理，其优点是便于企业对零售终端的完全控制，缺点是会占用企业大量的人力、物力和财力资源，特别是当店铺数量规模较大时，对企业的管理能力和资金实力要求很高。例如：不同于其他快速扩张的企业，拥有ZARA等多个著名品牌的西班牙Inditex公司，其自有商店的比例接近九成，只有极少数商店采取特许经营，从而获得了很高的网点质量与统一管理水平。

➢ 加盟店

指服装企业将所拥有的服装商标授权给加盟主，让加盟主可以用加盟总部的形象、品牌、声誉等，在商业的消费市场上招揽消费者前往消费。而且加盟主在创业之前，加盟总部会先将品牌运作的技术经验教授给加盟主，并协助其创业与经营，双方都必须签订加盟合约，以达到共同获利的合作目标。加盟总部可根据不同的加盟性质向加盟主收取加盟金、保证金和权利金等。加盟店和直营店是目前当今服装消费终端的两种主要构成模式。采取加盟的经营方式可以使得加盟双方各自的优势资源实现互补和共享,从而实现双赢。其优点是有利于品牌公司利用现有的品牌资源以较快速度和较低成本进行市场拓展获得规模,从而获得领先优势;不利之处在于品牌公司有可能会对加盟店控制不力,或加盟店与直营店之间易出现渠道冲突。此外,对加盟主而言,由于经营的是别人的品牌,始终是在“为别人做嫁衣裳”,因此常常会出现一些短期性行为,在损伤品牌价值的基础上来实现自身利益最大化。

➢ 特许经营

指由特许经营者向转让者支付一定的转让费而获得的专利、商标、产品配方或其他任何有价值方法的使用权,转让者不控制战略和生产决策,也不参与特许经营者的利润分配。服装公司负责提供品牌、管理和培训,以及集中统一的生产、服务体系,合作方利用统一的品牌来经营,最后双方按照约定来分享商业利益。特许经营的一个优点是便于品牌公司以很低的风险即可进入一个新的市场,特别是一些国际品牌进入陌生国度的市场;特许经营的另一个好处是服装品牌公司可以保证在投资很少的情况下确保得到稳定的收入,它会对现有的经营状况产生杠杆作用。特许经营最大的缺点在于品牌公司在对零售终端的产品、服务的控制上较为困难,授权对象的短期自利行为可能会使品牌无形资产受损。

➢ 联营

联营在我国的《民法通则》里是指企业之间、企业与事业单位之间横向经济联合的一种法律形式,分为法人型联营、合伙型联营和合同型联营。在服装零售经营中,联营常见于服装品牌公司与百货商场的合作方式。一般由品牌公司提供品牌、货品和统一的形象装修,由百货公司提供经营场地、统一的人员管理和收银等其他后勤服务,最终商场和品牌公司采取对流水账倒扣一定扣点的方式,或采用店铺保底销售加提成的方式进行利益分成。此外,优势服装品牌与连锁经营的商场之间常常会建立战略联盟关系,该品牌享有优先进入商场、优先选择位置和面积的待遇,并得到商场非常优厚的销售扣点支持。

➢ 托管

托管是指服装品牌把部分管理职权委托给特定个人或机构代为管理的经营形式,如今已成为服装渠道创新和渠道外包的重要方式。托管分整体托管和销售托管,整体托管即为托管人全面接手品牌的整体事务,销售托管为托管人仅管理销售环节的工作。通常,托管机构必须具备人员、渠道、资金、管理相对完备的优势;被托管单位存在人员、渠道、管理严重匮乏,不能满足市场需求的相对劣势。通过建立托管与被托管的关系,达到强弱联合、资源共享、优势互补、共同发展的目的。

品牌把销售和通路中的杂事委托托管,可以集中精力解决品牌运营和商品设计等附加值更高的事务。托管商一般是本地精英,托管使得渠道本地化;采用托管方式,佣金是固定的比例,使流通环节的费用固定化,开支看得见,预算不会突破;采用托管方式，使得销售环节的激励直截了当，有合同为依据，双方责权明确，同时使品牌公司的管理工作大大简化。

托管属于新的通路形式，没有固定的模式，不像特许和代理已经历很长时间的考验，其合作形式、双方责权利和法律文本都比较成熟。许多托管往往是"君子协定"，没有法律文本，即使有文本也存在很多漏洞，易出现法律纠纷。此外，合理分利点数很关键。分利点数多少跟托管方的责权利的大小密切相关。点数太小，对托管方起不到激励作用，而点数过大，被托管的品牌利润势必受到很大影响。平等诚信是良性合作的基础，双方只有坦诚相待，诚信合作才能实现双赢，不能强调一方控制另一方。

表 1-1　服装品牌的几种主要经营模式对比

	自主经营	区域代理	联营合作	特许经营	托管
优点	管理模式统一 快速反应及时 执行力较强 资金周转快 行业超额利润	经营风险转移 借用资源 变相融资	经营风险均摊 快速反应及时 借用资源 资金占用量少	管理模式统一 快速反应及时 执行力较强 风险部分转移 借用资源 变相融资	管理简化 渠道开发成本低 费用固定 激励明确 优势互补
缺点	投入资金较大 管理费用较高 经营风险自担 无变相融资 资源开发维护成本高	难以统一管理 反应速度减缓 执行力削弱 资源受制于人 行业一般利润	难以统一管理 资金周转减缓 执行力削弱 资源受制于人 行业一般利润	行业一般利润 合作双方相互制约	易出现法律纠纷 渠道资源受制于人 执行力削弱 行业一般利润

(2) 按设立目的划分

可以大致分为形象店、标准店和特价店三大类。

➢ 形象店

其目的一方面是为了在特定的市场树立品牌形象，另一方面是为了带动本品牌的其他店铺在周边市场的销售。形象店可能盈利，也可能不盈利，其共有的特点通常是：经营面积较大，处于黄金地段，店铺形象和服务水平代表了本品牌的最高水准。宽敞舒适并装修精美的大型店铺，不仅为顾客提供愉快的购物环境，也能起到良好的品牌和产品宣传效果，同时有助于保证公司在各城市的黄金商业位置拥有稳定的店铺资源，加强公司品牌形象的辐射与渗透力。

➢ 标准店

以盈利为主要目的，形象与服务水平良好，货品结构合理。与特价店相对应，标准店铺的价格往往较高，有时也称为正价店。标准店往往是服装品牌销售的主要渠道，也是利润的主要来源。

➢ 特价店

以清理库存和滞销产品为主要目的，通过设立专门的特价店，与主力店铺相区别，以避免特价产品在正价店内同时销售而影响正价产品的销售。

这三类店铺的划分界限相对比较模糊，尽管在设立目的上各有侧重，但也存在一定的重叠；而且不同类型的服装品牌，其内部划分标准也各不相同。

案例 1-6

表 1-2　某时装品牌对不同功能的店铺划分

	旗舰店	形象店	标准店	特惠店
目标城市	首都、直辖市、省会和部分发达城市	经济较发达的地级城市	所有类型城市	所有已开发正价店铺的城市
面积要求	500 米以上	200～500 米	100～200 米	80 米以上
形象要求	10 米以上门宽 首层不小于 150 米，层数 1～4 层	9 米以上门宽 首层不小于 150 米 层数 1～3 层	8 米以上门宽 以单层结构为主（可考虑 2 层）	7 米以上门宽 特殊情况可适当放宽条件
商业地段	核心圈层、内圈层的商业中心及外圈层的交通要道	核心圈层、内圈层的商业中心及外圈层的交通要道	核心圈层、内圈层的商业中心，同行高度聚集	商业中心及其附属商圈，市场环境好且正价店饱和区域
业态形式	外店	外店，优质商场	外店，优质商场、室内步行街	外店，超市内店，折扣百货
功能定位	区域辐射，广告形象，销售，人员培养	广告形象，销售，人员培养	销售，人员培养	消化库存
销售考核	年销售 1 000 万～2 000 万元	年销售 350 万～1 000 万元	年销售 200 万～400 万元	年销售 120 万元以上

（3）按零售业态划分

所谓零售业态，是指零售企业为满足不同的消费需求而形成的不同的经营形态。零售业态是动态的、发展的概念。随着生产的发展、需求的增长，零售业态也在不断地发展。服装品牌公司需要针对各自特定消费者的特定需求，按照一定的战略目标，有选择地运用服装商品经营结构、店铺位置、店铺规模、店铺形态、价格政策、销售方式、销售服务等经营手段来提供服装销售和服务。服装零售业态主要有以下几类：

➢ 百货商场

百货商店最早在 19 世纪中叶产生于巴黎，掀起了第一次零售革命的风暴，后蔓延至世界。对于百货商店，各国有不同的定义。菲利普·科特勒认为：百货商店一般销售几条产品线的产品，尤其是服装、家具和家庭用品等。每一条产品线都作为一个独立的部门由专门采购员和营业员管理。

由于受到新兴零售业态的巨大冲击，百货商店已经进入调整和转型期。以西尔斯、彭尼为代表的传统百货店开始转型，核心是做好加减法，具体地说是先减后加。减少单体店的营业面积（减至 5 000 平方米左右），减少经营品种，重点经营某一大类具有经营优势的商品，专注于精品化、品牌化、高利润、低周转的百货，体现百货公司的层次感、时尚感，引领时尚变化的潮流。如西尔斯突出五金工具、彭尼突出服装和化妆品、诺德斯特龙突出鞋等等，走向了大型专业店之路，取得了成功。但成功不仅在于

"减",还在于"加",即多店铺、连锁化发展,突出规模优势,以与规模化发展的新型业态相抗衡。

鉴于我国经济发展阶段和历史的原因,百货业仍将在相当长的时期内继续保持中国零售市场的主要业态地位。百货零售企业占全社会消费品零售总额的比重仍在稳步增加,其发展的绝对速度仍然维持在较高水平。大型百货商店优雅的购物环境、良好的信誉、错落有致的布局和出色的顾客体验,往往是追求品质的知名品牌服装理想的销售场所。

➢ 专卖店

专卖店分为品类专卖店和品牌专卖店两大类。

品类专卖店指专门经营某一细分品类的服装产品的店铺,如内衣专卖店或者童装店等。其优势可以将不同品牌的同一大类的产品集中在一起销售,给消费者提供更多的选择余地。

品牌专卖店指专门经营或授权经营某一服装品牌的专卖店,通常采取连锁或特许经营,在产品、店铺形象、价格、服务等方面采取品牌公司的统一标准进行管理和复制,有明确的品牌定位和目标市场。品牌的使用通常具有排他性,在同一品牌专卖店内一般不允许经营其他竞争品牌的产品。经营的商品可以是某一类的商品,也可以是某一品牌的不同大类商品。如七匹狼品牌专卖店,既有衣服专卖店,也有专门的皮具专卖店;此外,还有大型的综合性的生活馆,经营七匹狼服饰的各大类产品。

服装专卖店一方面朝着大型化的旗舰店方向发展,另一方面,当品牌形象塑造完成后,又会朝着进一步的细分化方向发展。随着产品数量、种类的快速增加,消费者的需求更加细腻和专业,现有的专卖模式已经不能完全满足这些变化。品牌"主题专卖"将成为未来专卖店的发展方向之一。品牌主题专卖是对同一品牌再次商业细化,如李宁专卖经过细化分为了李宁篮球服装用品专卖、李宁足球服装用品专卖、李宁旅游服装用品专卖等,雅戈尔专卖经过细化分为雅戈尔高尔夫专卖、金色雅戈尔专卖、雅戈尔运动休闲专卖等。主题专卖是品牌经营中,单一品牌深度营销战略的实用战术。

主题专卖也是对现代商业房产的适应。在城市中较为成熟的商圈内,商业用经营场地很少有较大面积的用地且地租昂贵,以面积为基础的"旗舰"专卖在现代都市中是少有落脚之地的。主题专卖既保持了统一品牌的整体效果,又因它具有"化整为零"的经营特点,所以十分适合现代商圈地产情况。而且,分布合理的主题专卖店,可以形成良好的网络品牌优势,对消费者进行市场空间上的包围。同时,主题专卖也是体验营销的应用。主题专卖因为表现主题明确,所以在内部设计上更能从主题出发设计陈列环境,让消费者充分感受到服饰所传递的理念。如消费者来到李宁篮球服装用品专卖店,首先看到的是一个镶嵌有篮球的主题门头,在店里面看到的是 CBA 和 NBA 电视镜头、篮球杂志、夸张的扣篮模型,听到的是 CBA 和 NBA 动感的现场转播……李宁篮球服饰在这里已经被篮球运动融合。服饰环境中的一切都包含了篮球的信息,消费者的购买欲望在这里被激发出来。

案例 1-7

耐克城

1992 年，耐克在芝加哥城的北密歇根街区开设了第一家“耐克城”商店。这是从未在创建品牌中出现的方式。这家零售店的销售空间有 3 层楼，将近 7 万平方英尺，18 个独立的销售场展示所有的耐克产品。更重要的是，通过表现耐克品牌的活力、“Just do it”的哲学和直截了当的态度，商店传达了耐克的核心精神。空气里弥漫着 MTV 风格的音乐，大屏幕上重放着许多经典比赛，店里悬挂着麦克尔·乔丹在空中飞跃的巨幅海报，还有一个乔丹专柜。商店的建筑风格、布局、摆设、工作人员和整个氛围都在叙说着耐克自己的故事。

1996 年，耐克城商店超过艺术馆，成为芝加哥最热门的旅游点，年客流量超过 100 万人，销售额达到 2 500 万美元。芝加哥耐克城开张 6 年之内，包括纽约在内的更多的耐克城出现了。这些商店给消费者带来的是不受任何竞争者和零售商限制的无拘无束的“耐克体验”。与此相比，大多数接近消费者的方式是分散的、零星的，大多数销售耐克的零售商也不会为创建耐克品牌腾出这么大的空间。因此，耐克城商店在品牌创建中发挥了关键的核心作用，它们是聚合其他品牌活动的号令官。

➢ 奥特莱斯

奥特莱斯(OUTLETS)是指品牌直销购物中心，专门经销全年打折的品牌产品，如过季产品、下架商品、断码商品等，目标顾客定为“一切喜欢名牌的消费者”。在西方，品牌折扣业态已经非常成熟。“OUTLETS”业态最早出现在美国，当时一些美国的服装厂把自家的库存、下架服装放在门口的零售店销售；久而久之，各品牌的折扣产品集中在一起销售，使喜爱品牌又图便宜的消费者欢喜不已。从此，专门经销品牌过季商品、下架商品、断码商品，以及出口“甩单”商品的商店，称为“OUTLETS”。如今，名品折扣店这个概念已经有了很大的变化，不仅出售名牌折扣商品，更发展成为一种成熟的独立商业形态。国内品牌折扣店品牌“梵非”根据纳斯达克“板凳理论”，提出了“折扣店四方论”，即一个标准的“折扣店”生存、发展、壮大离不开四方面的平衡互动：“最低成本进货”“有丰富物品可卖”“产品最大化被人们愿意疯狂购买”“店铺经营有道，时刻保持旺季姿态”。奥特莱斯的最主要产品往往是时尚度相对较低的男装和运动类产品。

标准意义上的“OUTLETS”需满足三大特点：低折扣、一个小时车程、品牌直销。在我国，随着品牌服装消费群体的数量快速增长，与“品牌时尚消费”的高价格两者之间的供需矛盾愈发显得突出。与此同时，我国的服装库存量仍逐年递增。由此可见，“OUTLETS”在我国仍然有很大的发展潜力。并且随着时间的推移，整合了大量品牌供应商资源的“OUTLETS”销售平台，将会朝着品牌化、大型化、连锁化的方向迅速发展。

➢ 超级市场

近几年出现的大型综合超级市场(沃尔玛、家乐福等)、会员店(SAM店、普尔斯马特等)、仓储式商店等大型卖场,已经成为与百货商场竞争服装销售的主要对手之一。这些超级市场相对规模大、成本低、毛利低,通常采取连锁经营的方式。20世纪90年代后期,我国超级市场开始经营服装产品,如休闲装、内衣、袜子、针织品等。随着超级市场的发展,服装品种也越来越丰富,时装也开始进入销售。目前国内的大型超级市场通常与大型服饰商场紧邻在一起,进行捆绑式经营,以实现不同业态之间的产品互补、客流共享。

➢ 销品茂

超大规模购物中心(SHOPPING MALL)产生于20世纪初,50—60年代在美国等发达国家盛行,掀起了商业经营方式的新浪潮,并逐渐以其购物、餐饮、休闲、娱乐、旅游等综合性经营模式与完美的环境配套设施而风靡欧、美、日,及东南亚地区。其定义是:“大型零售业为主体,众多专业店为辅助业态和多功能商业服务设施形成的聚合体。”

“SHOPPING MALL”的显著特征是规模大、功能全,一般由若干个主力店、众多专业店和商业走廊形成封闭式商业集合体,面积通常在10万平方米以上,集购物和其他商业服务,甚至金融、文化功能于一体,提供全方位服务。

作为商业零售业发展历程中的最高形式,“SHOPPING MALL”在发展过程中经历了不同的阶段,也呈现出不同的经营风格:

美国“SHOPPING MALL”主要依托市郊高速公路建立封闭式大型购物中心,规模巨大、设计简洁是其显著的特征;欧洲在沿袭美国模式的基础上,不断以旧城市商业中心的改造和复古建筑、人文设计,赋予购物中心新的发展内容;日本、东南亚地区自20世纪70年代大量出现的购物中心,以“大型仓储式超市”替代百货店作为主力店的发展趋势,重点突出休闲娱乐功能和商品成本优势。

案例1-8

凯撒宫古罗马商场的“体验之旅”

凯撒宫古罗马商场位于美国拉斯维加斯凯撒宫广场以北的一块4.8万平方米的场地上,与凯撒宫奥林匹克赌场相连接。此项目是一个以高档服装为主的综合性购物中心,除了Gucci、Louis Vuitton、Alfred Dunhill等高档服装品牌外,还拥有Spago高档餐厅及Cyber Sation等娱乐租户。“古罗马商场”在材料的使用和外观上,都希望能够创造出一个罗马城市的感觉。例如:商场的地板由印花混凝土制成,其图案看似罗马街道的粗糙地面;商场的店面有2层楼高,下面是橱窗,外观装饰得像罗马街道旁的商店,并饰有百叶窗、阳台、灯笼和瓦片屋顶。街道上方的拱形屋顶被绘成布满云彩的天空,电脑控制的照明装置每小时循环地将“天空”由桔黄的黎明照成湛蓝晴空的中午,再转为紫色的黄昏。店铺群的外观衬托了周围多变的环境。狭窄的街道与开阔的露天广场相接，并且街道本身也是弯曲的，让游客在行走途中一直能够看到不同的景观。

在顾客游览过程中的第一道壮观景色是"节日喷泉"。在喷泉的圆形大厅内，有巴克斯、阿波罗、维纳斯和冥王星浦鲁托的雕像，这些雕像每隔一段时间就在音频动画的奇特效果下复活，在接下来的7分钟里，游客们可以看到这些雕像动着嘴唇和身体的其他部分并倾听着他们聊天。"上帝喷泉"大广场更具稳重的魅力，除了旁边的高档商店，"上帝喷泉"广场还设有露天咖啡座，顾客们可以在这里边喝咖啡边看游行队伍从面前走过。广场周围则摆设了许多罗马雕像。

由于一期工程取得了绝佳的销售业绩，二期工程在4年后动工建设。二期工程为现有架构添加了无懈可击的购物娱乐综合设施。二期工程的中心建筑是从"上帝喷泉"向西延伸而成的罗马会堂，直径达48米，高26米。在罗马大会堂的中心是引人注目的会说话的拉斯维加斯风格的人形雕像和模拟的亚特兰提斯的下沉。令人眼花缭乱的设计结合了最前沿的投影、动画和水景技术。二期工程还建造了一个190平方米的水族馆，再现了传说中下沉的亚特兰提斯，容纳了加勒比海赤道以北的大量鱼类。由玻璃纤维制成的重约800公斤的新雕塑，包括4匹马、1个长有翅膀的塞壬女妖、2名武士和1头狮子，点缀着二期工程的第四广场。

该购物中心的建筑主题和辅助设施，包括动感陈列，为到达的顾客创造了个性化的愉悦购物体验，也为购物中心的业主创造了巨大的回报。目前，此购物中心已成为拉斯维加斯一个"必须去"的景点，每天约有5万游客光顾这里，每平方米每年的零售额高达12 917美元。

➢ 城市综合体

随着城市商业竞争的不断发展，出现了更高层次的城市商业业态——城市商业综合体。所谓"城市商业综合体"是将城市中的商业、办公、居住、旅店、展览、餐饮、会议、文娱和交通等城市生活空间的三项以上进行组合，并在各部分之间建立一种相互依存、相互助益的能动关系，从而形成一个多功能、高效率的综合体。城市商业综合体基本具备了现代城市的全部功能，所以也被称为"城中之城"。在现今城市土地日益稀缺，而城市人口不断增加的背景下，发展城市综合体是城市集约化发展的必然选择。在一个成熟的城市综合体内，人们可以轻松实现以往需要花成倍的时间、人力、物力、交通成本才能满足的需求。各种经济活动在城市综合体内互动，各种商业资源互相促进。

大型城市商业综合体适合经济发达的大都会和经济发达城市，在功能选择上要根据城市经济特点有所侧重。一般来说，酒店功能或者写字楼和购物中心功能是最基本的组合。国外城市商业综合体的英文名为"hopsca"，是英文单词"hotel（酒店）""office（写字楼）""park（公园）""shopping mall（购物中心）""convention（会议中心、会展中心）""apartment（公寓）"的首个字母的缩写。

当下的中国房地产业，对城市商业综合体有一个约定俗成的定义，从产品形式上讲，一般有五种，即酒店、写字楼、商业、公寓和住宅，称为“4＋1”模式。商业综合体是出于城市土地资源的高度集约需要而产生的，因此其在城市的核心区域和未来的核心区域的具体位置，大致可以分为四类：新开发区的中心商贸区、城市副中心、CBD和交通枢纽。

以近年来在国内迅猛发展的万达广场为例，万达城市综合体通过将不同的业态融为一体，有机地整合了商业、商务及居住等多种城市商业功能，在业态间形成了良好的互动作用。万达项目的占地面积通常为10万～20万平方米，建筑面积为40万～80万平方米，选址多集中在城市副中心、城市开发区、CBD。万达经营业态引入了步行街、百货、超市、家电、美食、影院、星级酒店、高端写字楼、高尚住宅、SOHO。万达广场将步行街称为“灵魂的纽带”。步行街把几个街串连起来的时候，会把小商铺放在步行街里面，还要让人流从主力店到主力店之间必须经过步行街。

➢ 社区店

社区商业是以一定居住地域为载体，为社区居民提供日常物质生活、精神生活需要的商品和服务的属地型商业。国外经验表明，在人均GDP超过3000美元之后，社区商业所占消费零售总额的比例一般在40％左右，有的甚至占到60％。欧美国家的社区商业比较发达，形成了很多的社区商圈。在我国，即使是社区商业相对发达的上海，社区商业也仅占社会商业支出总额的30％左右。社区的概念虽然已提出一段时间，但社区商业还有很多空白点。对于服装与市中心商业圈相比，社区商业因为店面小、房租费用低、业态繁多而更适合个人创业。

案例 1-9

Bono Tailor 社区定制店

Bono Tailor是报喜鸟集团继推出电子商务直销品牌“eBONO”之后的又一特色业务，提供大众化的专属定制服务，其目标消费群以年轻白领为主，解决白领男士对个性化的高品质西服和衬衫的着装需求。“近在咫尺的专属定制”是Bono Tailor最大的特色，相对于闹市区的服装定制店，这种“好邻居”式的开店模式不仅能大大节省用户的时间成本和交通成本，其“大众化”的价格策略更是消除了消费者对服装定制高高在上的距离感。Bono Tailor定制服装大都采用进口面料，辅料也全部采用进口材料，消费者可以根据自身的需求选择。目前，报喜鸟集团在北京和上海已经开设了多家社区定制店。

➢ 小型独立服装店

小型独立服装店是最传统的服装零售形式。从露天市场的摊位到高档服装精品店，都属于这种零售模式。事实上，零售业也是从独立的小商贩的小规模商业活动发展壮大而来的。国内服装独立零售店中出售的商品，很多是从杭州或广州等南方城市贩卖来的产品。其定价无规律可循，有时高出成本价几倍甚至几十倍，有时也低于成本价，皆随行就市，大多数可以由消费者讨价还价。这类服装店的经营规模和店铺面积较之服装专卖店、百货商店和超级市场都小得多，所以提供的服装种类非常有限，在价格方面又不能与减价零售店竞争，以至近年来独立零售商在所有零售机构中所占的份额不断减小。但小规模赋予了独立商店最大的灵活性，在针对细分市场方面也最具有优势，能满足被大的服装零售机构所忽略的小部分顾客的需求。在商铺装潢方面，也可以非常与众不同和个性化，能吸引到消费者的眼球。许多店主乐于与顾客交流，他们之间已经超出买卖的关系，而是培养了朋友间的友谊。所以，一些独立服装店常常会有忠实稳定的顾客群。

➢ 非实体性店铺

随着全球零售业的飞速发展，服装零售市场出现了许多新的零售形式。除了所讨论的实体店铺零售之外，无店铺零售（如邮购目录和网上销售）也得到了迅猛的发展。本书内容主要针对实体性服装零售终端的运营与管理。

不同的零售业态，其社会功能不同，顾客类型和需求也不同。各种零售业态都已形成明显的经营特点，差异程度大，要求服装企业和个体经营者根据各自零售形式的特点和优缺点，并结合自身的商业模式、长期或短期策略、品牌定位、财政情况等，选择适当的零售模式。

2. 服装零售渠道类型选择的原则

（1）与品牌定位与实力相符

品牌的定位是否与商场的定位相符，首先要看品牌的自身定位，有些品牌更适合做商场店（如中高档女装等），有些品牌更适合做街边店（如大众休闲装等）；同时也要结合商场的定位，有些商场是定位走高端路线的，而有些商场是定位中低价位的休闲装，服装品牌要与商场的整体定位相符。

品牌的自身实力也是决定是否采取自营、加盟、托管、联营等经营方式的重要原因。目前，国内实力强的品牌更倾向于发展自营为主的方式，以增强对渠道的控制力，同时提高毛利率；而实力较弱或新进品牌更多采取非自营的方式，以整合更多外部力量为已所用。

（2）与区域消费习惯相符

由于历史、气候等多种因素的影响，不同区域的服装消费习惯也存在很多差别。例如：有些北方市场的消费者更习惯于到百货商场购物，而有些南方市场的消费者更习惯于到商业步行街购物。

（3）综合权衡零售业态的优缺点

每种零售业态都是优缺点并存的，以最常见的街边店和商场店为例（表 1-3）。

表 1-3　商场店与街边店的优缺点比较

	优点	缺点
商场店(内店)	**※ 前期投资小** 百货商场通常是扣点形式，这样不用一次性支付大笔租金和店面转让费 **※ 便于管理** 百货商场有专门的营运管理部门对人员招聘及管理、店铺形象等进行统一管理，省去了加盟商或品牌公司部分管理方面的精力和成本 **※ 前期工作简单** 不用办理“三证”，直接跟商场签订合同即可；装修方面的工作也相对简单 **※ 商场自身的品牌效应对业绩的带动** 特别是一些在当地具有影响力的商场，会对服装品牌的业绩有一个较大的带动作用 **※ 品牌形象的树立** 百货商场通常代表着一种“档次”，进驻百货商场有利于品牌形象的树立	**※ 回款周期长** 特别是一些信誉不太好或者比较“牛”的商场，回款周期较长，这样资金的流通较为不畅 **※ 运营成本较高** 虽然百货商场一般不用交租金，但按相同的销售业绩计算，扣点方式通常高于街面店的运营成本 **※ 内部关系复杂** 特别是一些销售较好的商场，内部关系非常复杂，处理这种关系所花费的精力和财力通常很大 **※ 促销活动力度大且次数频繁** 近年来商场之间促销竞争频繁，特别是一些进货折扣高、商场扣点高的品牌，在某些活动时是“亏本清仓”；而且对于同一个品牌，与街面店的促销活动难以形成统一
街边店(外店)	**※ 店面形象好** 街面店有自己独立的橱窗和门头，室内有三面墙，店铺面积通常比百货商场里的大，装修也不用受到百货商场的限制 **※ 管理的自由性** 例如可随意播放更适合自己品牌定位的音乐，员工可以穿着自己的工作服，员工的站姿、服务方式等都可以根据自身品牌特点自由控制	**※ 前期投资大** 沿街店铺的租金越来越高，而且有些店铺甚至要送出较大的一笔转让费，而这些费用通常都是一年一次性付出的，增大了前期投资的压力 **※ 管理难度较高** 不像百货商场有专门统一的管理，业绩管理、安全管理等，都必须由经营者独立完成

针对以上优缺点，服装品牌在选择商场进入时主要考虑以下三个方面的问题：商场的信誉度、回款周期、每月所扣除的费用等。服装品牌应根据自身特点，以百货商场与街面店相结合的方式，扬长避短，以提高品牌在当地的影响力、竞争力和市场占有率。

四、商圈分析与调查

1. 商圈定义与类型

商圈是一个地理概念。从零售行业角度讲，不同业种和业态的零售业者在一个相对集中的区域从事经营活动，这个区域的范围就叫商圈。从服装零售业者的角度讲，服装商圈是指店铺能够有效吸引顾客的地理区域。在许多大型商业项目的可行性论证中，商圈研究是必不可少的一个重要环节，特别是对商圈内的竞争状况、业态类型、消费者特征以及经济地理状况等深入的了解，是进一步确定立项和制定经营策略的重要依据。商圈形态按照客群特征分为：

①**商业区**：商业行业的集中区，其特色为商圈大，流动人口多、热闹，各种商店林立。其消费习性为快速、流行、娱乐、冲动购买及消费金额较高等。服装零售是一个非常依赖客流量的行业，需要稳定的涌入商店的潜在顾客量。位于交通便利的商业中心，就会有很多顾客光顾。特别是在竞争激烈、类似商品很多的服装零售环境中，大多数顾客不会绕很远的路到某个服装店，而是更多选择便利服装店中类似商品作为代替。发达国家由于私家车的普及，一些大型的服装连锁专卖店开始在城郊开设店铺，并取得了巨大成功。鉴于中国目前的国情，在未来相当长的一段时间内，消费者购买服装依然会主要集中在中心商业区。

②**住宅区**：该区户数多，至少须有 1000 户以上。其消费习性为消费者群稳定、便利性、亲切感、家庭用品购买率高等。

③**文教区**：该区附近有大学、中学、小学等机构。其消费习性为消费群以学生居多、消费金额普遍不高及休闲服装饰品、运动产品、休闲食品、文教用品购买率高等。

④**办公区**：该区办公大楼林立。其消费习性为关注便利性、外来人口多、消费水准较高等。

⑤**混合区**：住商混合、住教混合区。混合区具备单一商圈形态的消费特色，属多元化的消费习性。

中国地广人多，同发达国家相比，中国的二元经济结构还相当突出，城乡差别非常大，这就构成了中国城市超然于农村的局面。城市作为一个地区的政治、经济和文化中心，其辐射能力相当强；而农村的经济相对落后，基础设施的建设不完善。城市和农村由此被割裂开来，这决定了我们研究服装商圈问题时，主要以城市为研究对象。目前，国内服装行业通常按照城市人口、区域面积、市场容量、GDP、流通环节等要素，将国内服装市场来划分为多个等级：

①**一级市场**：人口在千万以上的城市和部分市场容量特大的城市，如北京、上海、香港、广州、深圳、天津、重庆等。

②**二级市场**：全国大部分的省会城市和部分与省会城市规模相当的大型城市，人口一般都在一两百万以上，如南京、合肥、郑州、宁波、苏州等。

③**三级市场**：各个省内的地级城市，规模为几十万人。

④**四级市场**：县级及部分规模较大的乡镇市场。

⑤**五级市场**：一般乡镇市场。

根据商业网点性质和辐射范围，一个城市内部的商圈还可分为市级商业中心、区域商业中心、社区商业中心三个层次。

商圈按照重要程度可分为三个层次，即核心商圈、次级商圈和边缘商圈，如图 1-3 所示。

①**主商圈**：在该商业圈的顾客占顾客总数的比率最高，每个顾客的平均购货额也最高，顾客的集中度也较高；主商圈又可称为核心商圈、一类商圈。

②**次商圈**：在该商业圈的顾客占顾客总数的比率较少，顾客也较为分散；次级商圈又可称为副商圈、二类商圈。

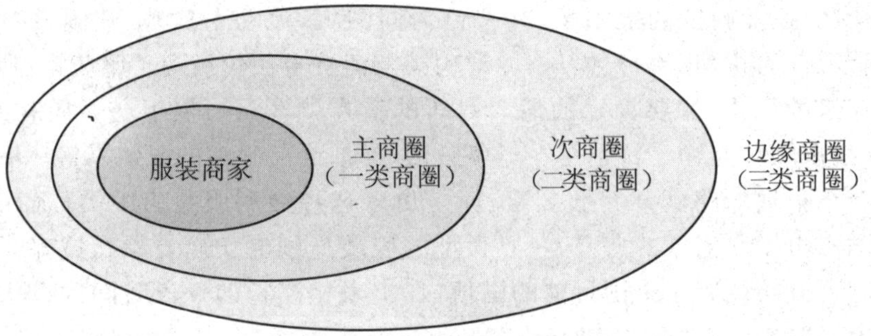

图 1-3　三种商圈示意图

③**边缘商圈**：在该商业圈的顾客占顾客总数的比率相当少，且非常分散；边缘商圈又可称为三类商圈。

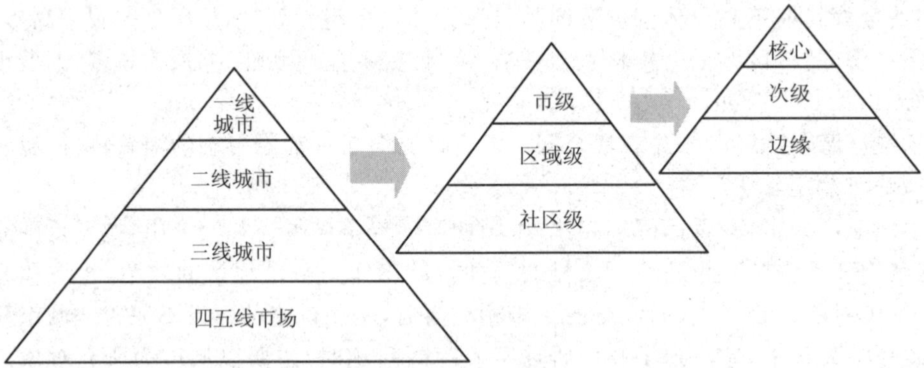

图 1-4　商圈研究的逐级深入

服装零售企业的商圈选址是一个战略性的决策，选址的成功在很大程度上可以决定其整个项目的成功与否。一般而言，服装店的销售范围通常都有一定的地理界限，也就是相对稳定的商圈。不同的服装品牌和服装店的经营商品、交通因素、地理位置、经营规模等不同，由于其对周边客群的引力大小不同，因此其商圈规模、商圈形态也存在很大的差别。选好商圈是新设专卖店进行合理选址的基础，它不但有助于制定经营策略，也有助于制定市场开发战略。

2. 商圈生命周期

商圈也和生命体一样，具有完整的生命周期，在不同发展阶段的特征也不相同。一个完整的商圈生命周期通常包含四个发展阶段：

①**起步期**：指一个商圈开始形成的早期阶段。这个阶段商圈内的商业网点数目较少且分布相对集中。

②**发展期**：指一个商圈发展的高速成长阶段。这个阶段商圈内的商业网点数目开始快速集聚，中心商圈内功能越来越向单一化发展，商业集中程度更高，中心商圈影响力开始快速增加。商业网点的快速增多，使得消费者有了更多的选择。

③**成熟期**：指一个商圈相对稳定发展的时期。商业网点设施配套齐全，商业网点之间竞争激烈，消费者对商店的要求也越来越高。此时的商圈中商店吸引顾客来店购

物的因素除了规模外，还包括商店的形象、商誉、购物气氛、服务等。阻碍顾客来店购物的因素则包括交通时间、交通成本、机会成本及其他费用。

④**衰退期**：指由于种种客观条件的变化，原有商圈的商业网点集聚力下降，使整个商圈效益出现了递减趋势。

服装零售终端在选择商圈进入时，必须考虑目标商圈所处的生命周期阶段，以便有针对性地采取对策。由于投资起步期的商圈往往意味着漫长的市场培育期和巨大的不确定性因素，而衰退期的商圈市场发展空间有限，因此服装零售终端应尽量选取处于发展期和成熟期的商圈进入。

3. 商圈调查的主要内容

商圈调查主要包括市场整体评估、消费者调查、商圈人流监测与聚客点评估、商圈饱和度、商圈气质与定位、商圈竞争调查等。

（1）市场整体评估

城市基本形态：内陆城市，沿海城市，主流消费形态，对周边地区的影响……

城市经济指标：社会消费品零售总额，人均GDP，人口结构，人口总量……

居民经济指标：人均可支配收入，人均消费支出……

政府商业规划：近期、中期和远期商业规划，城市交通建设，城市改造……

城市人文状态：文化娱乐形态，资讯消费情况，媒体影响度……

（2）消费者调查

消费者人口统计变量：区域的人口数量，人口结构，经济收入，职业结构……

消费者购买行为和习惯：购买场所，交通工具，购物时间……

消费者满意度研究：对目前商圈的满意度，对不同商家的评价和喜好度……

消费者生活方式研究：其他娱乐、饮食、休闲、资讯方面的研究……

（3）商圈人流监测与聚客点评估

在工作日与节假日进行定点监测，统计出不同时段内经过店址的客流总数、各性别的人数、年龄层人数等信息并进行分析。

一个商圈有没有主要聚客点是这个商圈成熟度的重要标志，聚客点的选择也影响到商圈的选择。通常一个可选择的聚客点基本满足以下三个条件：

①店址所在商圈能否吸引大量人（车）流？店址接近或位于大型商业街中心区域、政府机关集中办公地区、休闲娱乐及商业活跃地区等，聚客能力强。

②商圈外部人（车）流能否便捷进入？以店址为中心的周边交通网络密集、道路通畅且附近有大型停车场等，聚客能力较强。

③商圈内部人（车）流是否能方便到达店址？店址周边住宅或商务楼的人群，从任何角度都能轻松到达店铺，就如到达一把扇子的轴心部分，那这个位置就是最具聚客能力的地方。

案例1-10

肯德基店铺选址的聚客点评估步骤

1. 制定周一至周日(7天)的客流量统计计划。

2. 根据7天的评估计划,每天派专人在候选店址门前(以营业时间长度为准),用专用量表记录经过门前的客流量,连续测7天,任何情况下都不得中断。

3. 每个时段(小时)内测算有多少人经过该位置并填入表中。除了测出该位置所在人行道上的客流量外,还要测马路中间和马路对面的客流量。马路中间的只计算骑自行车的。是否测算马路对面的客流量,则要看该位置前的马路宽度,原则上,无隔离带的马路对面的行人要统计在内。

4. 客流量统计结束后,选址人员将采集到的客流量数据乘以肯德基的"捕获率"经验值,即可获得可能进入该店的消费者的数量,辅以其他营业额预估参数,即可预估该店的每个时段/天/月/年度的平均销售额。

5. 再将相关数据输入专用的计算机软件,可测算出该店的总投资额和投资回收期。

连锁店址聚客点的评估方法正确与否,直接关系到门店的成败。因此,服装企业在选址过程中,应根据品牌的定位、开店的条件及选址要素,综合分析和评估,积累经验,逐步建立一个适合自身的、有效的选址模型,并坚持按标准流程执行。

案例1-11

罗小姐的外贸服装小店

罗小姐的店铺没有选在繁华地段,甚至不是服装店集中的地方,但她的25平方米的外贸服装店,却能达到旺季7万~8万元的月销售额。因为这个店的位置粗看似乎不好,但仔细看又非常好。比如,罗小姐的店位于一个住宅区出入必经的小街上,在住宅区对面有一所重点小学,学生家长大多很富有。每天上下学时,由于接孩子的家长众多,道路又窄,所以每天都会堵车。而开车接孩子的一般都是孩子的母亲,堵车时透过车窗就可以看到她店里展示的各种衣服,有人抽空就会来购买自己心仪的商品。

此外,这条街的出口还有好几幢几十层高的写字楼,写字楼里的白领女士在午休时间都喜欢出来逛服装店,无形中增加了潜在顾客,而且在办公室中还会造成连锁购买的效应,增加小店的口碑。与这条街相邻的另一个三叉路口上,有一座高档住宅,住宅中有很多全职太太,她们也是罗小姐店里的常客。很多投资者都认为服装店集中的闹市才是好位置,但是罗小姐的店铺选址却独辟蹊径,获得了成功。

(4) 商圈饱和度

任何一个商圈都可能会处于商店过少、过多或饱和的情况。商店过少的商圈内,只有很少的商店提供满足商圈内消费者需求的特定产品与服务;商店过多的商圈,则有太多的商店销售特定的产品与服务，以致每家商店都得不到相应的投资回报；一个饱和的商圈其商店数目恰好满足商圈内人口对特定产品与服务的需要。饱和指数表明一个商圈所能支持的商店不可能超过一个固定数量，可由下式求得：

$$IRS = C \times RE/RF$$

式中：IRS ——商业圈的零售饱和指数；

C ——商业圈内的潜在顾客数目；

RE ——商圈内消费者人均零售支出；

RF ——商圈内商店的营业面积。

这一数值越大，意味着该商圈内的饱和度越低；该数值越小，则意味着该商圈内的饱和度越高。在不同的商圈中，应优先选择零售饱和指数较高的商圈开店。

案例 1-12

国内过度商业竞争的郑州缩影

郑州市经三路和农业路交叉口方圆 3 平方公里之内，聚集了世纪联华、华润万家、国美、永乐、易初莲花 5 家大卖场。从人口数量来衡量，这是一个过度饱和的竞争格局。国际上有一个可供参考的标准：25 万个年收入 1.2 万元的人，可养活一家 8000 平方米的大卖场。经三路商圈 3 平方公里范围内，常住人口和流动人口约 36 万人。尽管该商圈内超过郑州市城镇职工年平均工资收入的高收入人群占 58% 左右，但仍然不足以养活这么多卖场。如此密集的布局，已经超出市场承受极限，各商家的运营压力都很沉重。因此，各商家面临的问题将不是谁活得好、谁活得差的问题，而是能不能活下去的问题，是谁可能最先“倒下”的问题。这些问题严峻考验着各商家背后的商业集团的资金链、市场适应能力、具体运营管理水平等。郑州市出台了商业网点规划、大型商业网点听证办法等宏观调控措施，但面对各商家的疯狂，政府确实无能为力，也很难有所作为。因为，如今的局势，其实是宏观调控与商业自由博弈的结果。不光经三路商圈如此，郑州以及全国很多地方的商圈都已陷入这种“病态”陷阱。

(5) 商圈气质与定位

商圈的气质指商业圈本身的特点和素质。如老式商圈、成长型商圈、新型商圈、成熟商圈、专业商圈等。不同的商圈，则目标消费人群结构与特质不同，消费购买力也不同，投资收益模式也会不同。如老式商圈的人口结构比较固化，商气难以高涨；成长型商圈的人口结构合理，人口膨胀快，消费需求成长快，投资回报呈上涨态势；成熟商圈则消费稳定、客流量大、商业氛围浓厚、投资回报率高；专业商圈则主要看管理者的经营能力与招商管理。有的投资成本回收时间较长，有的则较慢；有的租金很高，有的则空租率较大，租金也不稳定；有的投资回报率很高，有的则较低但稳定。一般来说，选择成长型商圈或成熟商圈进行投资是比较明智的，这需要投资者具有较高的判断力。

案例 1-13

南京新街口与湖南路商圈

南京市当前形成了以新街口为主导，以湖南路、中央门、夫子庙为辅的四大商圈。作为与北京王府井、上海南京路齐名的中国第三大商业街，新街口俨然是南京的商业标志，占据了这片高地，就仿佛进入了南京的最中心。它以聚集了新百商场、东方商城、中央商场、金鹰等多家大型商场而闻名，且更加突出综合性。新街口商圈的社会消费品零售总额占整个南京市的比重维持在16%～20%。在街区不足1平方公里的范围内，商贸商务面积达160多万平方米，聚集了金鹰、肯德基、新百、中央商场、大洋等几十家大中型商场和数百家特色商铺，日平均客流为30万～40万人次，节假日更是突破百万人次。密集的商场一方面容易吸引顾客的高度聚集，增加整个区域的市场容量，另一方面也极大地加剧了同业竞争。顾客们早已熟悉不同的商场里有着雷同的品牌陈列、相似的卖场格局，装修布置和服务风格也大致差不多。这样的格局如不改变，很可能引发恶性竞争，将给市场带来短兵相接的隐忧。有商家指出，从山西路到湖南路上的各大商场想要走出新街口的影子，就必须避免被新街口同质化。从目前湖南路新开业的几家商场来看，走"个性化路线"成了商家不约而同的思考方向。环顾湖南路上的各大商场，这里的特色专营店更能吸引顾客的脚步。

(6) 商圈竞争调查

竞争品牌的调查主要以竞争品牌的数量、品牌结构、潜在竞争品牌等要素来进行分析。竞争品牌数量、品牌结构的要素调查主要是调查当地市场是否饱和、竞争是否激烈，如果是同一个行业品牌数量极多、品牌结构比较丰富，就很容易吸引顾客高度聚集，增加整个区域的市场容量，当然这是选择的重要场所。而对于一些中小城市来讲，某些知名度较高的品牌的进驻甚至会改变当地的商业街局势。服装企业在设店之前，要对竞争对手店铺的多方面情况进行市场调查。

➢ 调查的基本步骤

① 明确调查问题：在开始调查之前，调查人员必须明确调查的问题是什么、目的和要求如何。应根据要调查的对象，拟定需要了解的内容，然后判定调查的目标，以便调查能合理进行。

② 初步情况分析：确定调查目标后，往往还会有很多繁杂的问题，这时就需要对这些问题进行缩减。通过能马上了解的一些资料(如竞争店的地理位置)进行删减，以缩小调查的范围。

③ 进行正式调查：当有了初步资料后，就要通过访问专家，向精通本问题的人员了解信息并了解用户意见。制定调查方案，方案内容包括调查哪些资料、由谁调查、用什么方法进行调查、在什么地方调查、在什么时间调查、调查一次还是多次等。调查时还要选择正确的调查方法，主要包括：询问法、观察法、实验法、访问调查等方法。

④ 资料整理和分析：资料收集完后，要对其进行编辑整理，检查调查资料是否有

误差。误差可能是统计错误、询问设计不当、访问人员偏见、被询问人的回答有问题等。在整理资料时，要把错误的信息剔除，然后把剩余的资料分类统计，最后得出结论。通过分析资料，决定是否开店、在哪里开店、什么时候开店等。

以上四步是简要的步骤，也是大体的步骤。如果在调查中有什么特殊情况，可以重复或增加一些步骤。

➢ 竞争调查的具体内容

① 竞争对手的分布　在决定开店，并且找好了几个符合要求的店铺地点后，要调查竞争对手的店铺位置，从而决定选择哪里的店铺位置较好。

首先应调查竞争店与本店的距离。如果竞争者的实力雄厚，则可以考虑选择离竞争店较远的地点；如果认为自己有足够的实力与竞争店竞争，则可把自己的店开在竞争店的旁边，让顾客能很快通过对比来了解自己产品的优点。有时竞争店在旁边还可以有效地吸引顾客，让顾客在光顾竞争店的同时也来到自己的店铺。

其次是调查竞争店的店铺地点。了解竞争店的地理位置，分析为何对手能有较多的顾客光顾。自己的店应开在什么地方，可以通过竞争店的地点调查来决定。有时还可以通过对其调查得知当地人的一些生活习性，从而决定自己开店的政策。

② 竞争对手的产品：竞争对手的产品直接关系到本店的产品。在开店前，一定要了解竞争店的产品结构、产品类型、产品价格等，从而决定自己店铺应购进的产品类型。对产品的调查，要从多方面入手，如产品类别、主力商品、辅助性商品和关键性商品等等。

了解竞争对手的产品类别及市场占有率，可以决定自己的店应卖哪种服饰为宜。如果竞争店的市场占有率高，就应避免与竞争店的产品太类似，这样不容易打开销路。相反，可以选择不同档次和品种进行经营，以实现客源共享、经营互补。

③ 大商场调查：大商场集合了各个部门的商品，创造了一站式购物环境，满足了消费者多层次的需要。大商场一般会成为人们逛街、约会、办事的集合点，除了能满足人们的购物需求外，也成为大家公认的地理标志。在开店前，要对附近的大商场进行调查，才能在开店后与大商场竞争，在市场中争取一席之地。

在调查时，最重要的是其地理位置，大商店的地理位置有时能影响开店的位置；其次是调查大商场的货品结构和客群结构，对自身品牌的定位与商场定位进行对比分析——是想在大树下好乘凉，还是想避开重要的竞争对手，则要通过针对大商场的调查而定。

五、选址的原则与方法

1. 选址评价的六大要素

选址评价时需考虑的六大要素见表 1-4。

表 1-4

市场环境	位置选择	物业标准
·商圈等级与发展趋势 ·商圈成熟度与饱和度 ·周边其他同行经营现状与增量 ·公共服务业与客流量 ·大型商业网点数量 ·交易市场的规模和质量 ·周边行政、企事业单位的规模 ·小区入住规模 ·小区居民收入和年龄结构	·与该区域聚客点的距离 ·与目标客群出入方向的关系 ·网点位于路口的状况 ·网点周边环境(卫生、治安) ·网点门前有无与非机动车的隔离带(栅栏、绿地等)	·房型、层高、面积 ·是“自购”还是“租赁” ·店面租金 ·物业费用 ·网点门面朝向 ·楼层分布状况 ·有无洗手间
交通条件	**视觉形象**	**竞争状况**
·免费停车位/收费停车位 ·公共交通 ·道路的畅通程度 ·是否易停靠	·网点的可视性(有无遮挡、是否醒目等) ·有无广告位空间 ·识别度如何	·网点规模和竞争对手的比较 ·200 米范围内竞争对手网点数量 ·网点的位置与竞争对手的比较 ·同业竞争强度 ·互补业态情况

2. 店铺开发的基本步骤与流程

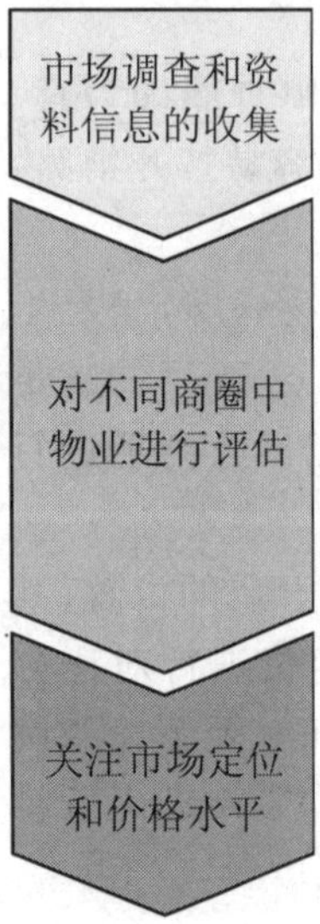

① 包括人口、经济水平、消费能力、发展规模和潜力、收入水平，以及前期研究商圈的等级和发展机会及成长空间。

② 包括客流量测试、顾客能力对比、可见度和方便性的考量等，以得到最佳的位置和合理选择。在了解市场价格、面积划分、工程物业配套条件，以及权属性等方面的基础上进行营业额预估和财务分析，最终确定该位置是否有能力开设一家店铺。

③ 既考虑投资回报的水平，也注重中长期的稳定收入，这样才能较好地控制风险，达到投资收益的目的。

例如：由于麦当劳与肯德基的选址方法相近，因此会在适宜的区域扎堆聚合，共生共营。他们一般不会斥巨资去开发新的市场，而是去寻找适合自己的成熟市场。他们对于一个优质网点的争取是持续关注、志在必夺。

案例 1-14

某服装品牌公司通过多部门之间的相互配合，保证了开店工作的高效有序，其店铺开发流程如图 1-5 所示。

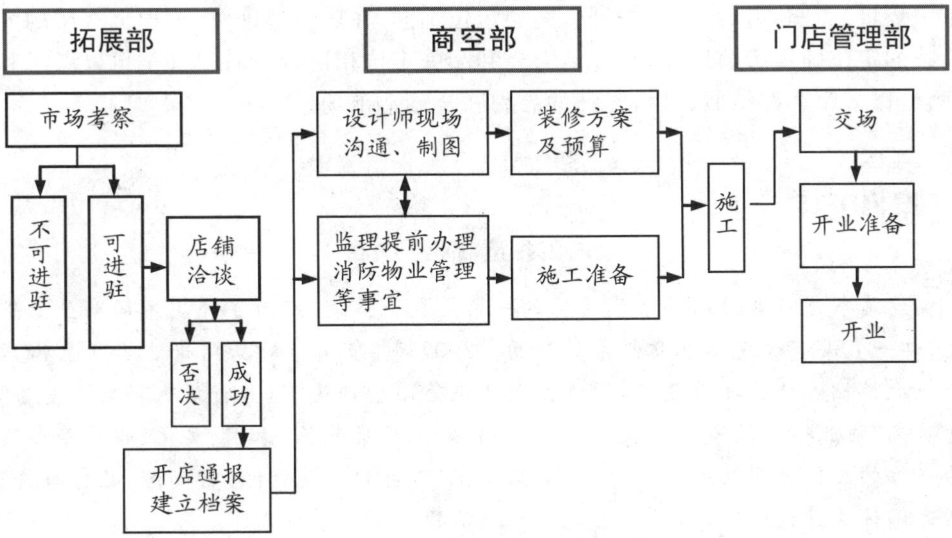

图 1-5　某公司店铺开发流程图

3. 选址的基本原则

（1）注重有效客流量

客流量是决定生意成败的一个重要因素，但了解客流的消费目标，是更为重要的工作。在开店以前要研究的，不是每天有多少客流，而是在这些客流中，店铺的“潜在顾客”或者说“有效客流量”是多少。

有效客流评估指标包括客流量的稳定性、人群结构的固定性、客流动线的合理性等要素。社区型商业的有效客流主要以常住人口特征与流动人口的结构为参考，商业圈或专业市场则要看整体商业氛围。如前面所讲，商圈的性质决定了商铺投资定位，而人群特征又决定了商铺的投资收益情况。如校园经济圈的客流以学生为主，CBD商圈以商务人士和上班族为主，专业市场主要以特定消费群为主，客流量结构不同，消费能力会有天壤之别。

此外，选址时还需要考虑客流的主要流动方向，尽量选择客流主流向的一侧开店。

（2）根据主营商品来确定地址

营业地点的选择与主营商品及潜在客户群息息相关，各种不同类型的服装品牌往往有着不同的特性和消费对象，商业繁华区并不是唯一的选择，比如体育用品店除闹市区外还可开在大学校园附近等。这要求经营者首先要对自营的产品及目标消费群体有个清醒的认识，知己知彼，方可制胜。地点的不同对销售业绩的影响很大，而且对不同地点的顾客应采取不同的营销对策。所以，如果店址的特征与店铺的类型、风格相匹配，就是合适的店址，反之就不是。

（3）成行成市

相关店铺的聚集有助于提高相同目标消费群的关注，人们一想到购买某商品就会自然而然地想起这条街。因此，选择同类服装中知名度较高的品牌比较集中的商业区，消费者的购买目标很明确，既能够提升店铺的形象，又有助于提高店铺人气。根据城市中环境、商圈、街道要素的不同，客层定位不同，在店铺选址时，要根据客层的定位和品牌的定位确定店铺地址，选址地点要和品牌定位相协调。有时甚至可以考虑和对手联合，以多家客群相似、风格互补的品牌联合创造市场。

案例 1-15

七匹狼打造商业一条街

福建省泉州市新门街是泉州市区的一条主要商业街，经历了 4 次不同商业业态的变迁，却一直没有改变其生意萧条的局面。2007 年，泉州市对新门街 211 间主街店面实行一次性捆绑公开挂牌销售，最终由七匹狼集团全部买下，并将该街自主开发为“名门 · 时尚”商业街。该项目全长 800 米，项目定位于集购物、休闲、文化、娱乐等多项功能为一体的文化休闲商业街，规划有名品文化区、美食天地、流行时尚区、品牌服饰区、生活休闲区等五大街区，以满足当地中高端消费人群的消费需求。

(4)业态互补

互动性就是指业态之间可以优势互补，体现在各自业态对客流的交换性，要么产生竞争行为，以规模化形成商圈特色，要么分享客流，相互促进，使商圈内客流产生最大效益化的利用。商业业态定位的互动性和互补性，对商圈的整体氛围和可持续性发展起到非常重要的推动作用。如果两者都做不到，则未来的投资与经营会有很多不确定性，投资收益就不能正常保障。

繁华的商业圈往往是包括了商务写字楼、商业街、银行、影院、购物中心等众多业态的集合，因为这些业态之间有很好的互动性与互补性，彼此之间都能为对方带来客流和商气，这样的商圈才是良性而健康的。

(5) 主力店效应

一个大型百货商场、购物中心将带动周边的商业物业全面升值。主力店周边商铺的经营主要是“寄生”业态，它本身不具备聚客能力，所以也不具备商铺升值的潜力，只有借助主力店的作用才能充分挖掘其商业价值，使商铺做旺并不断升值。

(6) 品牌店效应

在选址时，看是否有一些强势的品牌进来，也是一个很重要的参考因素。这主要有两方面的原因：一是品牌客户对商铺的选择有严格的商圈评估标准和计算方法，所以他们选择的商铺从经营和发展的潜力上讲，肯定是有保证的；二是知名的品牌客户本身具备聚客能力，会影响商圈的形成。反过来，一家经营有品位的产品的正价店，应尽量避免与经常打折的店面为邻，以免受到牵连。

(7) 注意南北朝向

店铺的朝向也非常重要。如果店面的朝向是南方或者西方，那么在漫长的夏季里，火辣辣的阳光会赶走很多客人(室内步行街或顾客主要在傍晚以后进店的店铺除外)。此外，直射店铺的阳光会增加店铺夏季空调的费用，以及加快店内模特及装修的损耗速度。在客流方向上，最好在客流来向的右手边选址。由于中国交通规则和行走习惯的原因，大多数逛街的人会走在自己的右手边，因此，很多大型卖场的进口方向右手边的货架陈列费会高于左手边。

(8) 产权关系明确

首先，要求与房东进行深度的沟通，通过正面的谈话，以及与附近经营者的攀谈，了解房东的背景，以免上当受骗。其次，如果确实为理想地段，那么为了达成长期的赢利及压低房租的目的，应尽量签定长期合同。再次，仔细分析租金等各类费用，得出是否能够赢利，如果无利可图，那么应该趁早放弃。最后，除了谈租金外，还要注意谈妥有关的附加条件。比如：是否可正常供暖、通水、通电、通电话，是否可对店面的房顶、地板、墙壁作基本的修缮，是否可添置或维修水电设施，等。这些事项都应该事先考虑清楚，并在房屋租赁合同中有所体现，以避免在未来与房东发生纠纷，影响营业的正常进行。

4. 开店盈亏平衡分析

盈亏平衡分析法是通过分析产品成本、销售量和销售利润这三个变量之间的关系，来掌握盈亏变化的临界点(保本点)而进行选择的方法。

店铺利润是销售收入扣除成本后的余额；销售收入是产品销售量与销售单价的乘积；产品成本包括店铺成本和销售费用在内的总成本，分为固定成本和变动成本。

服装店铺成本基本上可视作固定的，超过盈亏平衡点后的销售额的毛利基本上就是纯利(边际利润递增)，盈亏平衡点的销售收入数据是店铺选择与开发的重要决策依据。将目标店铺的月销售额的预估值和盈亏平衡点的月销售额进行对比，可以得出投资该店铺是否赢利以及投入产出的比率值大致是多少。

值得注意的是，某些品牌在选址时过于在乎店铺面积，认为店铺面积越大越好，从投资的角度来看，显然这是不科学的。通常一个品牌在特定的区域开设店铺时，会有一个最佳投入产出的面积范围，每个品牌应该通过全年的不同地区的不同面积段店铺的投资回报比分析结果来确定最适合自己品牌的面积段，如 60～200 平方米、300～500 平方米等，从而使得品牌定位与店铺的面积相符，最终实现投入产出的最大化。

案例 1-16

某运动品牌专卖店店盈亏平衡分析

经营面积 100 平方米的个体户专卖店，平均销售折扣率 87%，其销售利润近似计算如下表所示：

店铺月成本(固定)		月收入	
店铺租金(元)	15 000	平均销售折扣率	87%
店员工资(元)	8 000	进货折扣率	49%
水电(元)	3 000	销售毛利率	38%
税金(元)	1 500	盈亏平衡点(元)	96 053

续表

店铺月成本(固定)		月收入	
折旧/消耗品(元)	4 000	如果　销售(元)	150 000
仓储物流(元)	1 000	毛利(元)	57 000
管理费(元)	4 000	利润(元)	20 500
合计(元)	36 500	利润率	13.7%

通过上表分析表明，该店铺月固定费用 36 500 元，按照 38%的销售毛利率来计算，在每月销售收入达到 96 053 元时，可实现盈亏平衡。如月销售收入达到 15 万元，则可产生 20 500 元/月的利润。

案例 1-17

S 品牌在某三线城市加盟店的实际投资收益

店铺经营面积：65 平方米

年销售额：150 万元/年

供货折扣：6.2 折

年平均零售折扣率：0%（注：该店铺为正价店，常年保持不打折）

加盟费：8 万元/3 年，合计 2.7 万元/年

保证金：5 万元（注：加盟期结束后，公司返还）

装修费：1500 元/平方米，合计 3.3 万元/店年（注：每三年更换一次装修）

店铺人员工资：店员为 15000 元/店员年×6＝9 万元/年，店长为 3 万元/年，合计 12 万元/年（注：该店铺采取 6＋1 的人员模式，即 6 个店员加 1 个店长）

房租：12 万元/年

水电费：2500 元/月，合计 3 万元/年

工商税：500 元/月 ，合计 0.6 万元/年

物流费用：0.7 万元/年（注：包含进、退货的物流费用）

库存：0 元（注：该品牌采取公司配货制，100%货品调换）

其他杂费：1 万元/年

合计：毛利润＝150×(1－62%)＝ 57 万元/年

　　总成本＝2.7＋3.3＋12＋12＋3＋0.6＋0.7＋1＝35.3 万元/年

　　净利润＝57－35.3＝21.7 万元/年

附注：通常时装品牌在定价时，会采取在生产成本的基础上乘一个 3～10 倍的系数，由于该品牌在定价策略上采取了较低的倍数(仅 3 倍左右)，价格与货品价值较为相符，因此该品牌正价店常年采取不打折的价格策略，消费者也能够接受。由于销售无需打折，再加上公司 100%货品调换政策，因此，尽管 62%的折扣率比其他时装品牌 30%～50%的进货折扣率高，加盟商依然能够承受。

第二章 空间形象管理

服装零售终端的的空间形象设计是艺术,也是技术,更是管理。

好的终端视觉形象不应仅在感官上给消费者以赏心悦目的享受,还要构成一种强烈的现场感召力,吸引顾客进入一种氛围,让顾客全身心地体验品牌魅力,体会到自己想要的那种感受,许多国际服装品牌都非常注重卖场氛围的营造。

视觉营销不等同于装潢漂亮的店铺,定位是服装卖场设计的前提,服装零售终端是品牌定位的一种具体表现形式,因此,终端设计定位必须与品牌的自身定位高度一致。

服装零售终端不仅停留在传统的语言和视觉沟通层面,也包括弥漫的香氛、可口的饮食、动人的音乐、触手可及的服装。店铺需要更立体、更全面的感官渠道去影响顾客的感受。

案例 2-1

"白领"的生活方式店

图 2-1 北京赛特"白领"店

"白领"的第六代生活方式店注重目标群体的生活细节,率先引入"衣吧"的概念。考虑到顾客长时间购物产生的身体疲劳和视觉疲劳,"白领"特将店堂内近 1/3 的面积开辟为休息区和水吧,并为顾客准备了精美的小点心,顾客可以坐在舒适的沙发里饮用酒水,品尝巧克力,享用新闻早餐,翻看《白领服饰》,欣赏液晶电视里播放的时尚资讯(图 2-1)。当顾客端起酒水静心品味“白领”氛围的同时,也对“白领”的品牌内涵有了更深的领悟。由于“白领”的客户群体多为身处高层管理职位的女性,“白领”还计划将更多高科技的元素引入店堂,使购物环境更加贴合她们的生活方式和工作场景,在赋予终端艺术性的同时获得顾客更多的感情共鸣。

服装零售终端的视觉形象和氛围还必须随着品牌的成长及时更新,否则不仅令消费者产生审美疲劳,还会对企业的实力和潜力产生怀疑。“白领”的店堂每隔一两年进行一次大的更新,商品陈列则根据时令、节日,甚至每一天的气温不同,及时调整,以保证为顾客创造一种新鲜舒适的环境,使其获得非凡的视觉美感体验。例如“白领”会依季节变动和节日氛围而布置兰花、百合、情人草等不同的鲜花,店堂的香氛也会配合自然的花香。

一、服装卖场内部布局设计

要进行合理的店铺内部布局,首先要了解顾客在店铺内部行走的习惯,在此基础上,对店铺内部的空间和区域进行合理的划分,最终实现顾客在店铺内部行进路线的最合理化,以便于顾客顺畅活动,对空间产生兴趣,增加在店内的滞留时间,从而为店铺争取更多的时间和机会向顾客展示商品和服务,激发顾客的购买欲望,并使得整个交易过程显得愉悦,提升购买商品带来的附加价值。

1. 顾客的行为习惯

(1) 习惯朝右拐

顾客进了商店后,如果遇到转折时,总是习惯性地向右走。当然,并不是急转弯,而是很随意、很平稳地转过去。正因为购物者总是自动靠右走,所以在商店里靠近前门右边的区域都是黄金区域。在这个区域展示的商品,绝大多数的顾客都能看到,因此在这个黄金区域应该陈列最重要的商品。

(2) 习惯用右手

就像购物者都习惯从右边走一样,大多数人都习惯用右手。假如顾客面对货架站着,最方便的就是去拿所站位置右侧的东西,而不是伸出胳膊跨过身体去取左边的东西。实际上,顾客的手可能会在无意识的情况下拿到位于想要东西的右边的产品。因此,商店希望向顾客推销什么产品,就应该把这些产品放在靠近顾客所站的位置的右边。在决定商品摆放方案,即产品在货架上的摆放位置时,应该考虑这一点。比如袜子放在鞋右边、领带放在衬衫右边(图 2-2)等。

(3) 向前看,向前走

人们在行走过程中总是在不断地用眼睛观看周围,如果没有遇到障碍物,总是习惯性地向前看、向前走。当顾客沿着一个商店的通道向前直走时,自然状态下,顾客总是看着前方。要将脑袋转向左边或右边去看路过的货架上的商品,就需要额外的努力,这点努力会使人隐约觉得不舒服,因为他需要把目光投向别处而非前进的方向。

(4) 喜欢往宽敞、明亮、有特色的地方走人类凭感觉接触的外界信息，83%来自视觉，11%来自听觉，另有6%分别来自触觉、嗅觉和味觉。因此，人走向何处，更多的是由眼睛决定的，顾客总是喜欢向宽阔、明亮、具有吸引力的颜色和形状的地方走(图2-3)。

图2-2　为了方便顾客为衬衫挑选搭配的领带，同时为了导购人员向顾客推销领带，该店铺特意将领带陈列在衬衫的右手边

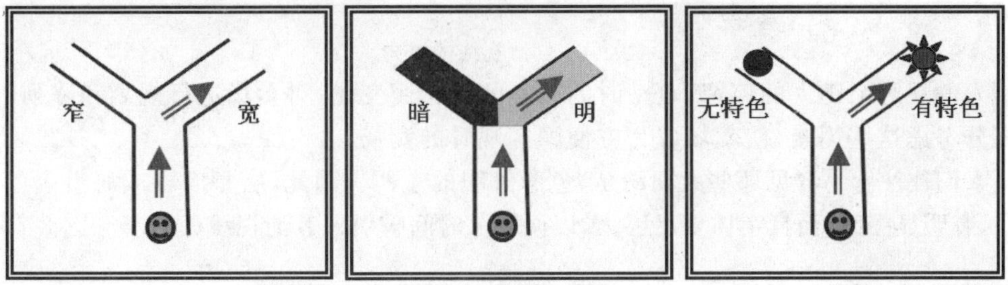

(a)　(b)　(c)

图2-3

走在购物中心或百货公司的购物者，心中都会带有一种期待，就是用眼睛能够看到自己所需要的东西。通过橱窗、展台和商店内销售重点部分的演示，陈列展现季节流行的商品、设计主题等，采用视觉化的方式来刺激消费者的注意力，激发他们的消费欲望。

(5) 自然状况下人的视野范围与视线流向

人类的眼睛在不转动头部的状态下，垂直方向的视野范围是120°～140°；水平方向时，一只眼睛的视野范围约是150°，双眼为180°～200°。双眼共有的视觉领域，垂直方向约为60°，水平方向约为90°。想要更清楚地看清物体，视觉领域的角度当然会变窄，垂直和水平方向都会变成约25°。人在不转动头部的自然状态下，只能关注到这个领域之内的空间。

如果顾客不是停留在某个地方不动，其视线最自然的流向是从左到右的方向；当他们移动时，眼睛会不时地看看近处和远处，也不时地看看左右，不断地变换着视线，很少有人把眼睛停留在水平方向往上看或往下看(图2-4)。特别是一边说话一边走路的时候，如果不是对商品感兴趣而有意识地聚焦，很难清晰地捕捉物体。

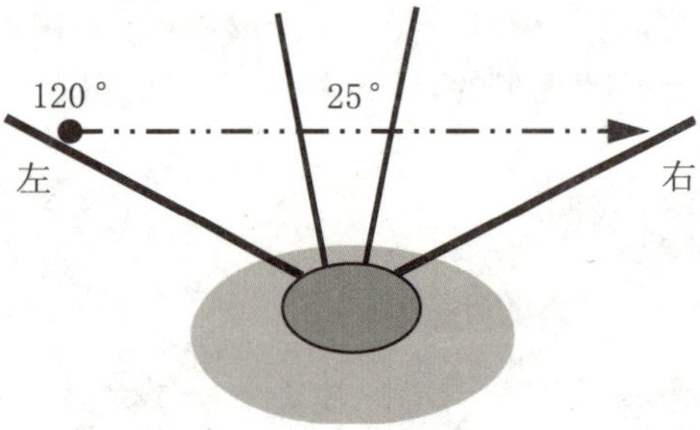

• 人的视线范围是120°左右，看得最清楚的约在25°之内，视觉的流向是从左到右

(a) 左右流向

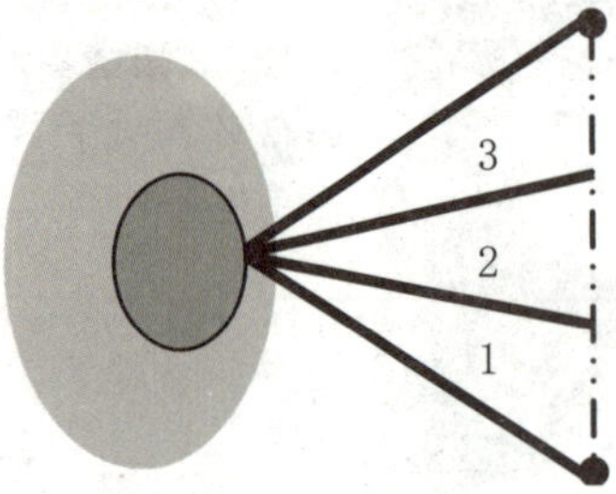

• 近距离观看时，视线首先看到下半部分，并从下向上移动
• 在距离3米左右时，最先看到正面，然后是下面
• 远距离观看时，最先看到的是上面，然后自然下移

(b) 上下流向

图 2-4 自然视线的流向

人的视野会随人的停留、走动时的状态的变化而变化，对卖场进行规划和陈列时，要充分考虑这些因素，使卖场成为方便顾客观看的卖场。

人们往往容易看见那些大而清楚、色彩鲜明的东西。因此，店堂广告或海报应色彩鲜明，有明显图案，而且字体要足够大，以便第一时间吸引顾客的视线(图 2-5～图 2-7)。

图 2-5 使用色彩鲜明、形象逼真的大幅海报来吸引顾客的视线，提高该陈列区域的关注度

图 2-6　宽敞明亮的店堂布局，排列有序的货品展示，营造舒适的购物环境

图 2-7　店铺的中间安排一组生动的模特，带动整个店堂的气氛，当顾客经过这里时一定会停下脚步，后面一字排开的商品供人慢慢体会

2. 店铺空间功能划分

在进行卖场空间布局时要本着以顾客为核心的思想，因为卖场是为顾客而存在的，只有符合消费者的内在需求，让其感觉轻松舒适，才能受到他们的欢迎。实际上，店铺空间由三大空间构成，即商品空间、顾客空间和导购空间。设计的核心内容是展示三大空间的优化配置，并在此基础上通过各种商品陈列技巧，使卖场充满生气。

（1）顾客空间

顾客空间的设计与终端的类型、定位、风格、位置、面积、销售产品的档次等因素有关，以方便、通畅、让顾客能够接触商品为基本要求。顾客空间通常包括通道、休息区、试衣间等空间。一般情况下，服装产品的档次越高，顾客区域越大。通常，正装的顾客区较大，休闲装卖场的顾客区较小（图 2-8，图 2-9）。

（2）商品空间

商品空间是终端卖场中陈列、展示、出售服装商品的场所。内部的商品区有各种各样的形式，例如货柜、货架、展示台等。设置商品区的目的在于方便顾客浏览、挑选、购买商品。商品空间是店铺的主体部分，为了增加店铺的商品容量，让店铺空间得以

图 2-8　高端品牌通常扩大顾客空间（通道和休息区），奢华的休息区体现了品牌的高贵与实力

图 2-9　大众休闲装品牌更乐意扩大商品空间，更注重空间的最大化利用，以丰富的商品来吸引消费者，提高坪效

最大化利用，靠近墙壁的位置都是商品的主要展示空间，并且在货架的形状上合理配置。方形的货架由于方便协调货架间距，且具有较大的容积特点，是普遍采用的一种形式(图 2-10)。此外，圆形、扇形货架带来的线条变化，也可增加卖场气氛。

(3) 导购空间

导购空间是导购接待顾客作业时所使用的地方区域。由于导购需要和顾客接触，为顾客提供服务，导购空间会和顾客空间产生重叠。在进行导购空间的配置时需要结合顾客的移动路线来考虑，正确的站位和跑位可以对顾客进行科学的"拦截"，有效把握与顾客接触的时机，并且可以改变顾客自然动线，提高卖场的利用率，特别是对店铺"死角"可以起到"起死回生"的效果(图 2-11)。

在图 2-11 中，当顾客处在 A 位置时，导购跑到位置 2 是正确的，如导购处在位置 1 会阻碍顾客继续向前行进；当顾客行走至 B 位置时，导购站位在位置 4 是正确的，可

图 2-10 展台被分成两层，实现商品空间的最大化利用

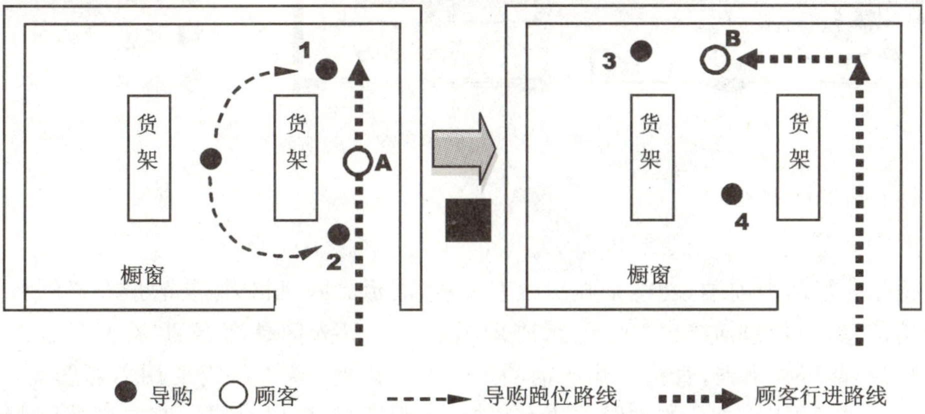

图 2-11 导购站位、跑位简明示意图

以避免顾客直接从两个货架之间走出店铺，而位置 3 会阻碍顾客前行。

从理论上说，顾客在店铺内的理想行进路线，应当使顾客能够充分接触到店铺内的每一处货品，这样才能避免某些区域因为顾客无法到达而成为“死区”。在实际的运用中，多名导购之间往往需要彼此的配合来达到优化顾客动线的目的。导购在销售闲暇时间，也可以有针对性地做一些站位和跑位的演练，以增强实战效果。

3. 平面区域的划分

卖场平面区域的划分就是结合品牌的定位、产品的属性、店铺的面积和形状、顾客心理和行为特征等因素，对商品空间、顾客空间、导购空间的优化配置，既要合理充分利用店铺空间，又要方便顾客购买(图 2-12)。

仔细观察进入店铺的顾客，就会发现几乎所有的顾客都带着寻找的目光。他们一旦进入卖场，眼睛就会不停地扫视，寻找感兴趣或早就计划要买的某个商品，一旦找到需要的商品或被某一件商品吸引时，他们的眼睛往往为之一亮，接着会在商品前停留，然后进行试穿，最后决定是否购买。

在服装品牌竞争越来越激烈的今天，面对着品种繁多的服装，顾客的耐心已经越来越少了。如何迅速吸引顾客，让顾客轻松、快捷地找到他们所需要的商品，已成为卖场货品分布规划的一个新命题。

图 2-12　某男装品牌店铺平面区域的明确划分

（1）功能区域划分

➢ 导入区

位于卖场的最前端，功能是吸引顾客进店，展示品牌风格、服装的最新资讯和品牌的营销信息，一般包括橱窗、展示台、POP 看板等。导入区是商店的“脸面”，这张脸是否有特色，能否吸引人，直接影响店铺的进店率。因此，导入区需要用色彩明亮、反差大的商品进行展示，商品的配置需要有特色，系列感强，配以有层次感的灯光等视觉元素，以吸引人们的注意力（图 2-13）。

图 2-13　橱窗和展示台产生强烈视觉冲击力，构成店铺导入区

➢ 销售区

是顾客的选购区，是直接进行产品销售活动的区域，也是店铺的核心区域，由陈列柜、陈列架、陈列台、试衣间等组成。销售区不仅仅是商品的简单堆砌，商品的合理配置、产品卖点的有效传达，才是关键（图 2-14）。

图 2-14　销售区大面积色块的对比运用，突出表达了产品的季节设计主题；丰富的产品结构，使顾客可以直接找到自己喜欢的商品

➢ 辅助区

店铺的辅助区能体现品牌人性化的服务理念，提升品牌形象，使顾客能享受到超值的服务，一般由休息椅、台、杂志等辅助物品组成（图 2-15，图 2-16）。

图 2-15　试衣间门外安排了一个专为等待的男士准备的沙发，细节的人性化设计对于提高顾客体验十分重要，已成为顾客决定购买与否的关键场所

图 2-16　辅助区展示道具的运用，大大提升了店铺内部的艺术品味，提升了品牌的附加值

➢ 工作区

由收银台、储物间组成。其设计的原则是尽量选择在非黄金区域，以减少对销售区的负面影响。此外，由于收银台会对顾客产生一定的心理压力。因此，在收银台的设计和位置摆放上应尽量减少对顾客的心理压力。

(2) 阴阳面的划分

所谓阴阳面是指根据顾客的流向和行动路线对店铺的两边墙面的称呼，以人的第一视觉范围为划分依据。无论是街边店铺还是商场的专厅，都可以根据主要客群的主流向来划分店铺的阴阳面。阳面是指客群主流向正对着的展示面，阴面则相反(图 2-17)。

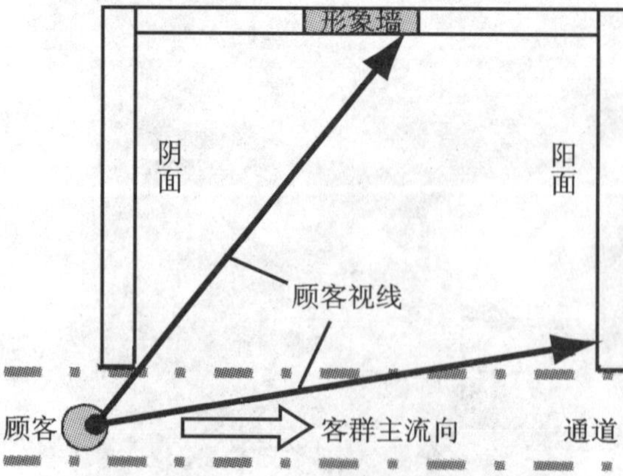

图 2-17　常见的“U”形店铺的阴阳面区分

阳面是顾客在行走过程中关注到的第一视觉区域，特别是商场专柜在没有橱窗的情况下，更是如此。因此，陈列时需要注意此陈列面的合理利用，陈列具有吸引力的商品，以便第一时间抓住顾客的眼球，提高进店率。此外，也可以将需要重点促销的服装陈列在阳面，以增加产品曝光率和销售机会。

按照阴阳面的原理，还可以将店铺分为钻石区、黄金区、白银区三个区域，各个区域的重要程度不同，执行的功能应有所侧重（图 2-18）。

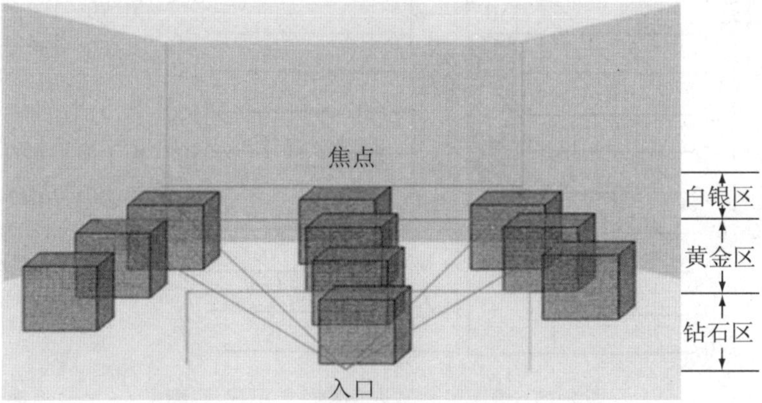

图 2-18　店铺不同区域的重要程度不同

4. 高度空间的划分

高度空间的利用需要符合人的视觉特性和人体工学的基本特点，在此基础上结合品牌特性、商品属性、利润率等因素合理利用、科学规划。

(1) 墙面陈列的高度空间设计

墙面陈列区作为卖场陈列的主体部分，在高度空间的配置上需充分考虑人体工学特点，一般可分为气氛展示区、主要陈列区和储存区。

从人的视觉要素来讲，购物者最容易看见比眼睛高一点，并一直往下，大约到膝盖这个范围内的货品。

中国成年男子平均身高标准按照 170 厘米来考虑，其眼睛高度约 150 厘米，视线最易落在 60～160 厘米的范围，再考虑到便于顾客用手触摸服装，实际上 80～160 厘米这一范围最容易被看到和触摸到，可作为黄金陈列带；60 厘米以下，由于不方便顾客接触，常用于货品储存；超过 180 厘米的高度，同样不利于顾客用手接触，通常作为气氛带，可考虑用内置灯箱、海报、装饰物等烘托店内氛围。中国女性的平均身高为 160 厘米，比男性低 10 厘米，因此女装店铺的服装陈列高度可适当向下调整 10 厘米左右。对于童装店铺，如果顾客多为家长协同子女一同来购物，可考虑进一步降低陈列高度，以满足小顾客的需求。具体店铺由于客群情况不同需适当调整高度区间，基本考虑是将顾客视线会自然落到的区域作为陈列重点区域（图 2-19）。

(2) 陈列台、展示柜、中岛架等高度设计

陈列台、展示柜、中岛架通常处于卖场的中间位置。为了让消费者更容易看到店堂的内部，这些陈列器具的高度最高不超过 160 厘米，而且摆放在卖场前端的往往是陈列台，其高度为 40～70 厘米。从卖场前端往后，以高度由低到高的顺序摆放。展示台不能遮挡后面的陈列墙面，以免造成人为的视角死点，即顾客不能顺利看到的地方（图 2-20～图 2-23）。

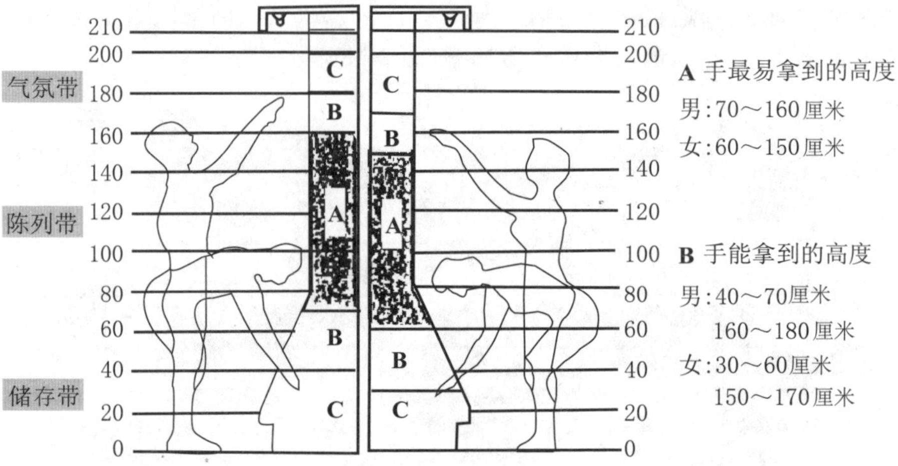

图 2-19 顾客容易拿取货物的陈列高度范围

图 2-20 墙面陈列高度实例一

图 2-21 墙面陈列高度实例二

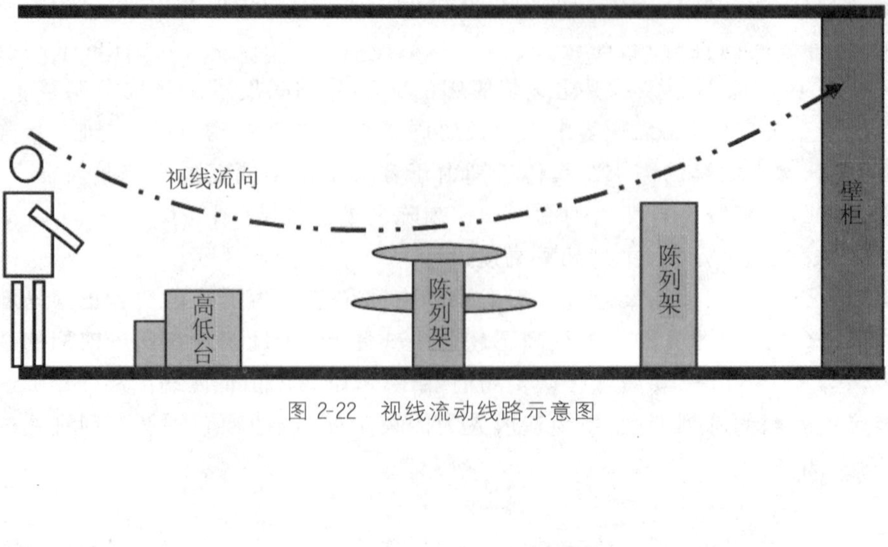

图 2-22 视线流动线路示意图

图 2-23　由低到高的展示台和货架，符合视线流动规律

5. 顾客行走路线的设计

(1) 顾客行走路线设计的目的

① 引导顾客顺畅地到达卖场的每个部分。

② 延长顾客在店内的滞留时间。

③ 增加商品的销售机会,提升购买率。

④ 避免死角的产生。

⑤ 让顾客容易进入。

⑥ 让顾客在整个走动过程中感到自由,无压迫感。

(2) 顾客行走路线设计的原则

卖场的入口处要宽敞、明亮,能够确保可以让 2～3 名顾客进去的空间,适当地设置缓冲地带。入口处宽度视品牌定位而定,大众品牌店铺的入口宽度较大,使顾客更容易进入;高档品牌较窄,目的是制造距离感,并更好地提供个性化的服务(图 2-24,图 2-25)。

图 2-24　奢侈品牌爱马仕的店铺入口很窄

图 2-25　某大众品牌的店铺入口很宽

如果能引导顾客自然地进入终端卖场的最深处,就可以让顾客充分浏览相应商品,并且可以最大可能地接触到其感兴趣的商品。影响顾客动线的主要因素包括顾客通道、顾客停滞区等,其中顾客通道包括顾客主通道和辅助通道。顾客通道设计的好坏直接影响顾客能否合理流动。

主通道:一般指壁面陈列柜与中区货架之间的距离,根据人体肩宽 60 厘米计算,顺畅通过两个人的宽度应为 120 厘米以上。

副通道:指货架与货架之间的距离,是顾客可选择行走的副路线。为了区别于主通道,它的宽度应小于主通道的宽度。如果通道宽度小于 90 厘米,会使顾客产生局促感。通常情况下,副通道宽度在 90 厘米以上,最低宽度不低于 60 厘米。

(3) 卖场的“活区”与“死区”

因为服装卖场中某些角落的客流量极小,顾客难得会光顾,使得在这些角落陈设的商品难以被顾客发现,销量自然极小,货架面积没有转化为营业收入,这些区域被称为卖场中的“死区”。相反,销售情况良好的区域被称为“活区”。

管理人员通过对各区域客流量的观测,以及不同区域货品销售数据的分析,一旦发现卖场中出现“死区”,就需要在内部布局上通过对“死区”的通道设置、照明、导购人员的站位与跑位习惯、障碍物等多种可能的诱发因素进行分析,并有针对性地进行调整(图 2-26)。

图 2-26　由于该卖场内部进深很深,“U”形顾客路线设计简洁明了,可以有效避免“死区”的出现。值得改进的是应当在最里面的形象板处增加光线强度,形成内外光线的层次感,以吸引顾客更加深入卖场内部。此外,卖场中间的货柜和货架应当基本连为一体,以尽量避免顾客直接从中段折返出店

6. 陈列的功能划分

卖场内部空间有限,卖场内陈列出越多的商品,效果并非就越好。事实上,除非是仓储式量贩销售的服装卖场,否则很容易使人感觉卖场像仓库,太多的商品常常也会使顾客产生疲劳感。卖场在进行商品陈列时,必须有策略性地安排不同的展示方式(表 2-1)。按照陈列所起的作用,可以将卖场空间分成演示空间、展示空间和陈列空间(图 2-27~图 2-29)。

(1) 演示空间(Visual Presentation,简称 VP)

VP 是卖场中最能吸引顾客第一视线的地方,通常是卖场的橱窗和展台。VP 是传递品牌形象、品牌理念、设计风格、流行趋势和季节主题的演示空间,其主要作用是诱导和说服顾客进入店铺和购买。因此,演示空间展示的应当是流行性强、季节性强、

色彩感强、利润高的商品。

(2) 展示空间(Point of Sale Presentation,简称 PP)

顾客进店后,为了能使顾客的视线更长时间地停留在店内,在卖场局部展示能吸引顾客视线的货品,从而引导销售。根据顾客视线自然落到的位置,展示空间通常位于墙面中上部、货架上方,呈现为能给人带来视觉稳定感的三角形、矩形、曲线形等摆放形式。货品以正挂方式为主。展示空间能够为卖场货品带来生动、直观的展示效果,避免了商品陈列的单调感。

(3) 陈列空间(Item Presentation,简称 IP)

VP 吸引顾客进店,PP 进一步引导顾客的视线,IP 则是为了达成最终的销售。在卖场中,大多数的商品空间都属于陈列空间,为了便于顾客进行商品挑选,通常在陈列空间里将商品按照品类、色彩、面料种类等进行分类摆放,合理分布。

表 2-1　三类陈列综合对比

陈列类型	目的	要求	位置
演示空间(VP)	吸引顾客进店	充分体现品牌内涵、品牌形象与设计风格	橱窗或店铺内中心舞台
展示空间(PP)	说明产品、引导顾客	每一个系列最好都有 PP 点,能够表明 IP 商品的特点和卖点,促进销售	正面出样、模特出样、墙面上半部分、货架上面
陈列空间(IP)	做销售业绩	陈列具有代表性的产品或主推产品,易看到、易拿到、易选择	在卖场自然视线里的重要位置,侧挂、叠放

图 2-27　PP 与 IP 的组合设计

图 2-28　橱窗中的 VP

图 2-29　在一个完整的卖场中,VP,PP 和 IP 的组合运用

三、服装店铺形象设计

1. 店招设计

店面招牌是商店与顾客进行沟通的重要工具之一。一般卖场上都可设置一个条形招牌，醒目地显示店名和销售商品。在繁华的商业区里，消费者往往首先浏览的是大大小小、各式各样的店面招牌，寻找实现自己购买目标或值得逛游的商业服务场所。因此，具有高度概括力和强烈吸引力的店面招牌，对消费者的视觉刺激和心理的影响很重要。

店面招牌在导入功能中起着不可缺少的作用与价值，它应是最引人注目的地方，所以，要采用各种装饰方法使其突出。表现手法很多，如用霓虹灯、射灯、彩灯、反光灯、灯箱等来加强效果，或用彩带、旗帜、鲜花等来衬托。格调高雅、清新，手法奇特的店面招牌，往往是成功的关键之一（图 2-30，图 2-31）。

图 2-30　可爱的小熊店招，充分展示了童装品牌可爱的风格

图 2-31　闪亮的霓虹灯和品牌标识，充分抓住了路人的视线

2. 橱窗设计

橱窗展示是当今世界各国零售业普遍采用的一种立体广告形式，是商业美术的重要类型。由于其与销售地点紧密结合在一起，不仅意味着橱窗空间里展示商品的存在，也意味着大量商店内商品信息的传达。在欧洲橱窗陈列已有 100 多年的历史，人们已经习惯于看橱窗买东西，所以国外知名品牌对橱窗的设计都非常重视。

设计巧妙的橱窗，借助道具、装饰物和背景，以及色彩、照明等手段，赋予商品生命力，创造良好的视觉效果，可以在短短几秒钟内吸引行人的脚步，说服消费者进店光顾。橱窗是三维空间的立体化直观展示效果，与电视媒体和平面媒体在二维空间传达信息相比，具有更强的说服力和真实感。其作用是促进销售、传播品牌文化、展示品牌的格调，吸引过往的行人（图 2-32）。从本质上看，橱窗展示的目的是为了实现销售。

（1）橱窗设计的原则

橱窗展示以高效的信息传递和信息接受为根本宗旨，不仅是商家传达信息能力和传达信息宗旨的展示，更是使顾客认知、认可、认同品牌的展示。因此，它承担了商店和消费者之间相互沟通的角色（图 2-33）。

图 2-32　橱窗吸引顾客驻足欣赏

图 2-33　Burberry 直接将其代表性的格子作为橱窗的设计元素，实现了与品牌设计风格的统一

橱窗是卖场中的有机组成部分，不是孤立的。在构思橱窗的设计思路前，必须把橱窗放在整个卖场中去考虑。另外，橱窗的观看对象是顾客，必须从顾客的角度去设计并规划橱窗里的每一个细节。橱窗设计需要考虑以下几个方面：

➢ 考虑顾客行走视线

虽然橱窗是静止的，但顾客却是在行走和运动的。因此，橱窗的设计不仅要考虑顾客的静止观赏角度和最佳视线高度，还要考虑橱窗自远至近的视觉效果，以及穿过橱窗前“移步换景”的效果（图 2-34，图 2-35）。

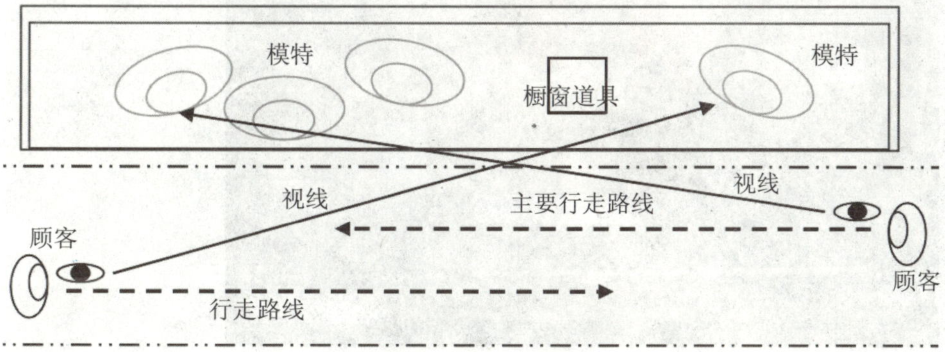

图 2-34　橱窗前“移步换景”的示意图

图 2-35 橱窗设计考虑“移步换景”的实例，橱窗中模特们的摆放角度各有不同，以迎合来自不同方向的顾客的视线

➢ 主题简洁鲜明，风格突出

在整条街道上，橱窗只占小小的一段，如同一个影片中的一个片段，稍瞬即逝。顾客在橱窗前停留也就是短短的一段时间。因此，橱窗的主题一定要主题鲜明，不要这要表现，那也要宣传，而是要用最简洁的陈列方式告知顾客所要表达的主题。在橱窗空间中选择的商品要与展示计划、主题相吻合，商品的量不宜过多，商品种类和色彩的配合不能太杂，要简洁构成，把视线集中在想要表达的商品上，才具有说服力(图 2-36)。

图 2-36 橱窗中简洁的色彩和构成，充分表达了 LV 的品牌价值感

➢ 和卖场形成一个整体，信息传达准确

橱窗是卖场的一个部分，在布局上要和卖场的整体陈列风格相吻合，形成一个整体，传达的信息应该和店堂保持一致。如同一部电视剧的预告，它告知的是一个大概

的商业信息。传递卖场内的销售信息，这种信息的传递应该和店铺中的活动相呼应。如果橱窗里是“新装上市”主题，店堂里的陈列主题也要以新装为主，并储备相应的新装数量，以配合销售需要。

➢ 创造美感，营造艺术性

美是橱窗展示功能的突出体现，因为它要吸引人们的视线，感染和激发人们对商品的兴趣。橱窗展示的美感是通过商品本身的形状、色彩、质地，以及为了衬托此种商品的背景、装饰物、灯光的综合运用，以组合、配置、构图等手段来完成的。和谐统一，具有艺术感染力，是橱窗设计的追求(图 2-37)。

图 2-37 通过艺术化的表达，将橱窗变得更加富有空间的深邃感

➢ 联系顾客心理和生活场景

随着竞争的日趋激烈，各种信息和广告铺天盖地地洒向消费者。只有贴近消费者生活实际场景，联系顾客心理特征的橱窗，才能更容易被他们所接受，让他们产生共鸣。在橱窗里再现顾客生活的一部分，使他们像在电影中的某个场景一样，认识自己生活的一部分而被同化，想象置身其中的自己，享受精神上和心理上的愉悦(图 2-38)。

(2) 橱窗陈列的常见类型

➢ 季节陈列

季节陈列是根据季节的不同特性和要求，通过相应的主题和内容来进行的橱窗设计。一年中的每季、每月，都可作为橱窗商品陈列的依据。抓住这些与季节相关的购物热点，推出适销对路的商品，引发消费者根据季节购买商品的兴趣和欲望(表 2-2)。

下面四个橱窗分别通过绿色的枝芽、电风扇、红色的枫叶和白色的雪花，准确、鲜明地表达了春、夏、秋、冬四个季节主题(图 2-39～图 2-42)。

图 2-38　该橱窗设计将顾客生活场景直接移植到橱窗中，使橱窗富有生活气息，贴近顾客生活，从而更容易引起顾客共鸣

图 2-39　春季——绿枝芽

图 2-40　夏季——电风扇

图 2-41　秋季——红枫叶

图 2-42　冬季——白雪花

表 2-2　AIDCA 购买法则与季节信息传递功能表

程序	季节主题陈列设计要点	消费者心理行为过程
注意（Attention）	具有吸引力的换季主题橱窗设计：植物道具、大幅海报、有趣或美丽的情景	被特殊的道具、大幅 POP 和故事所吸引，放慢脚步看看到底是什么内容——原来新的季节到来了！
兴趣（Interest）	视觉从特殊道具、POP 转移到具体的主情节策划和陈列得当的商品中来	停下脚步，仔细浏览商品内容——看看马上要流行什么衣服了！
欲望（Desire）	具有诱惑力的视觉设计，诱使消费者在期待的心理下继续阅读	此时无意识的逛街状态暂时消失，注意力开始集中于商品
确认（Confirmation）	商品的功效、价格、价值的重点描述、使用方法、生活方式和优惠信息等具体商品信息	需要吗？价格合理吗？什么品牌？有保证和服务吗？……
行动（Action）	……	好吧！就买下它！

➢ 节日陈列

节日陈列是橱窗展示的一项重要内容。每当节日来临，人们休假、郊游、逛街、购物，呈现祥和、欢快的气氛。利用节日的主题进行橱窗陈列，不仅可以增加节日的热闹气氛，也能顺应和满足人们在节日购物的愿望。

某些特定的节日，也是一些品牌有针对性地进行促销的时刻，如男装品牌利用父亲节，年轻时尚品牌利用情人节做推广活动的橱窗陈列（图 2-43，图 2-44）。

图 2-43　圣诞节橱窗设计

图 2-44　情人节橱窗设计

➢ 专题陈列

专题陈列是把消费者的注意力集中在某一商品或某一陈列主题上，通过各种商品相互联系的陈列方式形成一个整体，从而细致、深刻地表现陈列主题。如根据销售对象的陈列专题、男性用品专题陈列、女性用品专题陈列等。

专题陈列可以通过专门的主题，将各种不同的商品联系起来，单个的产品既能独立地说明一个问题，又可与其他产品联系在一起，形成一个具有连贯性和逻辑性的整体，给顾客完整、全面的视觉感应（图 2-45）。

➢ 特写陈列

特写陈列是生动形象地描绘商品的特征，集中和突出地介绍商品的某种性质和特征，表现商品卖点，使顾客容易看到并理解，获得较深的印象，从而达到很好的宣传效果（图 2-46～图 2-48）。

图 2-45　表现领带的专题陈列

图 2-46　通过量体裁衣的特写展示，叙述该西装品牌精湛的工艺

图 2-47　大幅的产品特写，展现了鞋子良好的透气性

图 2-48　极度夸张的高跟特写，强调了高跟鞋的时尚性

➢ 促销陈列

服装是与时尚结合紧密的商品，服装产品也具有生命周期性，与一般产品相比其生命周期更短。为了控制服装的生命周期与其实现的利润关系，一般在处于衰退期

（即季末）时会做相应的促销方案，以便及时清理库存，节约成本。此时，便可通过橱窗告知消费者这一信息（图 2-49）。

图 2-49 大红色的折扣信息非常醒目

➢ 换季陈列

真正的时尚商品总是会领先于潮流和季节的变化，时尚产业的季节，往往也领先于自然季节的时间表。以自然季节为参照，提前预演下一季的商品流行，体现着品牌对时尚潮流的引导能力和自信，也会在纷至沓来的橱窗换季高峰期之前首先树立起领先的形象。

橱窗换季主题的设计思路可以优先考虑将商品与季节属性明显的陈列道具相结合，如最常见的植物道具：花卉和树木。花卉体积较小，易于做设计处理，所以更适合在橱窗换季时使用。而大型树木道具的使用，常需变化形式才能解决体积的问题。对于体积较小、方便购买的植物，可以使用真实道具，这也是效果最好的设计。对于体积较大、购买困难的植物道具，可以通过艺术化的模拟转换来演绎橱窗换季（图 2-50）。

图 2-50 裸露的树干被艺术化地进行了处理，传递出冬装的信息

换季时，新旧货品的更替往往会面临过季货品舍不得放弃主销位置，新季产品上市之前举步踌躇的局面。陈列的促销功能之一就是通过商品组合出样的周转变化，提高店铺整盘货品的存转率，在不同的时间推销不同的主力商品系列，让所有在销售计划中的商品角色都要有当主角的机会。在换季陈列时，应该将新品有计划地在不同时间内出样，伴随时间发展逐渐取代所有过季产品。过季产品应有计划、分批次地退出货区。

货品陈列要注意定期更新，保持新鲜感，即使好几天没有顾客进店也不例外，如某品牌的“一天换正挂、二天换陈列、三天换卖场”，有的品牌一周或两周一次，不但给顾客新鲜感，也锻炼了员工的搭配能力，同时门店不会有“停滞”之感；摆件即使没有顾客去碰也要定期折叠，挺拔的服饰比软塌的服饰更能吸引顾客。

一般而言，每年的 9 月(3 月)开始陆续推出新货，北方换季较南方早一些。新货推出后，旧货、减价货品则同時让出黄金区域，退到内场。可以在全面入季前的三个星期开始，推出 3～5 款新款，随时间推移，逐渐增加至全面入季。

平时新货出样一般以周五晚出样为宜。因为，如果将上货习惯定在周一，看的人多，买的人少，等到客人周末来买时，会发现这是几天前看过的“旧货”，从而降低购买欲。

3. 照明设计

灯光照明是服装终端卖场的“软包装”，体现并传递着卖场的风格、品位和经营思想。照明是造就室内气氛的重要手段，可以给室内环境带来感染力。在不同的环境下应选择不同的灯具照明，并注意协调服装在灯光色彩下的变化，以引导消费者目光的停留和关注，避免错误的照明导致消费者产生紧张、厌恶情绪(图 2-51)。

图 2-51　通过灯光表现的明暗对比，突出了商品特色、卖场的层次感、戏剧般的现场效果

(1) 照明的作用

引导顾客进入卖场。卖场的亮度要高于周围的建筑物，以显示卖场特征。有的卖场亮度高于周边卖场，会给顾客“眼前一亮”“豁然开朗”的感觉。

灯光可以使商品显得鲜明夺目、五光十色，吸引顾客对商品的注意力，引起顾客购买欲。灯光还可以使卖场形成特定的气氛，如动感激情、明快轻松、柔和或个性化。

灯光设计不仅仅是简单的照亮空间。灯光可以用来照亮商品、造型空间和捕捉一种增强商店形象的心境或情感。灯光还可以用来减少人们对缺乏吸引力又无法改变的特征的关注(图 2-52)。

图 2-52 狭长的陈列通道，越往里光线越明亮，形成明显的层次感，这样可以吸引顾客不断向里走

(2) 照明的原则

光源的颜色常用两个不同的术语表示：一是光源的色表；二是光源的显色性。色表是指灯光的表面颜色；显色性是指灯光对所照射物体颜色的影响作用。

服装色彩同面料、款式一样，无疑是顾客最挑剔的。总体上讲，服装卖场的灯光有两种方法来突出商品：一是正确地表现出服装的本色，做到“忠实显色”；另一种则是“效果显色”，可以通过微妙的色光效果更鲜明地突出商品的特定色彩。

(3) 照明的类型

卖场的人工照明分为基本照明、特殊照明和装饰照明。

① 基本照明：指商场为保持店堂内的能见度，方便顾客选购商品而设计的照明灯组。目前商场多采用吊灯、吸顶灯和壁灯的组合，来创造一个整洁宁静、光线适宜的购物环境。

② 特殊照明：也叫商品照明，是为突出商品特质，吸引顾客注意而设置的灯具。采用底灯、背景灯，显示服装的轮廓线条。

③ 装饰照明：这是卖场广告的组成部分，用霓虹灯、电子显示屏或旋转灯吸引顾客的注意力。

(4) 照明方式

对于服装商品照明来说，最理想的是“斜上方”和“正上方”的光源，可以收到满意的销售效果(表 2-3)。

表 2-3 光源位置及其效果表

光源的位置	产生的效果
斜上方	使服装像在阳光下一样，表现出极其自然的气氛
正上方	可制造一种非常特异的气氛，高档、高价服装常用这种光源
正后方	服装的轮廓十分鲜明，欲强调服装廓形时适于采用
正前方	在这种光线下，顾客不可能正面平视商品，因为会挡住光源，并在商品上留下影子，因此这种光线下起不到强调商品的作用
正下方	这种光源能造成一种受逼迫的、具有危机感的气氛，电影中常用此法表现恐怖

一般而言，卖场灯光照明应在不同位置配以不同的亮度，纵深处的亮度高于门厅，陈列商品处的亮度高于通道，这样可以吸引顾客注目（图 2-53）。

图 2-53 灯光很好地突出了展示台和墙壁上展示的服装

表 2-4 推荐照明范围表

商店建筑照明的照度标准		参考平面及其高度	照度标准值(1x)		
			低	中	高
一般商店营业厅	一般区域	0.75 米水平面	75	100	100
	柜台	柜台面上	100	150	200
	货架	1.5 米垂直面	100	150	200
	陈列柜、橱窗	货物所处平面	200	300	500
试衣间		试衣位置 1.5 米高出垂直面	150	200	300
收款处		收款台面	150	200	300
库房		0.75 米水平面	30	50	75

根绝国家照度标准值，不同空间需要不同照度来满足，有明暗变化，有层次分割，才能利用亮度、色调的反差，使顾客注意力集中在特定的商品上，从而达到视觉引导的作用（表 2-4）。

同时，照明时应当防止出现眩光。眩光可以分为三个等级：无眩光感、轻微眩光和有眩光。按照服装卖场的照明要求，品牌形象墙、展柜、展架、橱窗和中岛等有特殊照明要求的区域必须达到无眩光感。强烈刺眼的反光会使人很容易产生视觉疲劳，降低舒适性。此外，照度和光色与不同功能区域产生的视觉舒适感也有直接的联系。

表 2-5　光色效果对比

光色名称	视觉效果
暖色光	暖色光的色温在 3300 开以下，暖色光与白炽灯接近，给人温暖、健康、舒适的感觉
冷白色光	又叫中性色，色温在 3300 开到 5300 开之间，由于光线柔和，使人有愉快、安详、舒适的感觉
冷色光	又叫日色光，色温在 5300 开以上，光源接近自然光，有明亮感觉，使人精力集中

在不同时段应使用不同色光来展示服装，在日间橱窗展示时宜采用冷色调，通过明显的对比度引起顾客对商品的注意，同时也可以避免出现由于外部光线过强，导致顾客从外面看不清橱窗玻璃后面物品的情况。在购物中心，为引起足够注意力，橱窗部分照明应比周围环境高出 2～3 倍。夜间橱窗展示也需要根据不同季节来调整，冬天宜采用暖色温，夏天宜使用冷色温。

4. 音像气氛设计

随着服装零售市场竞争的日趋加剧，品牌形象的展现也越来越丰富多姿，各种宣传品牌文化与理念的手段层出不穷(图 2-54)。

图 2-54　多媒体技术尤其受到品牌的欢迎，音乐和视频已经被广泛应用到服装零售终端

(1) 背景音乐

音乐可以有效地调节卖场气氛，舒缓顾客和店员情绪，营造愉悦的购物氛围。顾客会根据音乐的节奏来调节步伐和心情，比如顾客听到节奏激烈的音乐时会加快脚步，同时心情会变得激动起来。因此，卖场音乐的选择要根据品牌的定位、顾客的类型和特征来决定。一般而言，流行服饰专卖店应以流行且节奏感强的音乐为主；童装店则可播放一些欢快的儿歌；高档服装店为了表现其优雅和高档，可选择舒缓的轻音乐。

同时，音乐的播放还需要考虑营业员的工作状态和卖场的氛围来合理安排，注意合理搭配音乐的种类与时间。上班前，先播放几分钟幽雅恬静的乐曲，然后再播放振奋精神的乐曲，效果较好。当员工紧张工作而感到疲劳时，可播放一些安抚性的轻音乐，以松弛神经。在临近营业结束时，播放的次数要频繁一些，乐曲要明快、热情，带有鼓舞色彩，使员工能全神贯注地投入到全天最后也是最繁忙的工作中去。在服装店热卖过程中，配以热情、节奏感强的音乐，会使顾客产生购买欲望。

通常来说，上午宜播放清新的大自然轻音乐，迎接一天的开始。下午客流少时，会播放慢节奏的音乐，延长顾客逗留店铺的时间。当店铺没有客人时，会把音乐的音量放大，吸引顾客进店。晚上则播放浪漫温馨的音乐，让工作了一天的顾客的购物体验成为一种放松漫步。平时打折促销时，选择的则是快节奏的音乐，以加快顾客的购买决定。

顾客到店里来购买衣服，都希望以最放松的心情，得到最贴心的服务，服装店的播音主要是为了营造优美的购物氛围，背景音乐可以缓解身心的疲惫，语音提示可以传递最新的折扣消息或店铺形象，起到问候客人、宣传店铺的作用。研究表明，备有背景音乐的零售店，顾客的光顾率将增加 15%；音响的强度过高时，顾客在店内逗留的时间将减少；同快节奏的音乐相比，舒缓的音乐能使商店的销售额平均增加 30%。由此可见，背景音乐对于商品销售的重要作用。

(2) 语音广播

一般店铺语音广播分为内部播音和外部播音，内部播音主要针对自己的员工，而外部播音的主要对象是前来选购货品的顾客。当然遇到紧急突发事件的时候，播音则是面对所有在场的人士。

➢ 对员工播音的要求

① 须正式、严肃，有利于店铺自身的形象。

② 上班之前用于播放慰问语，提示晨会或者夕会，通知到位。

③ 经常给员工鼓励，提示营业目标，激励慰问。

➢ 播音示范

① 早班慰问语："新的一天开始了，让我们振奋精神，开开心心地投入今天的工作，大伙都要用自己的最佳形象，以最真诚的服务迎接我们的顾客！"

② 开店前 5 分钟："现在离开店还有 5 分钟，请大家再次自行检查，各部门的准备是否完成，POP 以及服装仪表等等，并请各位再次清理在通道上的纸箱、纸盒、手推车等，做好迎接顾客的准备。"

③ 呼叫 * * 部门员工："* * 部门的 * * 小姐，请到服务处。"(统一叫职称，没有职称的叫单位姓名，如 * * 部 * * 小姐等)或"店长，请接外线 * 号。"或"* * 部 * * 先生，请接内线 0 号。"

④ 通知搬运货品："各楼层店长请注意，请每层安排两名男生，去仓库搬运新品。"(一般重复 2～3 遍，直到各个楼层的相关人员到位)

➢ 对顾客播音的要求

① 温情体贴，热情洋溢。

② 定期定时问候进入的顾客。

③ 提示顾客新货或者折扣促销的信息。

④ 对于顾客的疑问，随时进行广播解释。

⑤ 节假日增加播音的频率。

➢ 播音示范

① 欢迎来宾："尊敬的客人，您好！感谢您百忙中抽时间来我们店购物，我们的店铺分为男装、女装两个区域，您可以随意挑选，也可以向我们的导购寻求帮助，祝您购物愉快！"

根据天气，还可以加上以下的句子："今天的天气很好，希望您的购物心情也和阳光一样美好。""今天下雨路滑，希望您购物时注意脚下。""今天天气非常冷，请保重身体，多穿衣服"。

② 介绍节假日："这里是 * * 店，谢谢各位光临指导。今天是 * 月 * 日星期 *，是中国的情人节，本店特提醒您，为自己选购的时候请别忘记为心爱的人选一份礼物。请慢慢选购，谢谢！"

③ 介绍新品："亲爱的顾客朋友，隆冬来临，特别向您推荐我们的最新产品，不怕脏的羽绒服，采用最新的纳米技术面料制成，可以让您在这个冬天有全新的穿着体验。"

④ 介绍减价商品："这里是 * * 店，谢谢您的光临，现在播报今天的特价商品，* 部、* 品名、* 定价、* 特价等。请到 * 部参观选购。店内其他各部门也准备了很多特卖品，请慢慢参观选购，谢谢！"

⑤ 客流量大时："亲爱的顾客朋友，今天店内人多拥挤，真诚提醒您保管好随身物品，以免丢失，祝您购物愉快，谢谢！"

⑥ 关闭店铺时："亲爱的顾客朋友，我们的营业时间即将结束，请您抓紧时间。祝您购物愉快，欢迎您的再次光临，谢谢！"

根据天气，可以加上以下的句子：

"今天天气很好，希望您天天都有好心情！"

"今天下雨路滑，希望您出门时注意路况！"

"今天天气非常冷，请出门时注意穿好外套！"

5. 气味设计

和声音一样，气味也有积极的一面和消极的一面，好的气味会使顾客心情愉快。服装店内无其他异味，只有新服装的纤维味，则是积极的味道，与店铺本身是相协调的，会使顾客联想到服装，从而产生购买欲望；在店中喷洒适当的清新剂，有时也是必要的，有利于除去异味，也可以使顾客感觉舒畅，但要注意，喷清新剂时不能用量过多，否则会起到负面作用，要注意使香味的浓度与顾客的嗅觉上限相适应。

此外，店内顾客流量大，空气极易污浊，为了保证店内空气清新通畅、冷暖适宜，应采用空气净化措施，加强通风系统的建设，通风来源可以分自然通风和机械通风。采用自然通风可以节约能源，保证店铺内部适宜的空气，一般小型店铺多采用这种通风方式。

围绕嗅觉来开发新的体验手段已成为亮点，可以通过多方面来体现。例如：以航海为主题的橱窗设计，除了可以设计海浪的声音外，店铺内也可以制造出海洋气息的味道。英国某高级衬衫品牌特别在店里装设感应器，有顾客经过时会自动散发出刚洗完熨烫过的棉布的味道。某皮具产品品牌，其店铺里洋溢着经特别处理过的皮革的清香。

6. 店铺细节设计

(1) 休息区

休息区能让顾客保持愉悦的心情，是让其充分体会在终端空间享受生活、释放压力的场所，是情景购买必不可少的手段之一。休息区设计应遵循以下原则：

① 不妨碍顾客正常移动。

② 让顾客感觉舒适，营造更多生活气息，而并非是单纯商品买卖场所。

③ 在休息区内，视线可以充分接触到大部分商品和特色道具。

④ 休息区在空间上应是相对独立的区域，不能太接近终端入口和收银区（图 2-55）。

图 2-55 该店铺的休息区被多层展示台半隔开，远离了店铺入口，从而具有一定的私密性。同时，两张藤椅边上设计了壁炉，更增加了舒适的生活氛围。此外，座椅的摆放正对着货品的方向，可以使顾客在休息时依然有机会观察到商品

(2) 试衣间

试衣间是让顾客最大限度地感受服装穿着效果的场所。试衣间是顾客在店内唯一的私人感受场所，是决定服装是否能够顺利销售出去的一个重要环节。在设计时应充分考虑顾客的即时感受。因此，设计时需考虑以下要点：

① 放大试衣间功能，并非只是试衣的场所，而应让顾客有更多的个性化体验。

② 体现人性化精神，让试衣工具变得更人性化，让顾客感觉舒适。

③ 适当增加试衣间空间，减少面积较小而带给顾客的压抑感。

(3) 试衣镜

服装店铺内的试衣镜如果面积足够大，数量足够多，一方面可以满足顾客需要（特

图 2-56　宽大的试衣镜、墙壁上的衣钩、清洁美观的拖鞋、搁物架兼座位，这些细节都为顾客考虑得很周到

别是女性爱照镜子的喜好)，另一方面使店铺内部空间显得更加宽敞(图 2-56)。通常情况下，如果试衣间面积不够大，不提倡在内部放置大的试衣镜，因为在狭小空间里观看试衣效果不佳(除非是不便于展露在外的内衣类服装)，但是可以考虑放置一个小的镜子以方便女性顾客试衣后补妆。同时，将全身镜子放在外面，也增加了导购与顾客沟通，以及附加推销的机会。此外，将镜子适度倾斜放置，可使得顾客看起来身材更加高挑，试衣的视觉效果更佳。

案例 2-2

“智能试衣室”

香港理工大学纺织及制衣系成功研发的“智能试衣镜”及“智能试衣室”，一经亮相便引起公众的强烈兴趣。该系统利用射频识别技术(Radio Frequency Identification，简称 RFID，是一种非接触式自动识别技术，可实现对被识别物体所携带信息进行远程自动化提取与识别，广泛地应用于不同商业环境与场景中。通常根据频率的不同，其通信距离范围可从几厘米到几十米，甚至更远)，将带有射频信号的吊牌挂在每件服装上，于顾客试衣的同时提供贴身着装搭配指导。

顾客只要手持衣物走到试衣镜前，镜子便会立即感应到衣物，设立在一旁的屏幕随即显示出搭配建议及搭配物的种类、颜色和价钱等。

顾客还可携带多件衣物进入“智能试衣室”，试衣室中设有屏幕，为顾客提供搭配指引。顾客挑选到合适的搭配衣物后便可致电服务台，服务员再根据柜台屏幕上的同步画面和指引拿取相关衣物。这样可免除顾客出入试衣室换取衣物的繁琐过程，也避免了因服务员过于主动而引起顾客反感情绪。应用这种快捷方便的系统，可以帮助顾客节省时间，提高顾客的满意度，还能协助店员提高服务品质及效率。同时，“魔镜”可以记录下顾客查看衣物的次数，帮助零售商获知店内最新销售状况和顾客的喜好，获取宝贵、系统而又最原始的第一手市场资料。

（4）收银台

收银台应设置在顾客动线的沿长线上，通常设置在店铺的后部。与试衣间距离接近，便于店员对顾客进行购买引导。这样既不妨碍顾客的流动，又能在交易时保持空间的开阔。结合休息区的设置，可达到合理利用空间的效果（图 2-57）。

图 2-57　收银台与休息区巧妙地融为一体

图 2-58　试衣镜倾斜放置，同时别出心裁地在镜框上悬挂两款手提包，增加了附加推销的机会

四、服装商品陈列与展示

1. 陈列道具的运用

商品展示需要借助一系列的道具来完成，从而向消费者展示服装的全面信息，包括款式、色彩、材质、品种、细节、造型等。运用各种道具可以表现品牌的精神和商品的个性，商品陈列的主要道具包括：壁柜、陈列台、展示台、陈列杆、模特、配饰柜等陈列设备用具。

（1）壁柜

在卖场陈列中，壁柜与卖场中央区域的陈列效果有很大的区别，善加利用可优化陈列效果。壁面的面积大、高度高、系统性强，有助于表现商品的系列化和整体性。商品陈列在壁柜里比陈列在陈列杆上更具有价值感，较高档的品牌和男装品牌多选用此种道具。

壁柜通常可以分为三种样式：一段式、二段式和三段式（图 2-59，图 2-60）。它们各有特点：

①一段式：壁柜不分段。上下为一个整体，可以配模特儿或利用其高度展示配套商品。

②二段式：将壁柜分为上、下两段。上、下段可以陈列关联性商品，一般上段进行

突出展示，下段用于商品排列。

③三段式：将壁柜分为上、中、下三段。应以中段作为中心位置，因为符合顾客的视线范围和拿取范围。上段主要突出视觉效果，数量较多的主力商品可以在下段陈列。此外，三段式的壁柜在陈列时要考虑三者视线的协调关系，不能互相遮挡，也要注意商品的关联性。

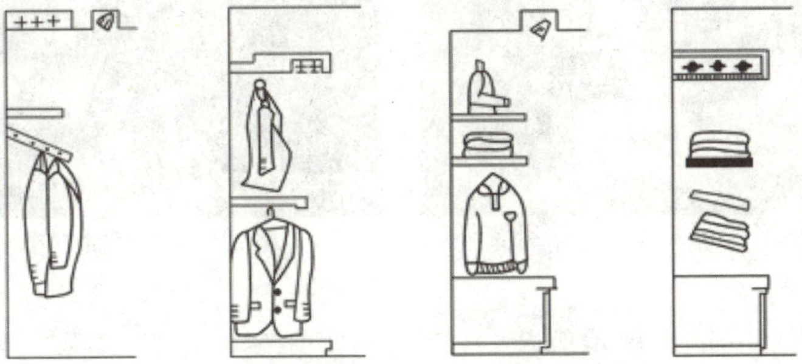

图 2-59 壁柜的三种样式示意图

图 2-60 壁柜的三种段式的组合运用实例

(2) 陈列台和展示台

陈列台一般用来摆放主打产品、特价商品或打折商品，置于卖场的入口或显眼的地方，用来吸引顾客。常用的类型有箱型陈列台、吊船型陈列台、阶梯型陈列台、花车陈列台。

展示台一般用于较大商品的展示，高度都较低，如展示人台、模特人台等。其形式很多，比较典型的有直线形、S 形、圆形等。

(3) 陈列杆

分为固定式与活动式两种：固定式的一般固定在卖场的墙上(图 2-61)；而活动式的吊架也被称为龙门架，可以根据卖场空间，灵活组合应用(图 2-62)。

图 2-61 固定在卖场的墙上的陈列架

图 2-62 多种陈列架的组合运用

（4）模特

模特道具可以立体地展示服装，再现人体实际穿着效果，能够直观地介绍商品。人体模特有抽象型和具象型两种，为了介绍商品和提高商品的价值，可以根据不同的目的选用不同的模特。比如：自然舒适风格为主的品牌，多选择常规的模特；而运动风格、时尚前卫风格的品牌，多选择夸张、具有个性特征的模特，肤色和动作都别出心裁。

模特陈列最能表现商品特性，是重点商品的重点展示手段之一，也是有效抓住顾客视线的陈列方式。因此，在模特陈列的搭配和配置方面需要格外注意，要讲究整体搭配效果，同时注意一组模特之间的协调和联系。例如：三个或三个以上的模特群组，需选择同一系列的服饰，而且颜色要协调，面料和款式也不能太杂，否则会失去强调的效果，而给人以混杂的感觉；在模特的放置时，需要考虑模特的姿态、动作，按照服装的款式特点来合理配置（图 2-63，图 2-64）。

图 2-63 模特们的着装以紫色进行统一

图 2-64 夸张的模特造型展现了服装良好的运动舒适性

表 2-6　陈列用具的性能比较

种类	箱、柜、棚架、层板	台面式	陈列杆	模特
优点	· 陈列的量大 · 可以拿取观看 · 方便试衣	· 了解设计式样 · 可以直接触摸商品 · 容易替换商品	· 可直接在远处触摸商品 · 容易取出观看 · 方便试衣 · 陈列的量较大 · 可以在镜子前合身比照	· 具有立体感，商品形象突出 · 设计样式鲜明
缺点	· 不易了解商品式样 · 不易了解穿着方法 · 商品叠放量多时不易取出 · 观看后不易按原样放回	· 缺乏立体感 · 不能取下商品试穿 · 摆放数量有限	· 容易造成杂乱的感觉 · 某些商品不宜悬挂 · 容易弄脏	· 不能取下或用手触摸 · 不能在镜子前合身比照 · 更换商品不便 · 占用空间多

2. 货品陈列

如果说，橱窗换季陈列设计的主要目的是传递单向信息，而货场陈列规划的目的则主要是吸引顾客购买。货品陈列是卖场陈列的主体部分，在卖场营造舒适的、富有美感的环境的同时，需要对货品进行合理的规划，以便于顾客选择、抚摸商品，从而达到实现销售的目的。

(1) 货品陈列的原则

➢ 容易看到

顾客希望在最短的时间里找到自己喜欢的商品，卖场的商品要陈列得让人一眼就能明白整个状态。要想让顾客了解商品的特点，知道是否有喜欢的商品，让顾客看到是前提。只有让顾客看到了，才能进一步对商品做比较选择，决定是否购买。

对于利润高、具有特色和卖点的主力产品，陈列时需要格外关照，将其置于显眼的地点和高度，以引人注目。

➢ 容易拿取

如果顾客没有用手拿起商品进行确认，没有用手去体验服装的质感，就不容易达成销售。易选择，就是店内的商品以客人容易选择的方式陈列，除特别商品（手表、宝石等小型贵重商品）以外，都尽量陈列于易拿取的地方。此外，要在考虑商品的关联性之后再进行分类陈列。将商品明确地分类之后，再结合展示的陈列方法，不仅带给顾客便利，也提高了店铺管理商品的效率。

➢ 整洁有序

保持货品的整洁，无灰尘且熨烫平整。保持整齐的秩序感是提高商品价值的最基本方法，整齐有序的卖场更能让顾客接受（图 2-65），令其赏心悦目。

图 2-65 该卖场内部的货品陈列简洁有序，符合男正装的风格

➢ 提高新鲜度

商品首先要符合季节的变化，不同的季节性陈列使卖场富于变化，不断创造新颖的卖点布置，运用辅助工具将商品立体地陈列起来，借助装饰物使商品生动化，活用宣传海报，以强调商品的新鲜度。

➢ 表现价值感

即使是同样的商品，陈列的方式不同，顾客对其的感受也不一样。陈列时需要将商品的卖点和价值有效地传达给顾客，提升顾客对商品的认知和好感。

(2) 货品陈列的常用方式

➢ 正挂陈列

正挂陈列是可以在正面看到商品全貌的陈列方式，使顾客能够一眼看到款式的特点。正挂陈列的第一件要做搭配式展示，以强调该商品的风格，吸引顾客购买。正挂陈列时需要注意以下规范：

① 进行正面展示的商品能够代表其所在区域内的商品风格类型，并与附近的商品相联系，传达给顾客正确的商品信息，减少顾客寻找商品的时间。

② 正挂商品应避免货品单一的展示，可适当配以相关商品的组合搭配，以形成趣味和卖点联想，并显示搭配格调。

③ 从整个卖场的角度考虑，需要遵循顾客的视线流向和视觉心理，商品排列应从前至后、自外向内，尺寸要从小到大，色彩由浅至深。

④ 挂装的衣架朝向要一致，挂钩朝向一致。

⑤ 服装保持整洁，无折痕，吊牌收于服装内。

➢ 侧挂陈列

侧挂陈列不能看见服装商品的全貌，只能看到领子和袖子的部分样子，相邻两件衣服之间的距离较近，能够陈列的商品数量较多。侧挂陈列具有较强的类比功能，便于顾客随意挑选，消费者在货架中可以非常轻松地同时取出几件服装进行比较，适合一些款式较多的服装品牌。这也是女装品牌陈列中应用较广泛的形式之一。

进行侧挂陈列时需要注意以下准则：

① 每款服饰应同时连续相邻挂两件至三件，相邻两件挂装之间的距离为 3 厘米。

② 服装熨烫平整、无折痕，距离地面高度不得少于 20 厘米。

③ 衣服的钮扣、拉链、腰带等应全部就位。

④ 侧挂陈列服装的尺码自外向内，由小至大，色彩由浅到深、由明至暗。

⑤ 侧列式挂装宽幅不宜超过 120 厘米，如果太长需考虑与其他陈列展示方式配合使用，如正列或叠装等，以避免造成视觉压力。

⑥ 展示区下部基线应保持平直、均衡。

⑦ 侧挂的衣架按照顾客主流的方向，衣架钩需朝向内侧，以保证服装的正面示人；同一区域内不得使用不同种类的衣架。

⑧ 侧挂陈列区的就近位置应摆放相关产品宣传海报，选择有代表性的款式和颜色进行正面陈列或模特展示(图 2-66)。

图 2-66 侧挂服装与模特身上的服装相互呼应

➢ 叠装陈列

叠装可以充分利用卖场的空间，并使陈列整体看上去具有丰富性和立体感，形成视觉冲击，同时为挂装陈列做一个间隔，增加视觉趣味。叠装陈列能够容纳大量的商品，但是只能看到款式和色彩的局部，常被安排在挂装展示的附近，便于消费者看到叠装商品或同类商品。

叠装陈列形式常用于休闲装，因为休闲装的陈列形式追求一种量感，特别是一些大众化的品牌，销售量比较大，需要有一定的货品储备，同时也追求店堂面积的最大化利用，给人一种量贩的感觉。其次，休闲装的服装面料也比较适合叠装的陈列方式。当然其他服装品类，也有采用叠装的，但其陈列方式和目标会有些差别。叠装陈列规范要素如下：

① 同季、同类、同系列产品陈列于同一区域单元。

② 拆去包装，以薄装每摞 4～6 件(梭织类衬衣领口上下交错摆放)、厚装每摞 3～4 件为宜。

③ 尺寸序列为自上而下，应由小至大。

④ 叠装需基线平直，肩位、襟位、褶位等齐整，吊牌需统一置入叠装内。

⑤ 叠装有效陈列高度应介于 60 厘米至 180 厘米之间，避免 60 厘米以下的叠装展示，尤其要避免暗角位的深色调叠装展示，可频繁变位以免造成滞销。

⑥ 两摞叠装间距设定在 8 厘米至 12 厘米左右。

⑦ 叠装的色彩应与挂装颜色协调，且同系列产品陈列于同一区域。

⑧ 叠装的色块渐变序列应依据顾客流向，自外向内，由浅至深，由明至暗。同时，需注意各展示单元内的色块间隔、渐变和对比。

⑨ 有图案或 LOGO 的服装，需将图案和 LOGO 露出，以强调其平面、立体构成的视觉趣味，渲染卖点。

⑩ 就近位置应同时有相关的挂装展示，避免滞销货品的单一叠装展示，应考虑同时于就近位置配衬、配搭，重复挂装展示。

⑪ 不同性别服饰叠装应有明确区分，一般以货架、台柜为单元独立分列。

⑫ 在叠装区域就近位置，应尽量设置全身或半身模特展示其中代表性款式或其组合配衬效果，并需呼应所配置的 POP 图示内容(图 2-67)。

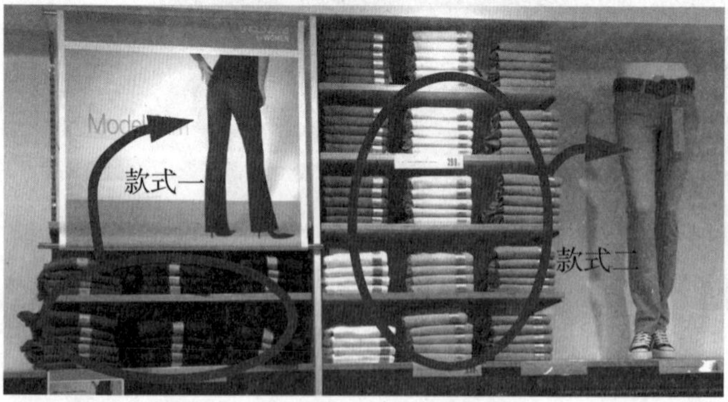

图 2-67　由于裤子款式相同，仅仅是色彩不同，因此在使用照片和实物展示出款式后，只需要用叠装陈列出各个整齐的色块供消费者选择即可

➢ 模特出样

将服装陈列在模特人台上展示的优点是服装使用更接近人体穿着状态，能充分地展示出服装的细节。模特出样的位置一般都放在店铺的橱窗里或店堂里的显眼位置。通常情况下，用模特人台出样的服装，其单款的销售额都高于以其他形式出样的服装销售额。因此，店堂里用模特出样的服装，往往是本季重点推荐或能体现其品牌风格

的服装。

模特出样也有其缺点，一是占用的面积较大，而且服装的穿脱不方便。使用模特出样要注意恰当地控制卖场中模特陈列的比例，如果数量太多，就会失去主次。如果服装的主推款确实比较多的话，可以采用在模特人台上轮流出样的方式。

模特出样需要注意的规范事项如下：

① 尽量避免单独摆放一个模特人台，尽量将两个、三个或更多模特作为群组摆放，增加视觉冲击印象，以营造故事性气氛，增加趣味性和可看性。

② 陈列在一起的模特应穿着同系列、同色调的商品。

③ 模特除穿着基本服装外，应当搭配皮包、腰带、鞋子等配件，或搭配其他小道具，使它们看起来更加活泼且有故事性。

④ 商品在穿着之前须熨烫，选用最合适的尺码，吊牌不能外露；在穿着之后要整理肩、袖、腰身和裤子，必要时用别针、拷贝纸等，做好视觉效果。

图 2-68　穿着同系列、同色调服装的一组模特

➢ 配饰品陈列

配饰商品陈列的成功与否，直接决定了它的销售。由于配饰品款式多、形状小等特点，在陈列的时候往往采用积点成面的方法，以增强视觉冲击力和秩序感。

配饰商品陈列可以单独开辟一块区域进行专门陈列，大量的、重复的陈列可以产生很好的视觉冲击。一般安排在收银台附近，以方便顾客的连带购买。也可将其与相关服装搭配陈列，以便完善产品的组合陈列，方便顾客选购和导购员的附加推销。配饰陈列应遵循以下方式：

① 同一款或同一系列的商品应在一起陈列(图 2-69)。

② 重复陈列可以产生强烈的视觉冲击。

③ 配饰的颜色和款式要和区域内的服装相协调。

④ 眼镜、头饰等饰品的旁边应放置镜子。

图 2-69　衬衫两侧的领带通过重复陈列和色彩渐变形成了强烈的视觉冲击力

(3) 货品陈列的具体操作方法

➢ 商品的分类配置

将商品进行分类,并按照一定的分类方式对卖场商品进行排列分配。商品的各种分类方式都有其优缺点,为了方便顾客并引起顾客的兴趣,配置规划常常是将多种分类方式结合使用。常见的商品分类法有以下几种:

① 按品种分类:这种分类的方式源于大批量销售,就是把相同形式的商品归属一类,如把卖场分成毛衫区、T 恤区、裤区等等。其特点是:方便顾客的挑选,并且具有可比性;店铺的管理也方便,如进行盘存、统计等工作;比较适合配搭性强、款式简单、类别较多、销售量较大的服装品牌,如中低档的休闲装等。其弱点是:色彩搭配较难,容易混乱,系列感不强,需要导购员进行引导,或在卖场中进行局部搭配陈列,以弥补不足。

② 按色彩分类:人们对色彩的辨别能力比对形状的辨别要高,所谓"远看色,近看花",说的就是人们对色彩更为敏感,而且顾客个人的色彩偏好各有不同。按照色彩分类就是将相同、相近的颜色或已经规划好的颜色系列放置在一起陈列。和谐的色彩也最能打动顾客,引起顾客购买欲望。色彩分类法比较适合色彩较多并将色彩作为主要设计点的服装品牌(图 2-70)。

卖场商品的色彩配置不仅要考虑单柜的效果,而且要考虑整个卖场的效果,要使整个卖场呈现和谐的状态。

③ 按性别分类:根据目标顾客的性别对商品进行分类,适合目标顾客群较广的品牌,如休闲装、童装,都是按男女分区,这样既可以方便顾客的挑选,同时可以非常快地把卖场的顾客分流到两个部位。

图 2-70 同色系的服装由深到浅的排列，视觉效果非常协调

④ 按风格分类：按照服装的款式风格进行分类，根据服装在不同场合的不同穿着方式分类，一般可分为休闲、职业、运动等类别，以便于顾客选购，也为顾客寻找适合前往的某个场合的服装省不少精力。

⑤ 按系列分类：按照设计师的设计系列进行分类，可以加大产品的关联性，容易进行连带性的销售。

⑥ 按价格分类：将卖场的货品按价格进行分类。由于每个品牌都有其一定的价格区间，顾客选择进入某家店铺基本都能承受该品牌的价格范围。因此，在常规的卖场中一般很少使用。但对于清货打折时，由于顾客对价格的敏感度增加，采用价格分类的方法会达到较好的效果。另外，一些以低价位经营的服装品牌，由于目标顾客对价格比较敏感，也可以按价格对商品进行分类。

⑦ 按原料分类：按服装面料进行分类，如皮衣专柜、毛衣专柜、牛仔专柜等。这种分类方式，一般需要卖场中采用这种面料的商品达到一定数量，能独立陈列为一个区域；同时，其面料风格或价格和其他产品相差比较大，有特殊的卖点。例如把皮衣专柜独立陈列成系列，就是要突出皮衣的高贵感觉，在价格上形成差异。把牛仔服装独立成柜，一方面是突出其粗犷的感觉，还因为牛仔的分类已成为传统的方式。依原料分类不宜太细，因为很多顾客对面料的认知度很低。通常先分成大类，然后再使用其他分类法进一步细分(图 2-71)。

⑧ 按尺码分类：按尺码规格进行排列，如大、中、小号或按人体尺寸进行排列。可以使消费者一目了然，随手选出自己需要的尺码。由于店铺中一般都备有齐全的尺码，因此尺码不会成为顾客首先关注的问题。顾客往往对一款服装的色彩、款式、面料考虑完毕后，才开始关注尺码。所以在一般的情况下，尺码分类常常作为其他分类方式的补充。但在童装店、西装衬衫店，由于尺码成为首先要考虑的问题，所以也会采用尺码为先的分类排列。

➢ 货品的陈列搭配规划

进行卖场中的商品规划时，主要有以下原则：

图 2-71 毛衣集中进行陈列，并且在色彩上采取"深浅深"的变化处理

① 卖场是为顾客而存在的，因此，应根据顾客的需求设置卖场。对卖场的商品进行配置时，要对顾客购物的行为进行研究，从顾客的角度进行商品的规划，无论选择哪种配置组合方式，其主要目的都是为了吸引顾客、促进销售。通常是先对几种分类方式进行综合考虑，然后进行分类次序的排列，从中找出最有利于营销的配置方案。

② 根据不同的销售目的，可以将一个主要的分类方式排在首位，其他的分类方式依次列为第二、第三的位置。第一层次的分类法必须容易辨别，必要时用图形和文字辅助。例如卖场中的性别分类，可以通过在卖场中设立指示牌和在货架上设立 POP，用 POP 上的图形和文字明确地告知顾客。

③ 根据不同的品牌定位和商品特点，以及营销阶段灵活调整配置方式。不同的品牌定位，顾客购物的取向排序是不同的。如在内衣店，顾客先要找到合适的尺码，然后才可能寻找款式、色彩和面料，再考虑到价格。而在打折的季节，价格成为顾客首要考虑的因素，款式和色彩则成为第二个考虑的因素，这时就必须对原有的配置方式进行适当的调整。

④ 分类的层次要简洁，太多的层次容易使顾客感到厌烦。分类配置要先大类再小类，先显眼的再不显眼的，目的就是要让消费者更容易辨别商品。颜色和造型是最容易被顾客识别的，所以，在不同的卖场中可以看到大量采用色彩和款式作为重点的分类法，其他面料、功能、价格往往放在后面。

⑤ 配置要合理，要兼顾卖场商品的营销规划、主推产品和辅助产品、各系列服装之间陈列数的比例。合理的比例配置有利于完善系列产品展示的整体形象，掌握销售节奏，突出主题和焦点，适度调整布局并把握销售趋向，最大限度地开发销售潜力。

⑥ 考虑管理的便捷性，如把开架式货柜上的小饰品放在收银台的附近或收银台上，一方面是考虑到可以在顾客付款时引起第二次购买行为，其次是方便管理，防止商品的丢失。

➢ 货品的色彩搭配

色彩是视觉传达中十分重要的因素，顾客进入终端卖场的第一感觉就是色彩。卖场内部恰当地运用和组合色彩，调整环境的色彩关系，对形成特定的空间氛围能起到积极的作用。

① 色彩的认知心理：人们对色彩的感知来自于物理、生理和心理几个方面的因素。色彩的冷暖是人们最基本的物理反应，结合生活实践和情感，色彩认知变得更加丰富，且富有人性。换言之，色彩在不知不觉中左右了人们的情绪、精神和行动。如在红色环境中，受红色的刺激会引起兴奋感，也会使人感到烦闷；相反，如果在蓝色的环境中，则会使人冷静，让人觉得凉爽等。

在对卖场进行色彩规划时必须考虑人们的色彩感受，保证色彩效果的均衡，使整个卖场感觉和谐。

表 2-7　常见色彩对人感觉的联想

色彩	色彩产生的联想
白色	冰雪、冷清、纯洁、清洁、明快、欢喜、洁白
黑色	黑夜、静寂、悲哀、绝望、沉默、恐怖、酷 （注：权贵、高尚的象征）
灰色	中庸、平凡、温和、谦让
红色	太阳、火焰、热血、喜悦、温暖、热情、爱情、恋情、激动、刺激、活力、积极、势力
橙色	暖、较刺激、阳气、元气、积极、乐观、运动、热烈 （注：有时表现为欺诈、妒忌）
黄色	温暖、希望、快活、愉快、黄金、智慧、辉煌、权威 （注：有时表现为病态）
绿色	草木、自然界、植物、和平、成长、永久、健康、安静、安全、旅行 （注：有时会联想到有毒和止血剂）
青色	诚实、沉着、海洋、广大、悠久、沉静、消极、智慧、较冷、少刺激
紫色	优雅、高贵、壮丽、神秘、永远、不安、气魄
金色	名誉、富贵、忠诚、辉煌、权力
银色	信仰、富有、纯洁、高科技

② 卖场陈列中色彩配置原则：

a. 把握卖场的色彩平衡感。一个围合而成的卖场，通常有四面墙体，也就是四个陈列面。而在实际的应用中，最前面的一面墙通常是门和橱窗，实际上剩下的就是三个陈列面——正面和两个侧面。这三个陈列面的规划，既要考虑色彩明度上的平衡，又要考虑三者之间的色彩协调性。

如卖场左侧的陈列面色彩明度较低、右侧的色彩明度高，就会造成不平衡的感觉，好象整个卖场向左边倾斜。

卖场陈列面的总体规划，一般要依据色彩的特性进行规划。如根据色彩的明度原理，将明度高的服装系列放在卖场的前部，明度低的系列放在卖场的后部，这样可以增加卖场的空间感。对于同时有冷暖色、中性色系列的服装卖场，一般是将冷暖色分开，分别放在左右两侧，面对顾客的陈列面可以放中性色或对比度较弱的色彩系列。

b. 制造卖场色彩的节奏感。一个有节奏感的卖场才能让人感到有起有伏、有变化。节奏的变化不仅体现在造型上，不同的色彩搭配同样可以产生节奏感。色彩搭配的节奏感可以打破卖场中四平八稳和平淡的局面，使整个卖场充满生机。卖场色彩节奏感的制造，通常可以通过改变色彩的搭配方式来实现（图 2-72）。

图 2-72　长短、色彩的节奏变化

③ 陈列中的色彩搭配方法：卖场色彩的陈列方式很多，这些陈列方式都是根据色彩的基本原理，再结合实际的操作要求变化而成。主要是将千姿百态的色彩根据色彩的规律进行规整和统一，使之变得有序列化，使卖场的主次分明，易于消费者识别与挑选。

a. 对比色搭配法。对比色搭配的特点是色彩比较强烈、视觉的冲击力比较大，因此经常在陈列中应用，特别是在橱窗的陈列中。对比色搭配在卖场应用时还分为：服装上下装的对比色搭配、服装和背景的对比色搭配。

b. 类似色搭配法。类似色搭配有一种柔和、秩序的感觉。类似色的搭配在卖场的应用中也分为服装上下装的类似色搭配、服装和背景的类似色搭配。

对比和类似这两种色彩搭配方式在卖场的色彩规划中是相辅相成的。如果卖场中全部采用类似色的搭配，就会显得过于宁静，缺乏动感；反之，过多地采用对比色也会使人感到躁动不安。因此，品牌都必须根据自己的品牌文化和顾客的定位，选择合适的色彩搭配方案，并规划好两者之间的比例。

c. 彩虹排列法。就是将服装按色环上的红、橙、黄、绿、青、蓝、紫的顺序排列，像彩虹一样，所以也称为“彩虹法”，给人一种非常柔和、亲切、和谐的感觉。彩虹排列法主要在色彩比较丰富的服装陈列中采用。不过，有如此丰富色彩的服装品牌比较少见。因此，彩虹法的实际应用机会相对较少。

d. 间隔排列法。通过两种以上的色彩间隔和重复，产生韵律感和节奏感，使卖场中充满变化，使人感到兴奋。间隔排列法是卖场侧挂陈列方式中采用最多的一种方式。间隔排列法由于其灵活的组合方式以及适用面广等特点，加上其美学效果，在服装的陈列中广泛运用。间隔排列法看似简单，但在实际应用中，服装不仅有色彩的变化，还有长短、厚薄、素色和花色的变化，所以必须综合考虑。同时，间隔的件数变化也会使整个陈列面的节奏产生丰富的变化。

e. 渐变排列法

图 2-73　渐变法陈列，服装色彩由深到浅逐渐过渡

➢ 货品的组合搭配

陈列重要的不是商品的数量，而是商品魅力的表现，商品的组合搭配是展示商品魅力的重要方式之一。从顾客的角度考虑，商品的组合搭配便于顾客对此类商品的认识，可以很形象地告诉顾客："哦，这件衣服原来可以这样搭配！"从销售的角度考虑，对商品进行组合搭配，更容易促进连带销售(图 2-74，图 2-75)。

图 2-74　夹克与裤子的组合搭配陈列

图 2-75　将裙子、围巾和帽子一同进行展示，具有很好的整体着装效果

① 反复陈列：反复陈列能够营造视觉趣味，给人很强的节奏感和韵律感，并给人

以强势的印象，是能长时间留在记忆深处的一种构成方式，可以加深人们对商品的印象。人们在交往过程中往往有“一回生，二回熟，三回便是老朋友”的说法，商品的反复陈列亦是同样的道理。当顾客看了许多商品之后，最后记忆最深的是反复看过的商品和色彩。

反复可以是相同款式不同色彩的重复展示，也可以是同种色彩类似款式的反复出现。同一商品可以同时采用挂装、叠装、模特展示的形式，不仅可以产生很好的趣味性，更能让顾客产生兴趣并记忆深刻(图 2-76)。

图 2-76　连续多件陈列，起到重复出样的效果，重复出样的尺码：男装应以 L，XL，2XL 为主；女装应以 M，L，XL 为主

② 设置焦点：在每个陈列面上，率先吸引注意力的视点即为焦点。设置焦点的目的是为了有序地牵制、引导和展开消费者的注意力，起提醒和呼应的视觉效应，同时能够直接告诉顾客每个陈列面的中心卖点。

要提高卖场的销售率，首先需要陈列面的被关注度。商品的销售与其被看到的几率是成正相关的，即商品的销售从被看到的那一刻开始。设置焦点的方式有很多种，在商品展示中较多运用色彩对比设定展示面焦点，例如排列有序的色彩、对比强烈的色彩，能产生强烈的视觉冲击力，让顾客轻松锁定目标商品。此外，模特展示、产品海报都可以成为视觉的焦点。

第三章　货品管理

利润不仅仅来自销售，也来自对货品的有效管理。

一、货品组合策略

服装零售终端需要同时针对渠道、季节来定位不同的产品类型，这种层次化、立体化的组合才能满足渠道利润，满足消费需求和竞争需求，并在品牌定位的前提下做好零售终端的产品规划与取舍。

1. 款式组合

根据服装产品的设计和承担的销售功能划分，总体上可以将品牌服装的产品分为三类：基本款、流行款和时尚款（表 3-1）。

表 3-1　三类服装的特点与功能

款式分类	作用	定价	毛利	销量	风险	色彩使用量			补货安排
						基本色	流行色	点缀色	
基本款（长销款）	有历史销量数据支持，薄利多销，维持基本开销	低	低	高	低	大量	中量	少量	可快速补货
流行款（畅销款）	顾客普遍能够接受，有畅销潜质，赚钱工具	中	中	高	中	中量	中量	中量	可快速补货
时尚款（点缀款）	增加货场新鲜度，迎合个别客人喜好，对价钱不敏感	高	高	低	高	少量	中量	大量	不补货

这三大类产品的比例主要取决于两方面的因素：一是品牌的产品定位，二是销售渠道的特点。如果一个品牌产品的定位越流行，那么该品牌相应的流行款比例就越高；定位越是保守，则基本款的比例越高。同一品牌在不同零售终端的货品品类的比例也可能存在差异，这主要是由地区差异、当地消费偏好和消费水平、季节天气、渠道业态类型等多种因素造成的。

例如在一个卖场内，基本款约占 60%，流行款约占 30%，时尚款约占 10%。基本款销售时期长，适应顾客范围大，保底销售较有保障；而流行款一般为本季主打款，销量大，利润较高，但季节性较强；销售期较短的时尚款设计一般比较前卫，点缀性较强，价位较高，从而可有效提升品牌个性、品味、档次、吸引力等。随着时间的推移，时尚款有可能转换成流行款，流行款也可能转换成基本款。

在做好产品组合的同时，还要对上年当季各类型产品的销售比例进行详细分析和了解。对本季核心产品、各层面产品，按比例大小进行排列，便于明确主次。“二八”原理显示，少数货品会产生大部分利润。例如对于一些休闲装品牌来说，每季货品中，大约有20个款式，所占比例约达70%，这就需要该品牌找出这二十大货品，并加以研究和改进。畅销货品在店铺之间进行配货、补货、调货时，优先分配给最畅销店铺；在店铺陈列时，陈列于黄金区域，同时也可二次、三次重复出样。

在组织整盘货品时要突出款式和相应的花型，按花型和款式进行组合。各类产品的款式各有要求，其面对的是各种类型的顾客，需分清哪些是主，哪些是次？销售比例重点在哪里？这些都要分析并组织到位，以免造成库存积压。在主流与辅助产品中还要注意品牌的价格层次与风格的互补，根据销售来确定各自的店铺陈列面之比，使每一个空间的品类都充分发挥利润的功能。以内衣店铺为例，内衣产品通常以文胸、家居服、常规内衣为主体产品，内裤、束身美体服、情趣内衣、保暖内衣则通常作为辅助产品（图3-1）。

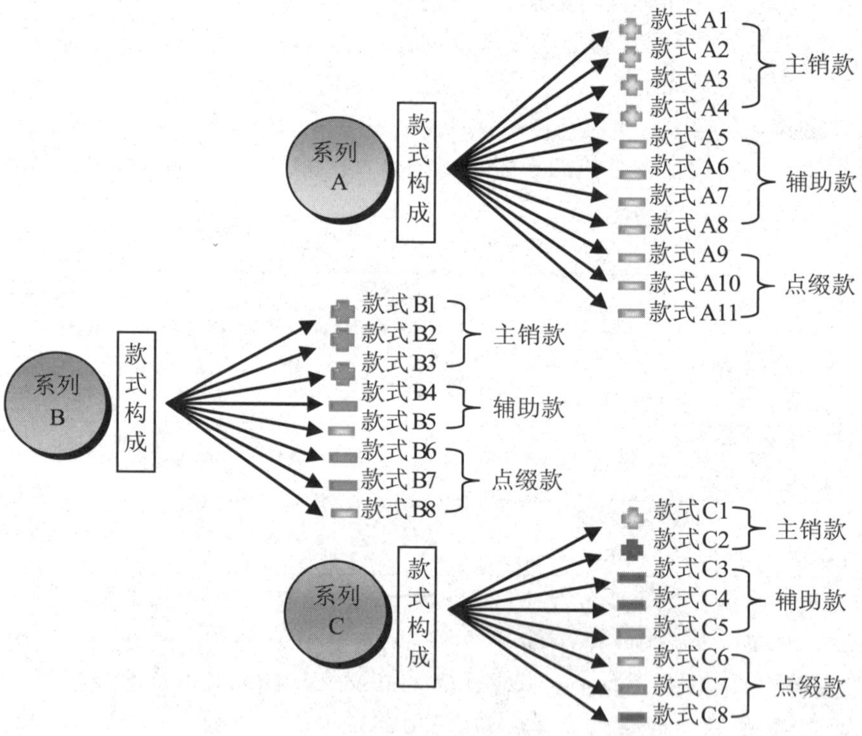

图3-1 某品牌秋季第一波段商品组合示意图

2. 价格组合

服装品牌的零售终端常常分散在各个不同区域市场，不同区域有不同的文化和经济环境，其消费习惯、消费水平各不相同，对于价格的要求也不相同。

从货品的价格定位上来分，服装零售终端中的货品可分为高端、中端、低端三大类。一个系统的产品结构应是高中低三类产品的合理组合：高端产品能拉高店铺整体形象，利润率高；中端产品属于大众产品，可通过跑销量来赢得主要利润；低端产品则采用低成本、低售价来抵抗竞争对手的降价竞争。

值得注意的是，还要避免出现店铺内部货品之间价格互相竞争的情况。非常接近的货品，其价格应保持相对一致，如果相互之间价格相差过多，会引起消费者的疑惑，在货品内部形成不良竞争。

3. 色系组合

把不同视觉色彩和谐、巧妙地组合起来，给顾客造成强烈的视觉冲击，从而吸引顾客进店，促进产品销售。

即便销售同一品牌的不同店铺，其产品组合也应根据各自情形而有所不同，在进行分店的产品组合时，要考虑到以下因素：

① 当地的消费水平、消费习惯、文化观念适合哪些产品。

② 当地有哪些同类型产品的店铺，其销售的产品是否对自己的产品形成竞争和冲突。

③ 本店的地理位置、店面规模、客流情况是否有很大的优势。

④ 当地同类型的服装零售终端是否经常有大力度的促销活动。

总体而言，服装零售终端的商品应当以具有较实惠或更高性价比的当季主导产品为主，而且各种价位及系列的产品都须陈列丰满。通常，一个品牌的每季产品在设计开发时已经对价位、色彩、长短做了组合，然而具体落实到每个店铺时，却往往存在颜色不全、没有辅助产品等问题，这常常是由于代理商在进货时太偏重于个人意愿和喜好所致。如今的品牌差异越来越不明显，一个陈列丰满、色彩丰富、辅助产品有序搭配的卖场才能真正地吸引消费者。例如：在一个优秀的服装品牌专卖店里，当顾客看中其中的一件西服时，营业员会将与该西服配套的裤子、衬衣全部搭配好，营造多次商机。"商品组合"带来的是不断地让消费者体验消费的惊喜，而不仅仅是某个产品的利益点。

案例 3-1

某休闲装品牌的货品组合策略

Z 品牌作为国内休闲装的一线品牌，订货时通常考虑以下三点：

(1) 物有所值

即"薄利多销"，Z 品牌的货品品质高于市场平均水平而具有竞争力的价格。

(2) 色彩缤纷

颜色对于整体货品形象非常重要，因为 Z 品牌的款式比较简单，为了营造易于配搭的形象，所以设计成多色彩以增加新鲜感，而且由于畅销货品的销售已有一定的保证，故即使有副款，其销售风险也相对较低。

(3) 款式集中

① 丰满感：品牌提倡"薄利多销"形象，经常给顾客"雷霆万钧"的感觉，所以卖场内货物充足非常重要。例如：夏天大铺（大于 150 平方米）每平方米 74 件商品，中/小铺（小于 150 平方米）每平方米 59 件商品。实际件数按专卖店销售情况而有所变更。

② 排山倒海：突出重点推广货品，应放于货场销售最好的第一或第二档位置，并配合海报，以追求排山倒海的气势。推广货品销售应占总销售的 8% 或以上，如未能达到此水平，应设法推动或更改推广项目。

③ 形象鲜明：Z品牌的货品有重心，销售以主款为主，前二十大货品的销售应占70%或以上。款式数目为大铺60款（大于150平方米）、中/小铺45款（小于150平方米）。

二、货品配置与周转

良好的硬件设施和服务是服装店铺成功的基本条件，但是服装店铺成功的首要条件应该是所销售的商品在样式、质量和价格上有独特的优势。作为经营活动的初始环节，商品的进货如同销售一样重要。没有好的商品，销售就事倍功半。通过商品进货，组织适销对路商品，商品周转快，资金占压少，商品销售才会充满活力。反之，商品进货不理想，不能组织适销对路商品，商品周转就慢，资金占压多，库存结构不合理，销售商品就会缺货断档。可以毫不夸张地说，配置到合理的商品，就意味着完成了销售的一半。

1. 订货计划

店铺进货计划应根据所有商品销量来决定其定货数量，一切计划都必须根据实际需要及各项数据、报表等资料进行。如果单凭主观臆测决定，就会造成商品库存或缺货问题，导致巨大损失，因此订货计划是店铺营运的重要步骤。

（1）订货金额

流行性服饰商品的订货金额可以按下列公式计算：

订货金额＝预测销售额×订销比

订销比＝1/该季货品平均销售折扣率

该季货品平均销售折扣率＝销售额/销售吊牌金额＝（正价部分销售额＋特价部分销售额）/ 销售吊牌金额

举例：某品牌专卖店去年冬季的销售额为80万元，由于店铺将改造和店铺管理水平的提升，预测今年冬季销售能增长25%，达到100万元。去年正价销售70万元，平均折扣率96%；特价销售10万元，平均折扣率55%。预计今年冬季的正特价销售比例将基本保持和去年一致。则今年冬季需要订货多少？

计算过程如下：

平均折扣率＝销售额/销售吊牌金额＝80 /（正价销售吊牌金额 ＋特价销售吊牌金额）＝80/（70/0.96＋10/0.55）＝88%

订销比＝1/88 %＝1.14

订货金额＝100×1.14＝114 万元

（2）销售预测

订货数量的多少取决于销售预测。对于新设店铺来说，销售预测主要是参照同一地区内其他相接近的店铺的销售额。对于已开店铺来说，进行销售预测时主要参考依据有以下几项：

① 去年同一时期销售总额。

② 去年同一时期销售结构与库存结构对销售的影响。

③ 去年同一时期是否有大型折扣或其他活动。

④ 未来是否整改形象。

⑤ 营运能力的提高。

⑥ 市场的自然增长率。

⑦ 竞争对手的情况对比。

⑧ 近半年的店铺销售增长走势。

案例 3-2

表 3-2 某运动品牌店铺的销售预测

店铺销售预测分析因素				
序号	条 件	2006 年冬季实际情形	2007 年冬季预计情形	对销售预测的影响
1	销售额(万元/月)	80	—	—
2	正价销售的新旧货之比	65%∶35%	90%∶10%	15%
3	折扣销售之比	35%	10%	−15%
4	整改形象	—	新装修和新道具	20%
5	店铺销售能力	新员工偏多	店铺销售能力明显提升	10%
6	竞争对手	该商圈 5 家	该商圈 7 家	−8%
7	市场自然增长率	—	15%	15%
8	预测增长	—	—	37%
9	预测增长的调整	近 5 个月的销售增长走势较好		37%的增长应该可行
10	2007 年冬季预计销售(万元/月)	80×(1+37%)=109.6		—
11	订销比	1.15		—
12	预测订货量(万元/月)	126.04		—

(3) 进货宽度与深度

SKU(Stock Keeping Unit)指保存库存控制的最小可用单位。服装商品中一个SKU表示单品的意思,即某一款式的某一颜色中某一尺码的产品。通常每个不同货号对应的产品为不同的SKU。进货宽度指每季所订的SKU数量;进货深度指每个SKU的平均订购数量。

尽管每一位经营者都希望自己拥有的货品品种尽可能齐全,每个品种的数量也尽可能多,这样可以给顾客最多的选择机会,同时又能避免断色、断码的出现。但是实际上,由于进货金额或经营场所的限制,往往只能在进货深度和宽度之间有所取舍,以获得一个综合平衡,而无法使二者同时达到最大化。当订货额一定时,两者成反比。

根据销售情况,货品可以分成A、B、C、D四大类,其中A类产品的销售数量最大,D类的销售最少。同样,货品的订货深度也对应地分为A、B、C、D四个等级,A类进货量为最大,D类进货量为最小。按照"80/20"原理,通常大部分的销售来自于少数的SKU定量。A类、B类SKU贡献了大多数的销售量,是主销产品;而C类、D类SKU尽管没有产生很大的销售数量,但是在零售终端也有着重要的价值,因而在进行货品配置时必须考虑进去。C类、D类SKU的具体作用如下:

表 3-3　该品牌订货数据的准备和分析

<table>
<tr><th>步骤</th><th>统计项目</th><th colspan="4">详细内容</th></tr>
<tr><td>1</td><td>各地区销售总量</td><td colspan="4">—</td></tr>
<tr><td>2</td><td>各地区各月销售</td><td colspan="4">各月的销售占比</td></tr>
<tr><td>3</td><td>各月各大类销售</td><td colspan="4">鞋、服装、配饰</td></tr>
<tr><td rowspan="7">4</td><td rowspan="7">各大类中各系列（款式）销售</td><td rowspan="2">鞋</td><td colspan="2">男</td><td>跑步、篮球、网球、越野、训练、足球、沙滩</td></tr>
<tr><td colspan="2">女</td><td>跑步、篮球、网球、越野、训练、足球、沙滩</td></tr>
<tr><td rowspan="4">服装</td><td rowspan="2">男</td><td>上装</td><td>圆领长T、圆领中T、圆领短T、V领长T、V领中T、V领短T、POLO长T、POLO中T、POLO短T、背心、长袖衬衫、中袖衬衫、短袖衬衫、内衣、连衣裙、泳衣、梭织外套、针织外套、马夹、棉服、羽绒服、针织套衫、起绒套衫、梭织套衫、套服</td></tr>
<tr><td>下装</td><td>梭织长裤、针织长裤、梭织短裤、针织短裤、梭织中裤、针织中裤、泳裤、内裤</td></tr>
<tr><td rowspan="2">女</td><td>上装</td><td>圆领长T、圆领中T、圆领短T、V领长T、V领中T、V领短T、POLO长T、POLO中T、POLO短T、背心、长袖衬衫、中袖衬衫、短袖衬衫、泳衣、梭织外套、针织外套、马夹、棉服、羽绒服、针织套衫、起绒套衫、梭织套衫、套服</td></tr>
<tr><td>下装</td><td>梭织长裤、针织长裤、梭织短裤、针织短裤、梭织中裤、针织中裤、梭织裙、针织裙、内裤</td></tr>
<tr><td>配件</td><td colspan="2">中性</td><td>帽子、头带、头巾、护腕、围巾、毛巾、袜子、手套、其他附件、泳帽、泳镜、球、水壶、双肩包、单肩包、腰包、其他包类、系带类产品、健身毯、哑铃、其他</td></tr>
<tr><td>5</td><td>尺码统计</td><td colspan="4">各大类中各系列（款式）尺码</td></tr>
<tr><td>6</td><td>价位段统计</td><td colspan="4">各大类中各系列（款式）尺码</td></tr>
<tr><td>7</td><td>各店铺陈列的标准 SKU</td><td colspan="4">各店铺鞋、服装最大陈列 SKU</td></tr>
</table>

① 是树立品牌形象的概念性产品。

② 是改善陈列视觉效果、完善系列性的产品，吸引顾客进店。

③ 足够数量的 SKU 能保持店铺的新鲜度，吸引老顾客多次进店。

④ 是树品牌、吸引顾客进店、提升总销售额必不可少的产品。

例如：某品牌规定，运动鞋陈列的 SKU 应是鞋托数量的 70%～85%。如果 SKU＜70%，则 SKU 太少或者鞋墙太大，重复出样太多、太单调；如果 SKU＞85%，则重点款式没有足够的重复出样。

（4）补/配货作业

补货、配货业务通常有两种模式：一种是由门店提出补/配货申请，总部对门店的补/配货申请进行审核，确认补/配货数量，并反馈补货差异原因；另一种是由总部按照某种配货规则直接向门店配发，如新品的配发等，这种配发不需要门店提出要货申请，直接由总部按照规则配发。

第一种模式下，门店在提出补货申请时，可参考建议补货量，该建议补货量可来自于事先定义好的补货公式，并参考门店最近一段期间的销量、门店的最低库存、最高库存等信息。总部对所有门店的补货申请可进行集中审批或单独审批，当进行集中审批时，需要了解所有门店对同一个货品的补货总量、总仓的当前库存量、可用量和缺货量，同时参考每个门店的建议补货量、门店在最近一段期间的销量、门店的当前库存、门店的可用量、在途量(总部已经发出门店还未接收)等信息，在此基础上对所有门店的补货申请进行审批确认，并将补货差异原因反馈给门店。

第二种模式下，总部直接按照事先定义好的配货规则向所有门店集中配发，在配发时，需要了解所有门店对同一个货品的配货总量、总仓的当前库存量、可用量和缺货量，同时参考每个门店的建议补货量等信息，在此基础上确认对每个门店的配货量。

补/配货作业需要注意的事项如下：

① 进货要严格遵守规定的时间。

② 先办理退货再办理进货，以免退换商品占用商店的仓位。

③ 验收单、发票要齐全。

④ 商品整理分类要清楚，并在指定区域进行验收。

在换季配货时，需要考虑铺底货品，可以根据自身品牌的情况，以每平方米多少件的标准进行配货，也可以精确到每个仓位挂装，以及中岛叠装的货量要求来计算。对于非换季的日常配货，可根据实际销售情况，以及到货、新开店、市场变化等因素进行。配货的一般原则是：

① 大店应全款、全色、全码，小型店则在颜色、款式上错开。

② 根据各终端各自的顾客群特点，有针对性地配置不同风格和价格的货品比。

(5) 商品验收

商品验收也是加强商品管理的重要环节。通过验收，店铺可以减少和消灭差错事故，反之则往往会招致财产损失，甚至使质量低劣的商品流通到顾客手中，损害顾客利益和自身的形象。所以店铺务必把好商品验收这一关，使商品在数量、质量等方面均不发生差错。验收的注意事项如下：

➢ 检视

进货验收时，首先要查看货品的品名、单位、箱数是否正确，外包装是否完整。如不正确、不完整，则应与送货者当面核点，确认正确的货品数量和内容，并做好记录，然后交送货者签字。

➢ 清点

拆开包装后应立即清点箱内货品是否与货单相符，清点顺序一般为先点数量，再点批号、花色和尺码。清点最好当着送货者的面进行，发现有问题，做好记录，并交送货者签字确认。如果需要事后清点，那么清点中发现有问题时，应将有问题的批号、花色和尺码详细记录，立即电话告知送货单位，并在出货单上加注后签收。为了公证安全，专卖店须有2人以上在场方可开箱验货，根据随货清单（出库单）检查货物数量是否相符，有无质量问题。如有问题，须将情况及时反馈给发货方。

➢ 签收

无单不收货，无货不签单，单对货走，货随单去，这是进货作业必须执行的操作规程。如果贪图一时方便，马虎签收，必将给日后的经营管理带来隐患，一旦货账不符，事后纠正会非常麻烦。

➢ 回单

签收后的出货单应立即退回送货单位及相关财务，以此作为记账的凭证。

➢ 次货处理

因质量出现问题或因人为原因导致污损，而不能销售给顾客的产品，称为次货。若发现次货，应立即移离货架，以免影响专卖店形象。移离货架的次货，可尝试给予修补，用空白纸写明次货原因，并标注在问题处，交由店铺负责人处理。

次货退回时，要整理妥善并装入袋（箱）中，避免商品污损，并注明品项、货品编号、数量及损坏情形，可交由送货原车收回，须填具退货单。

店铺销售剩余的商品应于每日结账时详列品项及数量，并装入袋（箱）中，交由储运部门携回备查。

2. 货品运输

合理的运输可以缩短商品待运时间和在途时间，节约商品流通费用，降低物流过程中的损耗，并加速商品周转，保证经营活动顺利进行，提高经济利益。商品运输中的两个重要环节是商品发运和商品接收。

（1）商品发运

在发运前要做好商品交付运输的各项准备工作，做到商品包装牢固、标记清晰、凭证齐全、单货同行，为收货运输中转的衔接提供条件。发运期间，要选择合理的运输路线、交通运输工具、运输方式，从而达到以下运输要求：

① 及时：选择最合理的运输方式、运输路线，以缩短商品待运时间和在途时间，及时满足市场供应。

② 准确：要做到不错不乱、手续清晰，切实防止各种差错事故，准确无误地把商品运到目的地。

③ 安全：要注意在运输过程中，商品不发生变质、霉烂、燃烧等事故，确保商品安全到达目的地。

④ 经济：尽可能采用合适的运输工具，选择最短运输路线，尽量减少运输环节，尽可能提高装载量，以最经济的办法调运商品，节约运输费用。

（2）商品接收

接收商品时，应按照提货凭证所开列的名称、件数，验看单货是否相符，包装是否完好。如果发现差错、毁损、水迹、污迹、失窃等运输事故，应立即和承运单位的理货人员一起当场填写详细货运记录或事故记录，以便办理索赔手续。如果采用汽车货车发运，由货车驾驶员直接运送到收货方指定地点交货时，收货人在接收商品的过程中，如果发现运输差错事故，则应会同驾驶员清点货损货差情况，做好事故记录，并要求驾驶员签写证明，以划清责任，作为索赔依据。

3. 货品的调拨/退货/周转管理

(1) 调货管理

货品在销售季节内，由于各个区域之间气候的差异、各店铺之间货品销售情况的差异，会导致零售终端之间的货品销售的不平衡，因此需要服装企业根据各终端之间的销售进度，及时地在店铺与店铺之间进行调货流转处理。

通常是根据各零售终端的销售能力和重要程度，对终端进行分级，可以分为A、B、C、D等不同等级，其重要程度和销售能力依次降低。在进行分批次上货时，利用上货时间差，使得新货可以根据各地区气候差异和终端的不同级别按次序上货，从而可以在不增加新品款式数量的情况下，大大增加货品的周转次数(图3-2)。

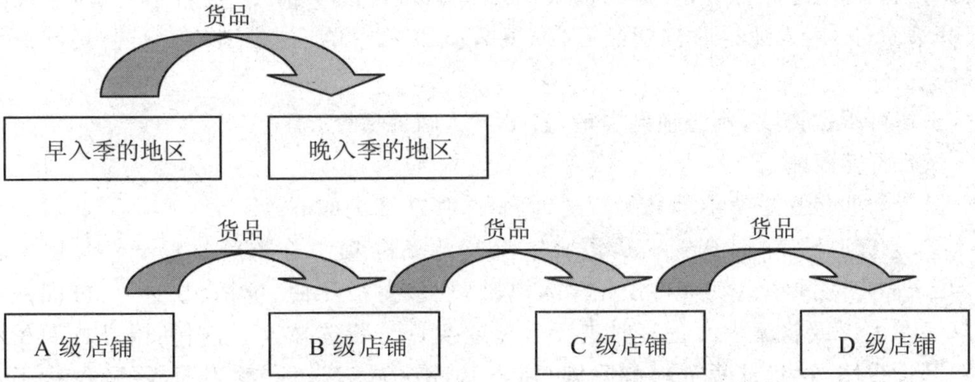

图3-2 不同区域和店铺之间的上货路线示意图

具体的调货管理细则如下：

① 同一地区店铺之间调货：专柜或专卖店因顾客需要或其他原因要从其他专柜或专卖店调入货品时，可通过物流软件或向总仓查询是否有该种货品。

地区物流部统一安排各店铺间的货品调配，店铺间的货品调配必须报地区物流部批准。调入方申请(调入、调出方都可填写调拨单)，经总店长或物流主管后送至调出方。一式三联的调拨单须由物流主管签字确认后才能生效，除非在休息日或紧急情况下可电话确认，事后补签。调拨单由地区物流部统一编号，分别编制各店铺进出货批号，以便日后核对。

经调出专柜店长(当班)同意，调出专柜的货仓填写一式三联的货品调拨单，经店长签字后领取货品送至调入专柜；由调入货品的专柜仓管检查并核对货品与调拨单相符后在调拨单上签字确认收到货品，并留下调拨单第三联登记专柜手账；调出专柜凭调拨单第一联登记专柜手账，调拨单第二联由调出专柜当天送到总仓，总仓仓管员凭调拨单第二联登记调入、调出专柜货品的明细账；总仓将调拨单传真至公司。

地区负责人可根据地区需要，对该地区内店铺的货品进行调拨，以该地区的利益最大化为标准。

②不同地区之间调货:地区间需要调货应由公司、调入地区、调出地区进行沟通和协调,统一安排。地区不具有区间调货批准的权利,公司决定调货的地区不得无理拒绝和拖延。

地区可以在货品分析(销售分析、库存分析等)的基础上,根据本地区的销售情况向公司申请调货。

地区总仓填写调货申请单和调货明细表,并经物流主管、地区负责人签字确认。调货单必须写明调货的货品名称、款式、尺寸、颜色、数量,申请书须说明调货理由。

调货申请经公司批准后,由调出地区总仓填写一式三联的调拨单,经地区物流主管、负责人审核签字后清点货品并打包发运;调出总仓传真调拨单至公司及调入地区;调出总仓凭调拨单第二联登记货品明细账,调拨单第一联随货品发往调入地区;调入地区收到货品后,根据调拨单清点并核对货品明细,若核对不符,应查明原因,分清责任;调入地区收到货品后,须填写验收入库单,并分别传真给公司和调出地区。

公司可根据需要,不经地区申请,直接下达调货指令。

(2) 退货管理

退货作业包括进货退回和销货退回两种,管理细则如下:

① 进货退回:平时仓管人员需将欲退货的商品集中分类后放置于仓库固定位置,并于固定时间将退货资料预先输入电脑,检核退货厂商、价格、数量后,打印退货清单。在工厂或物流中心进货时进行退货或换货。若选择退货,则利用进货回程顺便将退货带回,再将退货资料删除即可(不扣库存)。若换同额不同样的商品,不仅须将退货资料过账到库存文件,同时须新增一笔进货资料,以维护库存文件的现有数量。一般进货退回的原因包括:销货退回不良品;商品品质有瑕疵;寄卖的试销品;商品标示不符。

② 销货退回:卖场的销货作业难免存在退货的情形,此时,采用以货易货的方式较易处理。若为纯粹退货,需收回原发票并作废,用备用金退回货款,结账时清楚地记录,供财务人员做账。将退回的商品整理后,若无瑕疵则直接上架,需退回厂商则填写退货单,于固定时间汇总入仓库,以便进行进货退回作业。尚能作二次处理者,则退回厂家以减少损失;若无法处理者,则列为废损商品进行库存的扣账。

进货退回一般不为厂商所接受,除非证明商品品质不良或标示不符,故有赖于事前的协商约定。而站在保护店铺的立场出发,办理进货退回之前,应先通知财务部门扣押货款,以免厂商不认账。此处,最好采用定期办理,以提高作业效率。退回厂商的商品也应规划专属暂存区,分类整齐,才容易管理。

(3) 货品周转

资金周转率=全年销售额/投入平均资金

货品资金周转率=全年销售额/平均货品资金≈12/存销比/货品进货成本折扣

投资回报率＝全年利润总额/投入平均资金＝平均销售毛利率×资金周转率

货品资金投资回报率＝平均销售毛利率×资金周转率≈

平均销售毛利率×12/存销比/货品进货成本折扣率

所需货品＝铺场货品＋周转货品＝铺场货品＋预估日均销售×周转天数

其中:铺场货品指货场中现有的货品;周转货品指提供销售后需补给的货品;周转天数＝补货周期＋运输期。

为便于资金预算,可以将所需货品用金额来代替。以某休闲装品牌为例,该品牌的店铺零售按零售价计,夏季每平方米 3 000～3 500 元,冬季每平方米 4 500～5 000 元。此外,对日均销售进行预估时,如果是已开店铺,可以参考过去 7 天的日均销售、去年同期及已订指标;如果是新开店铺,可参考附近城市的同类型店铺的销售数据。

案例 3-3

某休闲装品牌货品与资金周转

该品牌一个补货周期为 3 天,为了保持理想的销售额,必须保持足够的周转货品,因此,该品牌另外加了 2 个补货周期,以避免突发事件发生而造成缺货,所以该品牌的周转天数为 3 个补货周期加 1 个运输周期。因此,该品牌各区域的周转期分别为:华南 9 天,华中 14 天,华北 16 天。例如某夏天营业的店铺(华中地区)约 80 平方米,预计每天销售额为 2 万元。

A(铺场货品)＝80×3 500＝280 000 元

B(预估日均销售)＝20 000 元

C(周转天数)＝14 天

零售金额＝$A+B\times C$＝280 000＋20 000×14＝560 000 元

进货资金＝560 000×70%＝392 000 元

三、存货管理

对于服装零售终端来说,存货是为了保证经营活动正常开展而被迫采取的管理行为。但是如果存货出现积压,不但使商品的实际价值降低,而且会增加仓储费、折旧费、水电费、人工费等多项费用,给企业带来沉重的负担。因此,做好存货管理工作,不仅要把账做好,把货管好,做到账物相符,更重要的是将库存水平控制在合理的范围内,认真研究库存积压的原因,积极寻找减少存货积压的有效方法。

1. 合理库存水平的控制

货品储备是店铺营运基础,没有必要的库存,就谈不上销售。库存是无法绝对避免的,控制合理的库存水平才是最重要的。服装零售终端的库存保有量的大小取决于很多因素的影响,包括:产品的需求预测数据,零售终端的销售能力大小,产品追加生产的周期长短,零售店的补货频率、补货到达零售店所需的时间,订货过程中的费用(如订货费、运输费)、供货商可能提供的批量价格优惠政策,供货方信誉,等。

专卖店库存管理的主要目的是通过运用合适的库存模式，对专卖店的库存进行管理决策，确定适当的库存量，优化库存占用的资金比例，从而提高营业收入。

零售商订货可分为两大类：一类是可以补货的，另一类是不能补货的。对于大多数服装零售商来说，都倾向于订购可以补货的产品，因为这样可以减少因订货过多或订货过少带来的经营风险。零售商在初期先少量进货，观察市场的需求反应，需求强则补进，反之则不再补货。不可以补货的产品，不能利用产品投入市场后消费者对产品需求的信息，因此相比之下，不能补货的订购方法的风险较大。

（1）不能补货产品的存货模型

在这种情况下，理想的订购数量应取决于产品的边际存货成本与产品缺货造成的边际利润损失。该模型的数学表达式为：

$$Po(D<Q')\times Co=P\ (D>Q')\times Cu$$

其中：Po 为过度供应的可能性；P 为供不应求的可能性；Co 为过度供应的成本；Cu 为供不应求的成本；D 为对产品的需求量；Q'为产品的最佳订购数量。

不能补货的货品主要适用于一些补货周期非常长，且难以追加生产的款式或货品分类管理中的时尚款。这些款式主要起点缀的作用，生产数量一般较少，并且通常不再补货。

对于不能补货的货品的存量控制，一方面要综合考虑以往的销售经验；另一方面也有赖于信息系统的完善，使得货品在零售终端之间可以便捷地流转。此外，很重要的一点是，需要订货决策者的个人审美水平及其对时尚的敏感度。这也是服装行业零售管理非常特殊的内容，不但需要客观的系统支持，也需要主观的经验感觉。

（2）边消耗边补充的存货模型

服装专卖店的库存管理系统需要解决的问题是：决定何时订货、订购什么、订购多少等等。常用的有两种库存系统模型：一类为定量模型，也称为 Q 系统；另一类为定期模型，也称为 P 系统。定量模型是“事件驱动”，而定期模型是“时间驱动”。现在常用的且应用最广的是定量订货模型，适用于补货周期短而能在当季补单生产的货品，一般是货品分类管理中的流行款和基本款。其主要原理是预先确定一个订货点的订货批量，然后对库存进行连续检查，随时监控库存水平，一旦发现库存下降到订货点，就发出订单，以一定的订货批量进行订货（图 3-3）。

该补货模型示意图因为简化的需要，仅列出了两次补货的情况。但是在许多情况下，服装专卖店的库存是陆续补充、陆续消耗的，专卖店一边收货一边售货，因此，实际的当季补货次数可能不止两次，但是其基本原理和图 3-3 所示是完全一致的。

图中，订货点库存量可用下式确定：

订货点库存量＝ 日（月）平均需求量×平均提前订货时间＋安全库存量

或： 订货点库存量＝ 平均需要量×最大提前期＋安全库存量

安全库存的建立是为了防止缺货成本的产生。缺货成本反映的是失去的商机所造成的损失，比如当库存消耗完毕后顾客仍有需求，此时就产生了缺货成本。由于没有现货，所以可能失去这个消费者，而失去一个消费者，造成的不仅仅是利润

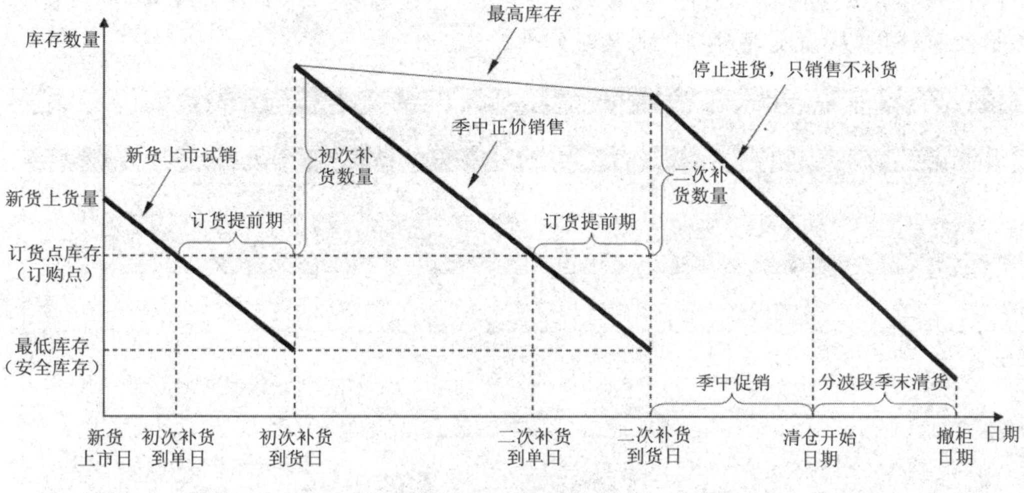

图 3-3　定量订货模型

的损失，还可能造成专卖店信誉的损失。由于缺货成本是预算额外的成本，它的出现会对专卖店造成一定的影响，为了避免这种无谓的损失，安全库存的建立就很必要。

安全库存的费用＝缺货造成的费用＋存储的费用

在交货期正常、销售量也正常的情况下，一般不动用安全库存。所以，一般情况下，安全库存是始终保持着的。但是增加库存就意味着增加一笔资金，这势必会影响总的库存成本。因此，需要根据具体情况，确定最佳的安全库存量，使得专卖店的资金投入比例为最优。安全库存量的计算，由订货购运期间存货的销售速度、订货周期的长短，以及补货的最小批量等因素综合确定(图 3-4)。

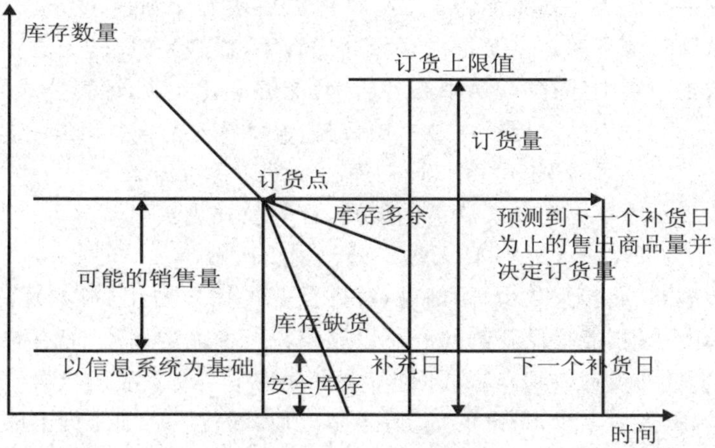

图 3-4　动态自动补货订货系统模型

在实际运用中，服装企业可采用信息管理系统进行补货操作(图 3-5)。销售人员预先向系统输入最高库存量、最低库存量(安全库存量)、触发采购量等关键决策变量，系统会根据实时的销售数据，对一些单品的库存水平进行评价。对于低于预先设定的订购点库存和安全库存的货品，会在“PLU”栏以红黄等彩色作为预警信号，提醒销售人员及时补货，从而实现对补货的及时处理。

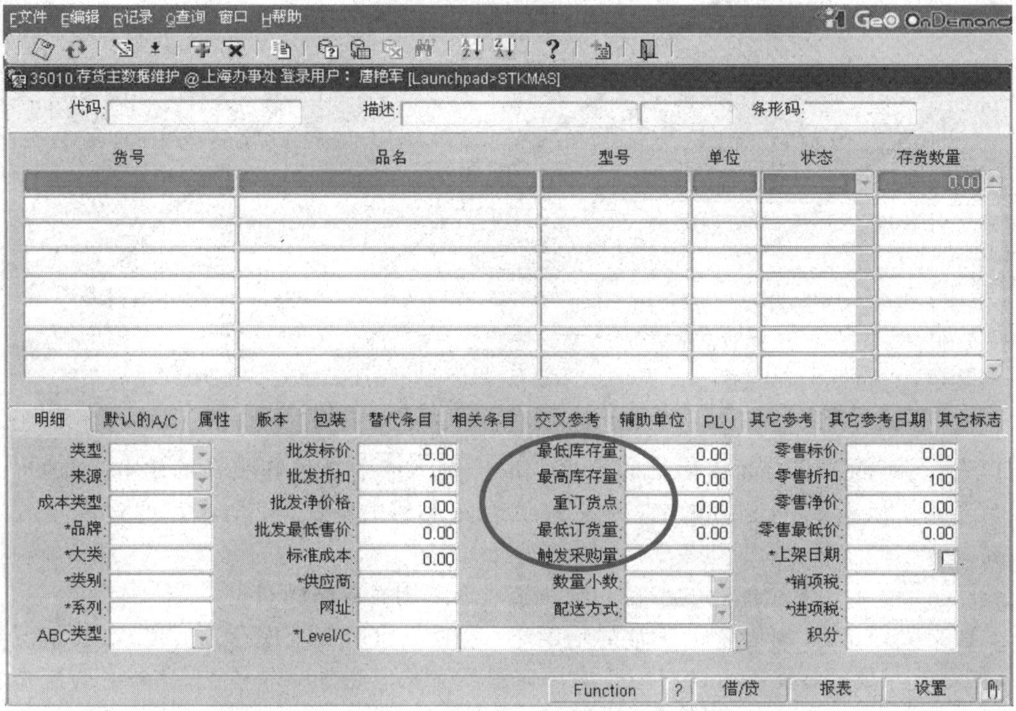

图 3-5 信息管理软件中的补货操作界面

2. 库存周转速度

服装行业是典型的“快鱼吃慢鱼”的行业。谁的商品周转率快，资金利用率高，谁就能在竞争中占据优势。所谓货品周转，即是货品从入库到售出所经过的时间和效率。衡量货品周转水平的最主要指标是库存周转率（次数）和周转天数。

周转次数指一年中库存（配送中心和店铺）能够周转几次，计算公式为：

$$周转次数=销售额/平均库存$$

$$平均库存=(期初库存+期末库存)/2$$

周转天数表示库存周转一次所需的天数，计算公式为：

$$周转天数=365/周转次数$$

商品周转率高（周转天数少）的好处：每件商品的固定费用（成本）降低；降低由损坏和失窃引起的亏损；能提供新鲜的商品以顺应流行商品的潮流；能有弹性地进货，应变自如；能以少量的投资得到丰富的回报；减少存货中不良货品的机会。

周转率过高（天数太少）带来的危机：容易出现“断货”；店面陈列不够丰满；不容易获得大量进货的折扣优势；进货次数增加使得进货程序和费用相应增加，也使得运送费用相应增加。

目前，中国服装行业的平均货品周转天数为 185 天，而周转最快的 ZARA 和 HM 等品牌可以达到 30～50 天。

是否能提高货品周转速度，从根本上取决于公司对产业链的整合能力和快速反应能力。服装企业从产品设计、面料和辅料采购、成衣生产到物流运输、配送、直营店/加盟店的产品销售的所有环节，都需要通过自有信息管理系统在统一的数据库和应用软件平台上进行监控和管理。

3. 负库存的处理

条码的使用不当或创建错误会产生负库存。例如使用蓝色套衫的条码进货，用绿色套衫的条码销售。所有库存的变动都和单位商品的条形码有关（报损、销售），只要商品通过收银线，每个条码都会有销售记录。出现问题应该找出原因，并且和正确的单品相关联，然后更正库存。当一个单品出现负库存的时候，可能另外有一个单品出现库存过多的状况（表 3-4）。

表 3-4　某款套衫负库存的更正表

单品名称	单品号	颜色/尺寸	库存		
			调整前数量	调整后数量	调整量
套衫	12345	S	3	2	－1
套衫	12346	M	－2	1	3
套衫	12347	L	4	3	－1
总计	—	—	5	6	1

4. 存货积压的处理

（1）库存积压的原因

目前，服装行业是库存积压非常严重的行业，要想真正解决库存问题，首先必须追溯到问题产生的源头：

一是由于服装行业的波动性、季节性、时尚性强，滞后的产品开发和生产模式难以快速响应消费需求和市场的变化。

二是传统的推动式营销和赌博式产品开发的企划模式，使得预估生产所占的比例很高，难免产生库存。

三是开发、采购、生产、配送、销售等供应链管理环节不协调，从采购到产供销无计划、低知识含量的配送管理及运作，错失了大量的市场销售机会。

四是企业的市场需求预测能力差，不准确的预测导致滞后的补单及生产速度、库存的无序和持续增加。

五是对销售及市场动态的信息采集、分析、归纳、共享的处理能力和认识不足，重视不够，营销渠道信息资源的优势没有发挥。此外，信息传递过程中的人为失真也是产生库存的重要原因。

“牛鞭效应（Bullwhip Effect）”是对需求信息在供应链管理过程中扭曲传递的一种形象描述，即供应链中供应商所接收的定单比终端顾客的需求具有更大的方差的现象，并且这种放大的形式向供应链的上游继续传播。“牛鞭效应”最终产生的不良后果是出现供大于求的现象，出现不必要的库存（图 3-6）。

产生“牛鞭效应”的原因很多，最重要的原因在于参与各方的利益与风险和分配、

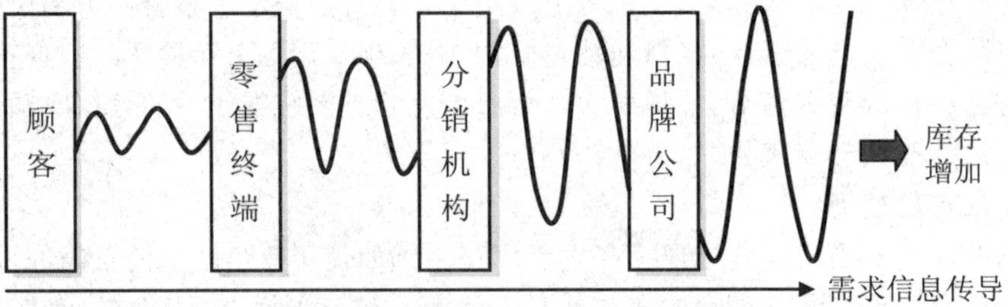

图 3-6 服装供应链中的牛鞭效应示意图

信息的共享程度，以及企业快速反应的速度。例如，服装零售终端由于担心好销的货品补不到货，有时会人为地放大本店的实际需求量，以便获得公司更多的货品支持，结果导致了信息传递的失真。

通过服装供应链中的企业之间实现信息共享，可以提高供应链运作的协同性和运作效率；通过建立企业内部 ERP 系统，对供应链信息有效集成，实现对外界需求信息的快速反应；通过缩短订货提前期，使得预测更加准确，可降低库存水平。

(2) 减少存货积压的基本思路

一是树立零库存观念，确定正确的存货处理政策。服装店经营者应充分认识存货积压对经营产生的负面影响，真正认识到存货积压不能带来利润，只会增加经营成本。当存货产生时，由什么人负责、多少天之内、可用什么方法、通过什么渠道，把存货处理完毕，应有明确的存货处理政策。树立零库存观念，努力争取在一季结束前把存货处理完。

二是及时找出造成存货增加的原因，并加以预防和改善。当存货增加时，需要对造成存货增加的各种原因进行梳理，找出导致存货增加的主要原因，这是以后预防及改善存货管理工作的出发点。

三是改善商品采购，提高商店营销能力，这是减少存货积压最直接、最有效的措施。服装店能采购到式样新颖、质量上乘、价廉物美的商品，就会在市场竞争中处于有利地位。营销能力强的服装店，往往能创造出令人振奋的销售业绩。营销能力的提高，依赖于经营者自身素质的提高，以及对全体员工持续不断的培训。

四是利用电脑进行存货管理。借助现代电脑的强大功能来进行服饰商品账务作业，专业的进销存软件可以快速而且正确地进行入库更新、库存统计等日常业务工作，配合定期盘点，可以有效正确地控制存货数量。利用电脑，还可以很方便地对存货按其特征进行分类管理，如按商品的品质分类、按商品的时间分类、按商品的价格分类、按商品的类别分类、按商品的销售记录分类等。存货分类管理工作做得越好，对存货的出清消化就越有帮助。

(3) 存货处理的常用方式

① 季中特价：以各种活动名义，在本销售季节的中后期，预先把可能积压的服装以特价促销。

② 折扣专柜/店：有些服装品牌把积压存货集中在一个折扣专柜/店进行销售，折

扣专柜/店根据货品的质量采用不同的折扣，折扣一般以3～8折居多，但也有少量服装以1～2折销售，以此作为吸引大批顾客光顾的卖点。

③ 重点陈列：陈列部门在了解销售计划、畅(滞)销品状况之后，制定行之有效的陈列规划，保证新产品能得到很好的展示和推广，积压产品也能很好地销售。可将畅(滞)销品进行巧妙搭配出样，借助畅销品实现附带销售。

④ 装修前拍卖：许多服装店在重新装修前往往采取低价拍卖的方式把存货销空，尽量减少存货积压所造成的损失。

⑤ 剪标批发：一些大中型服装店由于库存积压品较多，本身无能力处理，通常将积压商品去除商标后，再以十分便宜的价格整批卖给批发商。

⑥ 季末清货：季末清货时间可选在换季前两周，但具体应视存货多少而定。在过季的货品中，要分清主款和副款，区别对待。在资金允许的情况下，主款可以带过季；在资金不允许的情况下，按成本价以上进行推广。如果基本款的价格降得太低，会影响顾客对品牌的信任，从而影响下季销售。无论资金允许与否，流行款和时尚款必须当季清除，必要时可低于成本价进行销售，以收回资金，补充更畅销的货品。因为这些款式过时之后很难再销售，而且往往款式杂乱，难于管理，会大大增加库存成本。

即便只有两周时间，季末清仓也需要将时间进一步细分成不同的阶段。例如在第一阶段，为了快速将当季可穿着货品清理出去，应采用提升客单消费件数的促销方案，比如买一赠一、1件7折2件5折等递进式促销；到了第二阶段，由于有部分货品为当季不可穿着的产品，因此对不同货品的促销力度需加以区别，比如春秋装3折，夏装根据实销情况制定3～5折的不同折扣，然后将各款式按照折扣区域进行陈列；在第三个阶段，对于很多反季货品，当顾客买回去以后需在衣柜里置放好几个月，因此，如果没有十分优惠的价格，是无法吸引顾客购买的，所以可以采用直接定价的方式，将促销价格分成更多等级，而且在这个阶段的促销过程中，可以根据各款式的销售情况实时调整单款的销售价格。

在每一个阶段中，不可以一次性将所有待处理的货品全部摆放出来，同样需要分批次的上货计划。只是由于时间急迫，与正价销售期不同的是，季末促销的上货速度要快很多，以保持款式的快速更新。

⑦ 处理给中间商：以极低的折扣将存货批发给代理商和加盟商。此外，可以在新店开业时作为公司提供的铺货。

⑧ 公司内部消化：对于确实无法清理的库存，可以作为公司内部福利，以超低价销售给内部员工或直接作为福利发放。

⑨ 捐赠：将库存服装直接捐赠给相关慈善福利机构。

5. 仓储管理

(1) 实物管理

① 应将商品予以分类和定位存放，方便顾客选购和盘点作业。

② 店铺仓库一般空间较小或分多个地方存放，店员须熟悉本店/柜所售商品的库

存状况和存放地点，并充分利用库房空间。

③ 库存管理还须注意商品的保护工作，避免或减少商品的库存损失，对有问题的库存商品及时提出处理意见，避免问题商品“躲”在仓库中（表 3-5）。

表 3-5　某服装品牌公司商品库存管理评核表

检核时评价因素		评分等级				
		优	良	普通	尚可	不良
1	商品库存是否充分考虑到配合日常营业需要？	5	4	3	2	1
2	商品库存是否考虑到充分满足商品陈列的展示需要？	5	4	3	2	1
3	商品库存是否能够配合商品的生命周期变化？	5	4	3	2	1
4	进行商品采购时，是否充分考虑现有库存及未来可能出现的库存？	5	4	3	2	1
5	季节初期的库存量是否保证货品陈列充足？	5	4	3	2	1
6	为求商品量的适当，是否经常与厂商进行沟通？	5	4	3	2	1
7	适当的库存控制，是否配合销售期间进行调整？	5	4	3	2	1
8	商品的库存掌握，是否适合降价或折扣的时机？	5	4	3	2	1
9	进行降价时，是否考虑期末利益目标的配合？	5	4	3	2	1
10	对于滞销商品，是否配合采购作业的进行？	5	4	3	2	1
评价标准	a. 合计 41 分以上：“良好” b. 合计 30～40 分：“检讨” c. 合计 30 分以下：“立刻改进”	评价	合计分数			

（2）仓库货架存货原则

① 每个货架都要用标贴标上序号。

② 同品牌、同价格的货品要存放在同一货架上，依照不同的品质，有层次、有顺序地堆放在每个货架上。

③ 原则上将同价格、同品牌的货品放置在同一包装箱内，并在包装箱外醒目地标明该货品的品名和价格。

④ 同类商品应放在同一货区内，如仓库没有货架，也应按分类有序堆放，并做好记录。

（3）仓库清洁

① 货品在仓时，要做好“五防”“五不”：五防，即防水、防虫、防潮、防盗、防腐；五不，即不损坏、不污染、不发霉、不混放、不变质。

② 各分店/柜要负责本店/柜的清洁卫生工作，不得有脏、乱、差的情形发生。

③ 拆箱取出商品后，要将商品的纸箱及外包装整齐地压扁并堆放于后仓一角，定期集中送出。

（4）后仓建账

① 建账目的：有效了解、控制后仓货品的进出情况，以便进一步了解货品的畅（滞）销情况。

② 建账方法：必须建立分店后仓商品明细表（表 3-6）。

表 3-6　后仓商品明细表

分店：　　　　箱号：　　　　货架号：　　　　货类：　　　　页码：

货品	品名	日期/调入件数	收货人签名	出货人签名	结存数

账页应记录商品的品名、入仓日期、数量、接收人签名。如果从后仓补货至柜面，提货人也要在账册上签名，并注明出货日期、数量。后仓的商品也要做到货账相符，防止账外货的发生。

③ 建账单据

a. 收银小票：也称销售凭证，是店铺收银员收款的依据，也是销售行为发生的最原始凭证。财务部将依据此凭证进行核算，一般有三联：一联交顾客；一联由店员收取；一联交收银员。

b. 日报表：一般分为“销售日报表”和“进销存日报表”。“销售日报表”是根据当日销售小票汇总的日报表，“进销存日报表”则根据当日销售小票、进货单、退货凭证与前一日进销存日报表汇总而成。

c. 月报表：通常包括“月结汇总表”和“盘点报表”。“月结汇总表”应全面记录店铺当月的进货、销售、退货和上月库存，而“盘点报表”反映的是店铺当月的实际库存。

（5）账册管理

① 账册：服装店铺账册主要采用商品明细账页形式，包含数量和金额。

② 凭证：店铺记账凭证可分为进货凭证、销售凭证、顾客退货凭证和其他凭证。

a. 进货凭证：进货凭证一般是公司的送货单或其他店铺转移过来的送货单。

b. 销售凭证：也叫销售小票，是店铺工作人员完成交易时开具的凭证，是顾客购物依据，也是店铺工作人员的收款依据。

c. 顾客退货凭证：一般采用销售小票，但要按照公司规定的退货程序开具，并用红字开单，是店铺退款、收退货的凭证。

d. 其他凭证：店铺向总部退货时产生的凭证，如销售折让、样品处理、赠品等凭证，必须由经办人和责任人签字。

四、货品盘点

1. 商品盘点的目的

① 确定货品的实际库存数量，并更正电脑账与实物账不符的现象。

② 控制存货，存货直接影响商品的周转率及资金的周转，通过实际的盘点并与账面上的存货对比，经营者可确实掌握该店实际的存货，可借助比较盘损盈，作为决策时参考。

③ 掌握损益正确的盘点作业，能计算出该店真正的“成本率”和“毛利率”。这两项是反映店铺营运的关键指标。透过这两个指标，能真正掌握专卖店经营的实际效

果，因为损益的大小与商品库存有密切的联系。

④ 掌握库存的现金状况，及时发现异常现象，予以纠正或改善，并落实财会稽核办法。

2. 盘点作业流程

（1）盘点的时间安排

地区总仓及专柜/专卖店的货品，原则上每月月底盘点一次，若遇特殊情况不进行盘点，应事先向公司申请，经公司物流部批准才可以不盘点。因经营管理需要或公司特别指示，可根据实情安排不定期盘点。此外，公司总部还需要每年不定期到地区抽查盘点。

通常在每月月底初盘加复盘。初盘时，按品种、规格等分类清点，并填写盘点表。初盘后，交叉对产品进行复盘（抽点）。复盘时如发现差错，须对所有产品进行重盘。盘点结束后总结盘点报告，除留档备份外其余按时上报公司。注意事项有：

① 每日检查库存，及时补货，确保每天有足够的产品供应（补货单须留档备份）。

② 每日填写“日销售报表”，方便定期整理。

③ 于每月月初，将上月销售、库存报表反馈（传真）到公司，如遇新品上市每周至少上报一次，以便公司及时掌握各区域销售及库存情况。

④ 店铺负责人应每日进行缺货检查，定期（如每月）对滞销、破损、丢失等货品进行分析与汇报，并及时采取相应措施。

此外，专柜、专卖店每天要进行早点数和晚点数，并与账面结存数核对相符。店铺若有换班也要进行盘点，由刚上班的人员盘点、下班的人员监盘。

（2）初点和复点

初次盘点由责任人进行，对初点的结果要进行复点。复点要互换责任人，复点后将结果用红笔记录在盘点单上。

（3）盘点作业检查

对各小组和各责任人员的盘点结果，店长等负责人要认真检查。检查的重点如下：

① 每一类商品是否都记录在盘点单上，并已盘点出数量和金额。

② 对单价高或数量多的商品，需复查其数量，做到确实无差错。

③ 复查劣质商品和破损商品的处理情况。

（4）盘点善后工作

① 盘点人员要确认盘点表是否全部回收。

② 盘点表上盘点人员均须确认签名。

③ 盘点单位若有破损品或滞销品，则分别填写统计表后，再传回公司协助处理。

④ 存货盘点后，会产生盘盈或者盘亏，原则上账面库存须调整为实际盘点数字，但若盘盈率或盘亏率达2%以上，必须重新盘点该货品。

在确认盘点记录无异常情况后，就要进行第二天正常营业的准备和清扫工作，包括补充商品，将陈列的样子恢复到原来的状态，清扫通道上的纸屑和垃圾等，确保店铺第二天能正常营业。

⑤ 店铺、地区的负责人应对盘点的结果进行分析，总结原因，以改善管理。

(5) 盘点注意事项

① 对于有条形码信息的品牌服装的零售终端来说，应尽可能使用盘点机，以减少人力使用。

② 平时要教育员工深入了解盘点工作的重要性及必要性。

③ 盘点有关的工具及用品，应事前准备。

④ 把盘点实施的组织图及盘点范围告知各有关人员，并于盘点前再做说明。

⑤ 盘点时应配合实际需要，成立临时机动支援小组，以求盘点工作的时效性。

⑥ 负责盘点的主管人员在盘点过程中，应注意是否有遗漏之处，必要时可采取随时抽点。

⑦ 有关盘点区域，事前应妥善地划分。

⑧ 卖场内的商品，在盘点展开前应集中整理，以便于盘点的实施。

⑨ 盘点商品时，心理上应给予足够重视，谨慎行事。

⑩ 实施盘点时，盘点人员应按照负责的区位，由上而下或由左而右地依序进行。

⑪ 盘点时，最好两人为一组，一人盘点一人记录，并注意复述，以避免错误。盘点人与记录者可彼此互换工作，以求盘点的正确性。

⑫ 使用盘点表时，要详细记录，避免念错、听错、写错等现象的发生。

⑬ 盘点表上的数字书写，要注意正确性及清晰性，以利于盘点后的整理工作。

⑭ 对于没有条码的货品，必须仔细查证，及时补入，若实在找不到对应条码，应在盘点表上注明。

3. 盘点计算方法

实际存货盘点公式如下：

实际盘点金额(A)＝盘点前收银机当日的营业额(Y)＋盘点时计算的存货金额(P)—盘点中的营业额(Z)/2

盘点的最终目的在于店内的盘损盈，计算出合理的成本率，以进一步编制正确的损益表。理论上，账面金额应该等于实际盘点金额。

盘损/盈(K)＝实际盘点金额(A)－账面金额(E)

若结果是负数，则为盘损；正数则为盘盈。

4. 盘点损失的原因

实地盘点是库存作业中很重要的一环，高单价的服装店尤其要加强该项工作。门市盘点工作经过种种繁琐程序后，终于将盘点金额算出，实地库存与账面库存通常会有差异，其原因有：

商品盘点错误、收银作业错误、商品变价手续错误、折扣记录不实、定价错误、移转手续错误、递送发票/填写发票错误、进货/出货/退货错误、顾客偷窃、员工偷窃等。

服装经营者应根据盘点结果，检讨其错误原因，并有针对性地加强管理，使损失降至最低。盘点作业的最终目的是核算存货是否正确，损失是否在合理的范围内。为求数字正确，盘点过程中不能随意更改数字；若需要更正数字，亦须遵守规定。

盘点后的惩罚是必须的，若盘点结果显示存货不但没有损失反而有多余，需特别注意多余的原因，必要时整个会计制度需重新检讨，因为盘盈也是不正确的。整个盘点作业结束且损失、赏罚均已实行后，就需要检讨整个会计作业流程是否有需要改善的细节？哪些环节的查核功能发挥不够？以适时调整会计作业，完善公司内部管理。

5. 人为损坏货品及货品流失处理

服装零售终端应加强物流管理，建立有效的货品管理制度和措施，加强店铺的安全和保卫措施，尽量把货品损失降到最低。对于人为的货品损坏以及货品流失，应针对具体情况采取不同的处理方式。

案例 3-4

某服装品牌公司的货品损失处理方案

1. 人为失误货品损坏由责任人按零售价的 7 折赔偿，故意损坏货品及非正常货品流失由责任人按零售价全额赔偿。

2. 未能分清具体责任人的货品损失，由当班所有人员共同承担，按零售价的 7 折赔偿。

3. 大减价期间的客流量特别巨大，地区、店铺要合理安排当班人员，防止丢货。对于大减价期间的少量丢货，即丢货率（丢失的货品件数/参与大减价的货品件数）在 2‰以下（包括 2‰），公司酌情承担不超过 70%的损失；若丢货率超过 2‰，打 7 折的货品按 7 折赔偿，打 5 折的货品按 5 折赔偿，打 3 折的货品按 3 折赔偿。

4. 货品盘点中出现的货品流失，未能分清责任人的由仓管按零售价的 7 折赔偿。

5. 由于地区总仓、专柜或专卖店的安全措施不当，造成货品被盗，能分清直接责任人的，由直接责任人按零售价的 7 折赔偿；未能分清责任人的，应由地区物流主管或店长按零售价的 7 折赔偿。

6. 因商场安全措施不当，下班时间内货品被盗，由公司向商场索赔。

7. 其他未说明的货品流失由公司决定责任承担方式。

五、货品防损

服装零售终端货品流失的主要原因包括：天灾、火灾、失窃、打劫；运作程序出错等。不同服装零售终端的货品流失原因各不相同，所占比例也不相同。通常，失窃是最常见也是最大的货品流失原因。零售业商品的失窃现象是一个世界性的普遍问题，据国外有关统计资料表明，丢失一件 9.34 美元的商品，需要 849 美元的营业额才能挽回损失。商品的丢失无疑加重了企业的负担，为此，损失防范逐渐为国内企业领导者所重视。货品失窃防范工作主要包括营业中和营业后两大类。

1. 营业时失窃及防范措施

（1）偷窃者通常选取的目标商品

① 选择视野范围小的专柜或店员少的柜台。

② 选择摆放不易发现的商品或商品摆放杂乱的柜台，偷窃后不易发现。

③ 选择商品种类较多及货架摆放复杂、不易看管的商品。

④ 选择顾客较多的柜台。

⑤ 选择离通道、出口较近的商品，以便偷窃后能够及时逃离。

（2）偷窃分子的行为特征

① 进入店铺后长时间地在柜台附近逗留，而不选购商品。

② 衣着不称，如夏天穿大衣。

③ 往人群较多的地方挤，而不购物。

④ 携带公司购物袋进店，特别是空的购物袋。

⑤ 一同进店的男女，进店后立即分开，并互相使眼色。

（3）偷窃手法

① 声东击西：两人以上，先安排一人假装购物，引开店员注意，然后由同伙伺机偷窃。

② 买一送一：先购买一件商品，付款后立即离开店铺，然后将商品交给同伙，再携现购物凭据及空的购物袋进入店内，乘店员不备将同样的商品投入购物袋。

③ 左顾右盼：先选定目标商品，然后在四周长时间地徘徊，直至无人留意时，将商品偷走。

④ 顺手牵羊：原先并没有偷窃意图，但因无店员理会，一时贪念将商品偷取。

⑤ 速战速决：利用店员用膳或交接班时间，在极短时间内将商品偷走，通常选择离出口较近的商品。

（4）防范措施

➢ 人防

店员留意周围环境，如遇到可疑人物等，首先应尽可能以远距离监视，最佳监视位置在可疑人物的背后；立即通知保安或同事协助；充分利用现场环境，如镜面反射、货架之间的空隙等；若人手充足，可交替跟踪监视，以免引起可疑人物察觉。

➢ 技防

采用现代科技手段布控店内空间。有条件者，对营业环境进行录像备查，即是有效防范方法。通过商品电子防盗报警系统实行防盗监护，可避免消费者的抵触情绪。此法已为众多零售商所共识。电子防盗系统经过 40 年的发展，已由早期的单一原理、单一产品发展到现在不同原理、品种繁多的局面，能适应百货、超市、专卖店、图书馆等不同类型商店的需要。从保护形式上加以细分，可分为立式系统、隐蔽式系统和通道式系统。

① 立式系统的检测装置醒目地立在商场的出入口处，适用于客流量较大的中低端服装品牌店铺。立式系统除检测功能外还具有明显的威慑作用。

② 隐蔽式系统是指把系统隐蔽安装在出口处的地毯下或天花板上，既不影响商店的整体环境，亦能起到防盗保护的作用，适用于客流量不大的中高端服装品牌店铺。

③ 通道式系统是指在店铺出口处把 EAS 系统与收银台连成一体，构成通道式保护，多用于超市防盗。零售店铺目前通常采用 EAS 来减少商品因失窃而产生的损失，但 EAS 系统会因干扰而产生误鸣。而采用了 RFID 技术的 EAS，可完全避免系统误鸣现象，更重要的是，如果窃贼同时偷盗了多件商品，系统会一目了然地显示被窃服装的数量及货号，从而可以更好地解决店铺内商品被盗问题。

2. 闭店后失窃及防范措施

（1）闭店后失货的原因

① 员工可能会利用下班时间，携公司物品离开店铺。

② 外来窃贼寻找店铺防范漏洞或与员工串通，进入店内进行偷窃。

（2）防范措施

① 保安或店长应认真检查员工上下班所携带的物品，对拒绝检查的员工应及时上报。

② 坚决制止员工下班打卡后又返回店中，且不接受检查的行为。

③ 注意员工当班时与外来人员经常闲谈。

④ 对非营业时间内出入店内的人员进行详细登记，并仔细检查。

⑤ 闭店后，应特别留意货架上的商品是否有空位，若发现则及时记录并上报。

⑥ 员工离店所携带的物品，必须有物品离店申请表或相关的票据证明，方可放行。

⑦ 严格按照公司规定的时间开关各通道门。

第四章 组织与人力资源管理

你要勤于给花草施肥浇水，如果它们茁壮成长，你会有一个美丽的花园，如果它们不成材，就把它们剪掉，这就是管理需要做的事情。——GE公司杰克·韦尔奇

一、人力资源规划

企业内外部环境始终处于变化之中，势必要求企业做出相应的变化，这通常都会带来人员数量和结构的调整。为保证组织目标的实现，企业就必须加强人力资源规划。

1. 人力资源规划内容

（1）晋升规划

对服装零售终端来说，有计划地提升有能力的人员，以满足职位对人的要求，是企业人力资源管理部门的一项重要职能。从员工个人角度来看，有计划地提升会满足员工自我实现的需求。晋升规划一般用指标来表达，例如晋升到上一级职务的平均年限和晋升比例。

（2）补充规划

补充规划也是人事政策的具体体现，目的是合理填补组织中长期内可能产生的职位空缺。

补充规划与晋升规划是密切相关的。由于晋升规划的影响，组织内的职位空缺逐级向下移动，最终积累在较低层次的人员需求上。这同时也说明，低层次人员的吸收录用，必须考虑若干年后的使用问题。

（3）培训开发

培训开发规划的目的，是为企业中长期内所需弥补的职位空缺事先准备人员。在缺乏有目的、有计划的培训开发规划的情况下，员工也会培养自己，但是效果未必理想，也未必符合组织中职位的要求。因此，必须把培训开发规划与晋升规划、补充规划紧密联系在一起。

（4）调配规划

店铺内的人员在未来职位的分配，是通过有计划的人员内部流动来实现的。这种内部的人员流动计划就是调配规划。

（5）工资规划

为了确保未来的人工成本不超过合理的支付限度，员工工资规划也是必要的。未来的工资总额取决于组织内的员工是如何分布的，不同的分布状况其成本是不同的。

2. 服装零售终端组织体系构建

将店铺运营比作人体运动的话，组织体系就如人的骨骼，它支撑着身体的各个部位和环节。当前激烈的服装市场竞争已经深入到店铺经营运作的各个层面，管理水平对店铺生存和发展的重要性日益突出，科学有效的组织结构是确保管理效率的基础。

（1）服装店铺组织体系的设计原则

作为服装零售管理者，非常有必要掌握组织结构设计和改良的分析思路和实施方法，帮助自己的店铺搭建高效的管理平台。服装店铺组织体系的设计原则包括：

① 围绕目标任务：目标任务是指店铺为了保证完成经营任务、实现经营指标，把每一位员工的力量集中起来组成一个整体，而且使他们各自明确自己的任务，围绕店铺的总目标运转。因此，每一个组织和这个组织中的每一部分都与特定的任务、目标有关，否则就没有存在的价值。

② 机构层次适度：受规模大小的限制，各个店铺在职务层次、岗位数量、员工人数上均会有所不同，因此组织阶层的编排及各部门的职务也应随之不同。要在服从经营的前提下，力求减少管理层次，精简管理机构和管理人员，更好地为产品的销售服务。

③ 人员责权统一：明确组织结构内各个职能人员的责任及权限，做到责权分明、责权统一。

④ 合理人才配置：服饰零售需要设置哪些职位，其职位的功能、职权如何，必须明确，然后应对职位进行编制。如职位设置目的不清楚，易造成用人不当和人力资源的浪费。另外，在编排人员的时候，要按照在职人员的职务、经验、能力，量才而用。

（2）服装店铺组织体系

由于服装店铺的类型不同，店铺地理位置、消费群、客流量、员工工作性质等等，都有较大差异。因此，各家服装店编制定员和组织结构也有所不同。下面是常用的几种编制定员的方法：

① 按比例定员：就是根据一种人员总数与另一种人员总数的比例，计算另一类人员数量的方法。如一家服装店里，营业人员与管理人员的比例是 10∶1，因此按这个比例来确定管理人员的数量。

② 按职责定员：小型服装店铺的人员分工不明确，经营者往往将店长、采购、财务、店员等工作集于一身。此法主要适用于大中型品牌服装店的人员定制，是一种按服装店既定的组织机构和它的职责范围，以及服装店机构内部的业务分工和岗位职责来确定定员的方法。例如：某品牌服装店铺，经营面积 500 平方米，一共配置了 15 名工作人员。其中，店铺经理 1 名，副经理 1 名，销售组织、陈列组织、货品组织和培训组长各 1 名，导购员 6 名，收银员 2 名。

③ 按商场面积大小定员：这是中小型服装店铺最简单、最实用的定员方法，是凭借经验来判断人员数量。这种方法比较适用于中小型服装店。如果按商场面积每 5～8 平方米定 1 人的经验作为依据，服装店铺面积为 60 平方米，则定员 8～12 人。例如：某服装店铺的面积为 60 平方米，经营综合性服饰商品，其工作人员可以按照商品的种类分为三个区，每个区设 1 名组长和 2 名导购，再加 1 名店长，共 10 名工作人

员。其中，导购人员分早晚两个班，店长上行政班。

④ 按岗位定员：对于小型的服装店，按岗位定员简单、方便，有多少岗位就编制多少人员。对于大中型的服装店，则要按内部组织机构和各种服务岗位来确定需要员工看管的岗位数量，然后再考虑各个岗位的工作量、劳动效率、工作班次和出勤率等因素确定人员。采用这种方法编制定员比较精确，但需要有一定的管理基础，对人事管理人员的要求较高。

案例 4-1

某服装品牌零售人员编制方案

一、店铺编制方案

主要指标：参考店铺分级标准

1. 销售额
2. 店铺面积
3. 在销售额达到一定数量后或面积达到一定要求后，可设置相关人数及职级

类别	月平均销售额(万元)	面积要求(平方米)	人数	人员编制
A 类店铺	≥30	—	>8	店长 1 名，副店长 1 名，资深 1 名
A 类店铺	20～30	>120	≤8	店长 1 名，副店长 1 名，资深 1 名
B 类店铺	15～20	120～90	≤7	店长 1 名，副店长 1 名
C 类店铺	10～15	90～60	≤6	店长 1 名，副店长 1 名
D 类店铺	5～10	60～45	≤4	副店长 1，资深 1 名
E 类店铺	≤5	45～20	2～3	资深 1 名

注：按人均销售指标不低于 2.5 万元，人均负责面积不低于 15 平方米进行编制；如按两个指标进行编制时有不同结果，取其中间值。

二、区域编制方案

主要指标：参考城市分级标准

1. 销售额
2. 店铺数量
3. 必须达到相关销售要求才设置区域主管编制

类别	销售额要求	店铺数量要求	人员编制
A 类地区	≥50 万元/月	≥6 个	区域主管
B 类地区	≥40 万元/月	≥7 个	区域主管
C 类地区	≥30 万元/月	≥8 个	区域主管
D 类地区	≥30 万元/月	≥9 个	区域主管

三、大区编制方案

主要指标：

1. 销售额

2. 跨区域数量

3. 须同时满足销售额要求及店铺数量或城市跨度要求，才设置区域经理一职

类别	销售额要求	店铺数量要求	人员编制
A 类地区	≥250 万元/月	≥30 个店铺	区域主管
B 类地区	≥200 万元/月	≥2 个城市	区域主管
C 类地区	≥150 万元/月	≥4 个城市	区域主管
D 类地区	≥100 万元/月	≥6 个城市	区域主管
类别	销售额要求	区域跨度要求	人员编制
—	≥400 万元/月	无	大区经理

四、注意事项

零售部按本方案对全国各店铺核编，并确定各店编制人数；各店必须严格按照编制方案调配人手，不得超过编制要求；各店在增减人员编制时须先向零售部申请，得到零售部同意后方可增减人员。

在企业组织中，岗位是最基本的构成单位。岗位管理最基础的手段就是对岗位进行文字性的界定和说明，即岗位说明书。

在现代化的企业管理中，科学地设计岗位，明确岗位职能，能够确保将整个企业的目标转化为所有员工的个人目标，使企业的经营压力转化为每个员工的工作动力和责任约束。一份完整的岗位说明书，能为工作评价、人员招聘、绩效管理、培训与开发、薪酬管理等提供依据。一般来说，岗位说明书至少应当涵盖以下内容：

① 在这个岗位上的员工，需要完成哪些任务？（What）

② 工作任务应该在什么时候完成？（When）

③ 工作任务应该在什么地点完成？（Where）

④ 员工可以通过什么途径、运用何种方法完成任务？（How）

⑤ 为什么这项工作会提出这些要求？（Why）

⑥ 能够胜任该岗位的员工应该具备哪些资质？（What Qualifications）

二、人员选聘与职位变动管理

1. 人员招聘

在销售过程中，店员在推销商品、提供服务、宣传零售店形象等方面发挥着重要作用。在选择店员时应着重考核他们的外表形象、沟通能力、一般知识与专业知识、对工作的忠诚度。

（1）招聘原则

① 公司招聘员工的主要原则是依据应聘者是否适合应聘岗位的素质和培养潜

力，并以该职位人员应具有的实务知识和操作技能作为考核准则。

② 应聘者的综合素质和个人理念是否与公司要求相符，这是培养潜力的重要衡量标准。

③ 特殊情况下，若应聘者缺乏实际工作经验，但个人综合素质良好又具备培养潜力，可以录用。相反，即使应聘者有一定的工作经验，但综合素质和培养潜力不符合公司要求，则不可录用。

（2）招聘途径

① 社会招聘　通过媒体广告或告示张贴向社会发布招聘信息。

② 学校选聘　由公司派人到职业学校或普通中学直接选聘符合条件的应届毕业生。

③ 推荐选用　择优选聘由公司员工或社会关系推荐的有一定从业经验的待业青年。

（3）招聘对象

① 公关、营销、服装等专业大中专毕业生。

② 公关、营销、服装专业职业学校应届毕业生。

③ 普通中学高中毕业生。

④ 有以上学历年龄在 18 岁以上的社会待业青年。

（4）聘用标准

专卖店的员工除了完成销售，使公司获得应得的利润外，还肩负维护公司的品牌形象和增加产品附加值的任务。因此，专卖店的员工应有别于一般商店的销售人员，对他们的个人素质要求也应该略高于一般营业员。只有在选聘标准上严格掌握，才能使公司的整体形象得以不断提升。

➢ 导购标准

每天与许多形形色色的顾客打交道是店员工作的基本特点，店员必须有充沛的精力、良好的人际互动能力和高尚的职业道德，才能给顾客提供满意的服务。因此，选聘店员时，需要考察应聘人员以下素质：

① 身体素质：为了配合零售店的形象和产品组合特点，对店员的健康、体型、身高、年龄、性别等应该有特别要求。

② 个性：主要从应聘人员的一般能力、气质、性格等方面进行考察。对店员的基本要求包括好学上进、思维灵活、观察能力和沟通能力强、动作敏捷、热情大方、性格开朗、为人诚实、工作细心耐心。

③ 工作能力：对工作能力的考察可从教育水平、商品专门知识、零售服务技能、工作经历等方面进行。

④ 生活背景：不会因为太多私人问题，影响员工的工作质量和情绪，以及从业稳定性。例如需要照顾年幼的子女、家庭不和睦、玩心太重等。

⑤ 价值观：能够与公司和店铺的价值观保持一致。这也是留住人才的一个重要方面。

➢ 店长标准

店长首先必须是一位优秀的导购，因此导购所需要满足的条件，店长均应具备。在此基础上，对店长的选任条件还有更高的要求。

① 性格方面：

a. 积极的态度——积极面临挑战与挫折，遇到责任绝不推诿，在上司和顾客面前有承担员工错误的勇气，在员工面前有承担企业办事不公和错误的决心。店长应该把店铺当作自己的店来管理，担负责任。只有这样，才能树立起自己的人格魅力。

b. 忍耐力——服装店铺内辛苦和枯燥工作的时间往往很长，所以店长必须拥有很强的忍耐力。

c. 明朗的笑容——店长的脸色通常会成为店内气氛的晴雨表，因此，明朗的笑容有助于形成店铺内部良好的工作气氛。

d. 包容力——服装店铺的员工由于工资制度存在竞争机制，相互间难免会产生一些矛盾。所以店长需要具备宽大的胸怀，以调节好其他员工之间的关系。同时，与人相处要懂得谦虚，不可高高在上。在工作中不论取得多大的成绩，也不应到处张扬。

e. 以身作则——作为店长，如果自己经常迟到，就无法批评其他员工的迟到；如果自己经常谈论上司的缺点，就无法批评其他员工在背后说别人坏话；如果自己从来不擦玻璃，就无法批评其他员工的卫生工作没做好；如果自己工作很懒散，就无法批评其他员工的工作积极性不高。因此，作为店长，要做到事事领先。

真诚地关心员工——店长对员工的关心不应停留在口头上，更重要的是用实际行动来帮助员工，才会真正提高自己在部下心目中的位置。

② 能力方面：拥有优良的贩卖技术及说服力；详细了解贩卖的商品的特点；拥有圆滑地处理人际关系的能力；拥有指导部下的领导力；能根据各种状况做适当的处理；在公司内服务较长时间，能理解和认同公司的企业文化。

③ 知识方面：具有能观察出消费者变化的知识；具有关于零售业的变化和今后演变的知识；具有关于零售经营技术和管理技术的知识；具有关于公司的历史、制度、组织、理念的知识；具有关于业界的变化和今后演变的知识；具有关于交易商、进货商、有来往公司等的知识；具有关于教育的方法、技术的知识；具有关于店铺策划方法的知识；具有关于计算和理解店铺统计数值的知识；具有关于零售业劳动法规和法律的知识。

并非每一位优秀的店长一开始都具备以上所有条件，只要能认清自己的缺点和弱点，并不断努力提高，就能得到部下的爱戴，进而提高业绩。

(5) 招聘程序

① 专卖店需要增补人员时，需向人事部递交“人员增补申请单”，由人事部统一规划招聘工作。

② 应聘人员填写“应聘申请表”。

③ 人事部收集相关应聘资料并进行初步筛选，然后将资料转交相关部门并安排面试。

④ 专卖店店长/柜长由区域主管/店铺督导进行面试考核，由总公司营运经理复

核决定是否录用。店长/柜长以下员工由店长/柜长进行面试考核,由区域主管/店铺督导复核决定。

⑤ 面试结果和人事资料交到人事部,人事部通知入选人员办理到职手续。

⑥ 新进员工接受入职培训后正式上岗。

⑦ 公司以外的区域由人事部授权委托区域主管/店铺督导进行招聘工作。受聘者人事资料需交到人事部门,区域存底一份。

2. 入职管理

(1) 入职手续

应聘者必须在公司指定的时间到公司报到,办理入职手续,否则取消录用资格。报到时,入职员工须向公司提供身份证、毕业证书等相关有效证件,方可办理入职。

入职员工必须保证向公司提供的个人资料真实无误,个人资料更改后必须立即通知人事部,如地址、电话、教育程度、婚姻状况等。如虚报、伪造资料或隐瞒,一经公司发现,立即无条件辞退。

(2) 入职培训

专卖店培训分为"新晋培训""正职培训"和"店长培训"等。"新晋培训"为店长根据新入职店员的实际情况进行的专业素质培训,"正职培训"为区域督导或店长定期对本店店员组织的专业素质培训,"店长培训"为公司组织或区域督导定期对区域市场内的店长进行的培训。

店铺督导、店长入职通常需经过15天的培训期,其他岗位为7天,由公司人事部、培训部门安排培训,培训后经考核合格才能正式上岗。培训期的新入职人员通常不享有提成和各种奖金,培训期间自行离开的人员无工资计发。

(3) 试用期

服装零售终端的新员工入职一般需经过1~3个月的试用期(包含培训期)。若新员工表现优异,其部门主管可报请公司批准,将试用期酌情缩短。有必要时,也可将试用期酌情延长(但延长期不超过3个月)。员工在试用期间表现不符合公司要求的,公司有权随时辞退。

试用期满,由员工所在部门和人事部进行考核,填写"转正申请及审核表",并经相关部门批准、合格员工将转为正式聘用员工,不合格者将立即辞退。

3. 员工流动管理

店铺员工辞退和解聘管理须遵守国家相关劳动法规。辞退和离职的原因通常有以下几个方面:

① 公司规模缩减而裁员。

② 员工严重违反公司的规章制度。

③ 员工对本职工作无法适应。

④ 员工因身体不适申请离职。

⑤ 公司因不可抗力因素而停业。

⑥ 其他原因(如员工家庭原因、情感原因、生育、跳槽等)。

当重要岗位的员工离职时，行政部门必须在其离职当天向相关部门和单位发文，告知相关事项及职务接替人，如商场经理、加盟商及公司内部管理人员等。

(1) 辞职

试用期员工辞职需提前1周递交“辞职申请表”，正式员工需提前30天申请。辞职员工在未离职前仍必须专心工作，当辞职申请按程序获得批准，并完成工作交接后，才可离职。辞职程序为：“辞职申请表”批复→店长批准→区域督导→营运经理→人事部。辞职者工资一般应于公司规定的发薪日发放。

(2) 调职

公司基于工作需要，可调动任何员工的职务或工作地点；被调员工应主动配合，不得借故推诿。公司在调动员工前，应充分尊重员工的个人意愿。

奉调员工接到调任通知后，应于通知所限的时间内办妥移交手续，并与新任接替者做好工作交接。奉调员工在新任者未到职前，其职务可由直属主管代理负责。

(3) 解聘

① 开除：因员工严重违反公司各项管理制度、经营理念，公司可视情况给予开除处理。因违反操作规章给公司、客户或其他方带来损失的，必须给予相应赔偿。被开除者，公司将扣发工资和奖金，待事情解决无遗留问题，并签定“确认书”后才可发放，且在相应影响范围内通告。

② 辞退：员工在试用期间明显不符合公司要求，或在正职期间不努力工作，其表现越来越差者，公司可即时予以辞退。如因公司经营问题而需辞退员工，公司将提前一个月通知被辞退员工，并按国家劳动法规给予相应补偿。

③ 劝退：若员工在职期间不符合岗位知识、技能等要求，虽然努力工作但一直不见成效，公司可规劝其辞职。

④ 自然解聘：公司与员工签定的劳动合同到期，且任何一方无续签意向，当该员工办清交接手续后，双方的雇佣关系自然终止。

服装零售终端需要注意控制每月的员工流动率，使之保持在合理的范围内。必要的人员流动可以维持组织新陈代谢，使组织保持活力；但是人员流动过多会增加管理难度，影响绩效。有调查显示，目前国内零售行业的人员流动性比较大，一般流失率在15%左右，如控制在8%以内，则表明店铺运转管理良好。

员工流失率＝某月流失人数/当月平均人数

其中：当月平均人数＝(月初人数＋月尾人数)/2。

三、人员日常管理

1. 日常工作规章制度

(1) 考勤管理制度

➢ 工作时间

① 目前国内服装零售店铺员工一般实行轮班工作制，每周工作6天。店铺由店长/柜长编排每月“排班表”，各员工需按表上班，不得擅自更改。

② 专卖店营业时间通常为早上 9:30 至晚上 22:30,专柜按商场要求执行。特殊地区的营业时间也可根据当地实际情况另行调整,报公司批准后执行。

③ 由于服装销售的工作性质,如无特殊原因不得在节假日和周六、周日换班休息。员工每月换班原则上不能超过 3 次,店长不得与店员换班。

④ 换班需填写"换班单",经店长同意并签字,否则视旷工处理。

➢ 签到

① 员工应于营业时间 15 分钟前到达店铺/专柜,并签到,否则按迟到处理。准时于上班时间穿着整齐制服,全身心投入工作。

② 员工上下班都须签到,不得弄虚作假,不得替他人签到。

➢ 迟到/早退

① 迟到/早退 5 分钟以上的,给予每分钟 * 元的行政处罚,每月累计迟到/早退 3 次按旷工 1 天处理。

② 工作时间到还未穿着整齐制服,以及未能整理好个人仪容者作迟到论。

③ 若因为前一天加班时间太长而引起的迟到,店长可视情况酌情处理,在适合范围内可不计迟到。

➢ 旷工

① 未按规定程序办理请假手续和无故不上班者,按旷工处理。

② 迟到超过 45 分钟作旷工处理。

③ 旷工 1 天扣罚 3 天的工资和提成,当月累计旷工 3 天者,作自动离职处理。

案例 4-2

某品牌店铺考勤制度

(1) 工作时间

8:30～22:00(具体店铺可具体安排)。连锁门店的经营为全年 365 天无休,旨在为消费者提供满意的商品和服务。

① 店长工作时间(店长实行单休制):

	店长	主管
周一至周五	10:00～20:00	8:30～15:30 或 15:00～22:00(由店长安排)
周六至周日	统班	统班

② 导购工作时间:

	上午班	下午班
周一至周五	8:30～15:30	15:00～22:00
周六至周日	统班	统班

③ 特殊情况(如商场专柜等),按商场营业时间另定。

(2) 考勤记录

① 分店店长、主管必须如实严格进行考勤记录,如隐瞒虚报,公司一经查实,将从严处罚。每月1日,店长将考勤表仔细检查后,如实地传真至公司财务部,财务部将根据考勤记录计算工资、奖金。

② 每月月底,每个导购在考勤表上签字,以示相互监督确认,然后传真至总部财务部。

③ 考勤表要规范记录,注明某人何时加班,加班时间长短,对不按总部要求记录的考勤表,总部将视为无效考勤表,不予核算。

(3) 迟到

迟到(早退)1次扣当月全勤奖10元,2次以上扣当月全勤奖20元,1个月内迟到3次以上扣除全部全勤奖。

(4) 旷工(迟到)

迟到30分钟以上作旷工半天,旷工1天扣当月全部全勤奖及3天的基本工资。

(5) 病(事)假

① 员工请病假或事假将扣除当月全勤奖,正式员工(除试用期员工)每月享受1天带薪病假,凭医院有效证明或病历卡。如有生病等不可抗拒情况,事先以电话通知,事后补齐病历卡或相关证明。事假扣除当天工资、奖金及提成。

② 事假按天数扣日工资和各项津贴,超过5天作自动辞职处理(特殊情况另行处理);店长请2天以上的病假或事假,须向总部自营店管理部报请,并安排好工作,找好代理人,批准后生效。导购请病假或事假须提前一天填写请假单,经店长签字后生效。

③ 请假如理由不充足或影响公务时,各级主管可不予准假或暂缓准假。

(6) 加班

平时加班在基本工资的基础上按每小时工资的1.3倍计算,国家规定节假日(五一3天、国庆3天、春节3天、元旦1天)按平时工资的3倍计算。

(7) 排班

每月25日前,店长必须排定下月轮班表,并于月底前公布,以便相关人员安排。

(8) 调/代班

调/代班须经相应主管批准同意,调/代班期间发生问题,其责任由要求调/代班者承担。

(9) 用餐时间

用餐时间由店长视实际情况安排,同一时间用餐员工最多不得超过2人,用餐时间不得超过半小时,且严禁在卖场用餐。

(2) 班前/班后会管理

班前/班后会是一天工作的开始和结尾,应在开店前15分钟和闭店前15分钟分别由店长或带班班长主持。班前会和班后会的气氛和效果直接影响到员工的士气,内容丰富而富有感染力的班前/班后会能够增强员工的团队精神和工作积极性,从而提高店铺的销售业绩。

➢ 班前会的主要内容

员工仪容、仪表的互相检查，各职责工作纪律的重申，当天应该注意的主要问题，公司及店长有关新指示的传送，店员有关事情的汇报或申请。

➢ 班后会的主要内容

当天工作的总结与检讨，销售工作情况检查汇报，顾客抱怨、投诉的整理，销售日报表的整理，收银汇报与整理，次日工作应注意的事项，其他日常工作的规范整理。

班前/班后会应建立记录本，每次会议都有详细记录，店长应不定期地参加班前与班后会议，并及时检查记录本，对不符合要求的班长提出批评，同时授以正确方法。

(3) 交接班管理

专卖店的作业按常规分作两班进行。其交接的要点如下：

① 交接班在两班班长的领导和监督下进行，两班的员工全体参加。

② 班长的交接：交接并核对当日销售登记表，橱窗和货柜陈列商品的巡视检查，监督收银员交接，并在收银员交接，现金或备用金单据上签字。

③ 收银员的交接：当面点清并移交销售现金或备用金，在交接单据上签字，当面交接并检查收银机，收银员职责内的其他事情交接。

④ 营业员的交接：店面清洁卫生、店内设备设施、橱窗及货柜上的商品与卫生、店内清洁、互相检查仪容仪表、存货情况、其他应交接的事宜。

⑤ 两班交接时，店长应在场监督，必要时对交接工作进行全面检查。

(4) 合理班次的编排

销售工作不同于生产，不是时间越长其收益就会越大，而是在于如何合理地安排上班班次，提高工作效率。特别是对于员工人数较多的店铺，编排一个合理有效的班次，对于整体的销售业绩提升有很大帮助。班次编排主要注意两点：

① 应根据客流时间段分批排班。服装店铺的排班通常分为两种形式：一种是早晚轮班制；另一种是上统班(做一休一，或做几休一)。通常店铺的客流量主要集中在午饭后 2 点到 4 点左右，以及晚饭后 6 点到 8 点左右(具体视每个地区和地段的统计情况而定)，上午的客流通常较少。如果是早晚轮班制，且两班的员工人数相同，则易造成下午生意繁忙时员工偏少；另外一个容易被人们忽视的问题是，上午顾客进店较少，导购没有足够的工作，容易让导购形成一种懒散的工作习惯，久而久之即使销售繁忙时导购也会变得懒散。所以，排班并非是让导购在店里呆更长的时间，而是如何使员工始终有事可做，从而形成积极工作的热情和习惯，并在繁忙的时间段安排足够多的员工。

② 工作时间的安排要视每个时间段的销售数据而定。一个区域的店铺的上下班时间通常是相同的，但是这样的安排没有任何科学依据。比如有些地区的店铺，通过分时间段记录进店人数和成交人数发现，早上 10 点钟几乎没有生意，而晚上打烊的最后时间经常会有少数顾客停留在店铺，使导购不能正常下班。于是把上班时间推迟一个半小时、下班时间推迟半个小时，使营业时间减少了一个小时，这样不但吸引了一些优秀员工，更重要的是，提高了员工的积极性。另外，有效工作时间增加，所以营业额相应提高。

2. 日常运作管理

(1) 日常工作流程(表 4-6)

表 4-6 服装店铺日常工作流程

	店长	导购
营业前准备	• 提前半小时入店,并签到 • 自我检查仪容仪表:工作服的整齐着装、胸牌的正确佩带 • 安排人员打扫卫生、整理货架、准备当日备用零钱 • 分配完工作后,检查电话线、传真机、POS 机、音响、照明灯是否处于正常工作状态 • 对收银区的准备,如收银纸、塑料袋、会员卡、促销品、资料表 • 查看 POS 机库存,是否有未审核的单据 • 检查店员的卫生完成情况和货架整理情况,提出不足之处并进行改善 • 组织晨会的召开 • 点名,检查签到本 • 传达公司文件,包括通知、调令、促销活动操作方法、店长会议情况 • 宣布昨日营业额达成率、今日营业指标 • 分配今日人员的工作区域与主要职责 • 对店员进行相关的日常培训讲解 • 带领店员练习营业规范用语	• 当班人员必须提前半小时入店,并签到 • 自我检查仪容仪表:工作服的整齐着装、胸牌的正确佩带 • 根据店长安排进行区域的卫生打扫和货架的整理 • 出席晨会 • 认真听取店长组织的晨会内容,明确今日由店长分配的各项工作 • 学习公司下发的文件、促销活动操作方法 • 对自己不足之处向店长请教,并认真学习 • 练习营业规范用语
营业期间	• 时刻检查货架上有无空缺商品,提醒店员及时补货 • 监督促销活动的实施 • 关注促销活动的进展,提醒店员及时向顾客介绍与宣传 • 促销商品摆放醒目,促销价格标牌摆放醒目 • 促销商品及时补货上架 • 处理营业中顾客投诉 • 对新员工进行相应的指导与培训 • 接收货品,安排人员点货验收 • 察看箱子外包装,无破损方可收货 • 察看箱子外包装的封箱带,完整方可收货 • 按箱内出库清单,逐一点货 • 对照点货数量,审核 POS 机中的单据,如有差异及时联系总部 • 时刻关注和维持店内卫生状况	• 及时发现空缺商品,及时补货 • 对进、出顾客使用对应的礼貌用语 • 对顾客提出的商品问题,耐心认真地解答,并将与顾客交谈中收集的相关反馈信息记录在《顾客反馈信息表》中 • 促销活动的实施 • 及时向顾客介绍与宣传 • 促销商品和促销价格标牌摆放醒目 • 促销商品及时补货上架 • 处理营业中顾客投诉 • 帮助新员工进行相应的指导与培训 • 根据店长安排接收货品,点货验收 • 察看箱子外包装,无破损方可收货 • 察看箱子外包装的封箱带,完整方可收货 • 按箱内出库清单,逐一清点 • 记录商品到货数量,交由店长录入 POS 机 • 时刻维持店内卫生

续表

	店长	导购
午餐期间	• 合理安排店员轮流外出进餐 • 监督检查晚班人员签到情况 • 及时监督收银员交接工作 • 检查营业高峰期零钱备用情况 • 外出时安排代管人员负责门店管理	• 按照店长分配，轮流外出进餐 • 交流工作中的经验和问题 • 做好早晚班人员交接班，并签到 • 店长外出时，认真完成店长交给自己的代管职责 • 营业备用零钱的兑换
营业高峰期	• 查看截止销售额，关注目前为止的销售情况、与当日营业指标的差距，并及时告知店员，激励店员再接再励 • 为高峰期做准备 • 空缺商品再次检查并补货 • 零钱的及时检查与兑换 • 促销活动资料的分发，活动情况的宣传 • 营业礼貌用语的时刻监督与提醒 • 顾客反馈信息收集，并及时记录 • 去银行上缴前一天的门店销售现金，并兑换第二天的备用零钱 • 处理门店各项外协事宜（交水电费、管理费用等） • 对周边信息的收集 • 竞争对手的商品和促销情况 • 周边同一业态商家的促销情况 • 市政规划（有助于门店开发） • 促销活动的执行及跟踪	• 明确现有销售情况，再接再励配合店长完成营业目标 • 为高峰期做准备 • 空缺商品再次检查并补货 • 零钱的及时兑换 • 促销活动资料的分发，活动情况的宣传 • 对进出顾客使用对应的礼貌用语 • 对顾客进行耐心的商品介绍与推荐工作 • 提高自身警惕性，防止店内商品损失（特别对入口促销柜及精品区的警惕） • 带领新员工进行岗位培训
晚餐期间	• 合理安排店员轮流进餐 • 监督交接班情况 • 了解 POS 机的现时销售情况，再次激励店员加油努力	• 按照店长分配，轮流外出进餐 • 交流沟通经验和问题 • 店长外出时，认真完成店长交给自己的代管职责
营业结束	• 安排卫生打扫工作 • 关闭射灯及灯箱 • 清点当日收银现金，确认后锁入保险箱内 • 当日销售数据的传输及补货单传真和会员资料的传真 • 打印当日销售票据，做好当日销售记录 • 店员下班签字 • 如为盘点日，组织店员进行盘点工作，在 POS 机传输数据正确后方可签字下班 • 如第二天休息，应提前安排人员代理，并做好相应交班工作 • 关闭所有电器（音响、空调、灯、POS 机） • 关门、上锁	• 根据店长安排，做好各区域的卫生打扫和货架整理 • 关闭射灯及灯箱 • 店员下班签字 • 如为盘点日，做好盘点工作，在 POS 机传输数据正确后方可签字下班 • 如第二天休息，应做好相应的交接工作 • 关闭所有电器（音响、空调、灯、POS 机）

(2) 现金管理细则

① 店铺须认真仔细地做好"销售日报表",明确记录各项开支费用、营业额和实存银行金额,确保"销售日报表"绝对准确。

② 营业款必须于次日 10:00 前存入指定银行,如因特殊情况不能及时存入,必须提前电话通告总部,并说明原因。

③ "销售日报表"上注明的存入银行金额必须与实存银行金额保持一致,不得多存或少存。

④ 若当日收入的营业款较多,为保证安全,须将这部分营业款当日存入银行,并通告总部。

⑤ 一次性现金开支 50 元以上,需报上级管理部门批准,并保存收据,以便公司随时核对;一次性现金开支 200 元以上,需报总部批准,并将发票或收据传真至公司。

⑥ 必须认真做好现金日记账,并将收据和发票粘贴在每日现金日记账的背面,店铺运营管理部门应不定期抽检,每月收归总部进行核对。

⑦ 支付水电费、税费、电话费等,必须索取正规发票,及时传真至运营管理部门。店铺应着重加强水电费和电话费管理。

⑧ 总部任何人员下店,未经公司批准同意,分店不得以任何方式借付资金给任何人。

⑨ 分店新招员工,试用合格正式录用后应及时催交保证金,与营业额一起存入银行(在"销售日报表"上注明),由公司统一开收据,传真至分店,分店店长不得私开收据。

⑩ 分店处理旧纸板箱等废品所得,应作为收入,在当日"销售日报表"上注明。

⑪ 营业员收现金时,必须加强识别其真伪,防止收假币或破损货币,否则由责任人承担赔偿。收银员交接时要验收清楚,交接后的责任由后来者承担。

⑫ 各分店的备用金统一为＊＊＊元,由店长负责保管。

⑬ 分店每天营业前必须准备好零钱。

⑭ 分店的饮水票由分店自行购买,不得浪费和虚报,一经查明,则从重处罚。

⑮ 放置营业款现金的抽屉钥匙,店长或收银员必须随身携带,若发生当天营业款和实收现金不符,误差部分由责任人承担赔偿;收银员交接时须验收清楚,交接后责任由后来者承担。

⑯ 由店长统计每位导购的当日销售额,于月底汇总至总部财务部,以便总部财务部核算其工资奖金。

⑰ 对不清楚的财务疑难,分店应及时上报总部,不得自以为是,自作主张。

⑱ 促销时,赠品应如实发放并登记,不得虚报或假报,一经查明则从严处置。

⑲ 工作服和赠品等发放,必须在当日"销售日报表"上注明,不得延误。

⑳ 特价或打折销售期间,分店必须严格执行总部通知的售价,并标明特价或折后价,如阳奉阴违或弄虚作假,一经发现则从严处罚。

(3) 突发事件管理

突发事件是指突然发生于店内的事故,可导致人员伤亡或中断店铺的正常营业,甚至损毁店铺财物。所以,每一位店铺主管必须清楚店铺安全及紧急事件的处理细节,并指导店铺员工,遇突发性事件时能采取适当措施,保护员工、顾客及公司的财物。在店铺晋级考核中,应将突发事件处理方式作为考核内容,以引起员工重视。服装零售终端应当将突发事件的管理细节和员工的对应行为进行标准化。处理突发事件的目标是:将公司损失减至最低;慎重、冷静地处理,不发生错误;令顾客对店铺的服务留下良好印象。

遇到突发事件时,必须保持镇定,优先考虑人员安全问题。以下是不同突发情况下可采取的应对方式:

① 火警:首先顾及个人安全并保持镇定,请店内顾客立刻离开,到达安全地点。使用灭火器或其他正确方法将火扑灭;如果是电器着火,先关闭电源(灭火器的正确使用方法应当列入员工培训内容)。

如未能将火扑灭,立即致电 119 求助。所有员工立即离开,并向附近楼宇发出警报。店铺工作人员留在附近的安全地点,切勿企图走回火场取回个人财物。当消防员到达时,向消防队长提供有关资料。立即通知上级领导或有关人员,事后填写特别事项报告表。

② 电源中断:全体人员首先保持沉着冷静,听从店长或其他上级领导的指挥。马上启动应急照明装置,除店内照明开关外,关闭其他所有电器开关。对顾客进行安抚,防止发生混乱,并注意防止在混乱中发生失窃等事件。如果店内太暗,马上关门暂停营业,全体人员转移到安全地方。通知电力公司或商场管理处、总务部门进行紧急修理。当电源恢复时,打开店内其他电器开关,稍候片刻再开启冷气机。通知上级领导或有关人员,填写特别事项报告表。切勿企图自行修理。不可在电源恢复后,立刻于同一时间开启全部开关。

③ 遇到盗窃:店铺工作人员到达店铺后,先行留意店内是否有不正常声响。如发现可疑声响,请即时与保安或附近警察联络,切勿单独进入现场。如一切正常,便可开启铁闸进入现场。需要先行观察店内有否被盗窃迹象。如果确有盗窃发生,尽量使用街外电话报警,并在店外等候警察到达现场,在警方到达前,不应移动店内物件。警方调查取证结束后,清点店内损失,与警方合作并听候上级领导进一步指示。

④ 遇到抢劫:务必保持镇静,首先考虑人身安全。配合劫匪提出的各种要求,并趁劫匪不注意时,留意劫匪的衣着、模样、年龄、高度、手上用的武器、人数、互相称呼的名字、口音及离开的方向等。在劫匪离开后,安抚疏散店内的顾客,及时通知警方和上级领导或有关人员,注意维持现场环境不变,以便警员到场处理。

切勿与劫匪争论及对抗;避免轻举妄动,以免劫匪误会;切勿随意追赶或跟踪劫匪;切勿触动现场任何证物。

⑤ 遇到现场偷窃:在店铺营业期间,若现场发生以下情形,应当特别注意:

对于店内的骚扰,如争执、打架、顾客受伤或醉酒的顾客,应提高警觉,这些情形可能是虚假的，是为了转移店铺员工的注意力，好让同党乘机偷取货品；顾客站在一个地方过久，像是无目的地逛来逛去；顾客携带大袋进入店内，故意把购物包半开着晃来晃去；顾客故意把很大的包或袋子放在商品上面；顾客穿着不合时令的厚衣服；顾客不自然地拿起杂志或报纸踱来踱去；两三个人等来回进店铺，一人与店员交涉，其余人则分散店内，到处走来走去；等等。

导购应当在日常工作中善于用眼睛与顾客接触，面带微笑并留意进入店内的顾客，因为盗贼害怕被人留意。遇可疑顾客进入店内，应及时提醒其他店员提高警觉。

处理偷窃事件时，应当注意：不要滥用权力阻留及扣留他人；一定要亲自目睹罪行的发生、完结及疑犯离开店铺；把疑犯带回店内，但不要触摸他/她；若人力许可，两个人与疑犯一起，最理想的是有一个人和疑犯同性别；立即通知警方和上级领导或有关人员；心平气和地与偷盗人员进行谈话。处理事项的工作人员至少为两名。

⑥ 顾客突然患病：如果发现或听说有危急病人时，导购员应先让病人躺下或坐下，然后立即通知店长店长或代理人员须在1～2分钟内赶到病人休息处；在通知店长之前，一定要请周围同事代为看护病人；在现场的店员判断是否需要救护车；如果不能搬动病人又需要安静时，应阻止其他人围观；马上寻找伤病人的同伴，病人情况严重时，应与警方取得联系；一定要记下病人的姓名、家庭住址、电话号码等有效联系方式。

四、员工绩效考核与薪酬体系设计

员工激励是企业管理中的核心和永恒课题。国内外众多专家对此已有许多论述，相关著作也是浩如烟海。但这些论述归纳起来不外乎两个方面：合理的薪酬制度和科学；系统的管理制度。

1. 员工工作职责

员工工作职责如表4-2所示。

2. 员工绩效考评与薪酬管理

员工考评是指考评者在一定的目的与思想指导下，运用科学的技术方法，依据一定的考评标准，对员工及其工作进行事实评判或价值评判的过程。服装零售终端的员工考评指标的设计，是一项非常关键而重要的工作。目前，企业广泛使用的绩效考评办法主要有360度考核、目标考核、KPI关键业绩指标、平衡记分卡等。

(1) 考评基本原则

设计一项有效的制度，必须有一个正确的设计思路。在服装企业中，员工的类别不同、职位不同，对其进行绩效考评的要求自然有差异。对于服装零售终端的管理和销售人员而言，绩效考核的主要原则有：

① 全员参与原则：通过绩效考评，建立全员参与、全员负责的管理模式，店员与店员之间、店员与店长之间相互考评，促进上下级沟通和各部门间的相互协作。

② 公开、公正原则：公司明确规定并要求，整个考评过程要严格遵守考评标准、考评程序和考评责任，以确保考评公开、公正。

表 4-2　店长、导购职责项目表

	职责项目	工作内容
店长	营业活动统筹管理	开店准备，清洁维护，陈列管理，礼券赠品等发放，店内巡视，待客应对，商品销售、保管、盘点，促销活动执行
	部署掌握及管理	工作分配，出勤考核，人员配置，培训指导，工作规范
	业绩管理、目标管理	传达各项目标及促成，掌握每日、每周、每月、每季的目标完成状况，依据业绩形成对策，调整商品
	情报收集、汇报总部	有关商业圈的动向、竞争店、顾客等信息的收集，汇报总部或采取机动权宜对策
	涉外公关、上传下达	外部关系之联系，顾客关系之处理，总部关系联系，政令传达
	店内保安管理	店内设备、商品保全，店内购物环境维护，灾害防止，安全检查
	金钱管理、营业报告	营业报告，金钱出纳报告，经营报告，销售进账、零用钱管理
	货品陈列	严格按照公司自营店管理部出具的陈列图陈列，不得随意更改
	销售指标	带领全体员工努力完成公司于月初下达的销售指标
导购	迎送顾客	顾客迎送和接待
	整理货品	货品整理，保持卖场整洁、安全，随时检查卖场
	导购货品	熟悉货品，介绍货品，销售货品
	服从指挥	服从店长的合理指挥和工作安排
	收集信息	收集顾客反馈和合理抱怨
	维护品牌形象	服务顾客，维护公司形象
	其他	防止偷盗，相互监督

③ 客观原则：坚持以客观事实为依据，根据明确规定的考评标准，客观地对员工进行评价，避免掺杂主观因素和感情色彩，做到用事实说话。

④ 反馈原则：为加强考评的教育作用，将考评结果（评语）反馈给被考评者本人，同时向被考评者就评语进行说明，首先肯定其成绩和进步，并指明不足之处和今后努力的方向。坚持以正激励为主，负激励为辅。

⑤ 考核适量原则：主要选择对公司工作任务、利润、价值等影响较大的指标。考评指标太多，不但操作工作量大，还容易使人产生厌倦情绪，导致疲于应付的局面；指标太少，则不能覆盖该岗位的关键控制点，造成考评成绩失真。

⑥ 目标挑战性原则：目标应力求接近实际，使员工通过努力就能达到，并使目标具有一定的挑战性。目标设定过易或过难，均起不到应有的激励作用。

⑦ 周边指标简化原则：设定周边绩效指标是为了考评员工的协作程度，由员工的

同级人员测评。测评人员一般都喜欢简单、易操作的测评表,否则就随便应付。所以,对周边绩效指标的设定应尽可能简单化,容易让大家接受。

⑧ 权重适度原则:各指标所占权重主要按照责任大小,以及被考核者应该努力的方向确定。

(2) 销售任务的分解与完成

➢ 销售任务分解的原则

要想使下属愉快地接受任务,任务额必须分配公平,以避免本来有能力完成任务的员工因任务分配不公平产生抵触情绪而影响销售业绩。

避免“薄此厚彼”,尤其要避免把任务全摊给下属,自己不分担;避免能力和资历相近的员工分配到的任务差距过大,这样容易使下属对店长与店员之间的关系产生怀疑,甚至发生误会。

➢ 销售任务的制定

制定销售任务指标时可参考以下依据:去年同期的完成情况;当月促销活动;下属的业务能力;季节与货品供应状况;可实现性。

分解和下派销售任务时,要注意把握其可以实现的原则。大多数公司通常会设定一个基本任务和一个目标任务。基本任务用于保证销售目标的实现,目标任务用来促进销售业绩的提高。当基本任务设定过高时,不但销售任务无法完成,而且店员的工作积极性也大打折扣。因此,在店员之间分配任务时,一定要考虑到这个任务是否可以通过努力实现。如果明显是不可能完成的,就需要及时调整,以确保任务的制定起到激发员工的工作积极性,从而促进销售的作用。

➢ 销售任务的分配方法

① 平均分配法:将当月任务平均分配给每一个店员,并根据平均任务额考核每一位员工的销售完成情况。

② 分级分配法:将店内的员工按工作能力分成两个级别,任务额也分成两个等级,随着店员销售能力的逐步提高,调整任务额。

③ 每日定额法:将全月任务分摊到每一天。从周一至周日,根据每天的客流量,确定每天的销售任务,客流少的时候稍低一些,客流多时(如周末、节假日)相应高一些。

④ 阶段定额法:根据当月促销活动的时间段,分配全月的销售任务。促销期间的任务可定高一些,非促销阶段的销售任务相对低一些。

以上方法可以单独使用,也可以交叉使用,运用时要把握的原则是:便于理解、操作和核算。

案例 4-3

表 4-3　某服装品牌实习导购阶段的考核项目

		学习项目	项目指导员责任签名	分店主管复评验收	分店主管复评备注
第一阶段考核项目	第一周	基本礼仪训练(行仪练习每日 300 次)		□评定合格 □限期改善	
		叠衣、模特换装—基本操作演练		□评定合格 □限期改善	
		FAB 基本演练:寻找商品三大特征		□评定合格 □限期改善	
		店堂商品款号、面料成分和价格记忆		□评定合格 □限期改善	
		量衣、熨烫——基本操作演练		□评定合格 □限期改善	
		基本盘点训练/店堂平面图/陈列款量表		□评定合格 □限期改善	
		流程控管四大模组/九个步骤		□评定合格 □限期改善	
第一阶段考核项目	第二周	基本礼仪训练(行仪练习每日 200 次)		□评定合格 □限期改善	
		叠衣、模特换装训练——速度提升演练(1)		□评定合格 □限期改善	
		FAB 基本演练:探寻需求提示商品优势		□评定合格 □限期改善	
		店堂商品款号、面料成分及价格记忆		□评定合格 □限期改善	
		量衣、熨烫——成效验收		□评定合格 □限期改善	
		导购实务(每日参与交易 5 笔以上)		□评定合格 □限期改善	
		流程控管四大模组/九个步骤(常见错误)		□评定合格 □限期改善	

续表

		学习项目	项目指导员责任签名	分店主管复评验收	分店主管复评备注
第一阶段考核项目	第三周	基本礼仪训练(行仪练习每日 100 次)		□ 评定合格 □ 限期改善	
		叠衣、模特换装训练——速度提升演练(2)		□ 评定合格 □ 限期改善	
		店堂商品款号、面料成分及价格记忆		□ 评定合格 □ 限期改善	
		平车基本操作(练习修改裤脚边)		□ 评定合格 □ 限期改善	
		流程控管四大模组/九个步骤(演练验收)		□ 评定合格 □ 限期改善	
		导购实务(每日参与交易 10 笔以上)		□ 评定合格 □ 限期改善	
		基础商品知识——综合测验		□ 评定合格 □ 限期改善	
□ 稽核辅导专员/区域督导　第一阶段考核总结意见　□ 晋级考核　□ 责令复核　□ 其他 签名：________					
第二阶段考核项目	第四周至第八周	平均交易笔数/客单价/效益比成效验收		□ 评定合格 □ 限期改善	
		单品推销话术 FAB(每单项至少三款)		□ 评定合格 □ 限期改善	
		CRM 执行绩效(累计客户资料卡 100 份)		□ 评定合格 □ 限期改善	
		商品陈列技能		□ 评定合格 □ 限期改善	
		综合销售技巧		□ 评定合格 □ 限期改善	
		工作态度、学习绩效、组织认同		□ 评定合格 □ 限期改善	
□ 交叉考核成绩备注：第____名/共____名　综合评比分数____分 □ 稽核辅导专员/区域督导　第二阶段考核总结意见　□ 晋级转正　□ 责令复核　□ 其他 签名：________					

案例 4-4

某服装店铺考评晋级办法

1. 考评目的

以公平、公正考评为依据，客观地体现员工的工作状态，以达到业绩及表现决定收入的体制。

2. 考评原则

① 公正公平、优胜劣汰。

② 以岗位职责为基础，以工作目标为依据，以事实为标准。

3. 考评范围

本制度适用于公司自营店铺员工、店长。

4. 考评周期

各门店店长在月底将上月销售情况上报至部门经理；各部门经理在下月 2 日前将上月销售情况报至财务部，财务部在 4 日前将上月销售数据审核完毕并传至人力资源部，人力资源部在 6 日前将上月考核情况统计完毕。

5. 考评结果应用

A：90 分（不含）～100 分

B：80 分（不含）～90 分（含）

C：70 分（不含）～80 分（含）

D：60 分（不含）～70 分（含）

E：60 分及 60 分以下

① 连续 3 个月成绩为 A 者，级别上调一级。

② 连续 6 个月成绩为 B 者，级别上调一级（6 个月中有一次或两次的成绩为 A 者，属此类别）。

③ 连续 3 个月成绩为 D 者，级别下调一级。

④ 连续 3 个月以上成绩为 E 者，公司有权予以辞退。

备注：

① 考核分数采用四舍五入制。

② 级别浮动基础为各店铺员工现有级别。

③ 级别浮动上限为高级，下限为无级别。

④ 员工级别根据各员工考核成绩每季度调整一次，调整后级别工资自下季度初开始执行。

⑤ 考评周期为月考评，每月考评时间为 1—6 日，每月 2 日前各店店长将本店店员的考核分数（店长评部分）评好，并完成销售部分所占分数计算。

3. 薪酬制度设计

薪酬制度的根本目的就是在盈利的前提下用恰当的薪酬留住优秀的员工，让员工有优越感和自豪感。服装零售终端的人才流动是正常现象，要想留住优秀的员工，一方面要关心员工的成长，给他们创造一个心情舒畅的工作环境，另一方面也必须提供有竞争力的待遇。

薪酬是一个综合的概念，并不仅仅是工资和奖金，还包括很多内容，比如医疗保险、房基金、退休金、休假制度、股票期权、培训制度等。

要想严格地要求员工，就必须提供有吸引力的薪酬。这是相辅相成的，必须同时存在。公司对员工的要求越高，付给员工的报酬也就要越高，这样才能体现利益的平等交换。只有当企业提供的薪酬在市场上具有竞争力，让员工舍不得离开，或者离开后不容易找到同等薪水的工作，或者即使能找到同等薪酬的工作却有很多未知数的时候，才有可能引导他们，严格要求他们，因为他们珍惜目前的工作。员工为了不断提高自己的薪酬，就要努力往上晋升(当然公司要提供这样的空间)，而晋升必须依靠工作业绩(即为公司做出的贡献)，这样就形成了良性互动。如果一家企业给员工的工资没有竞争力，员工自然不安心，一旦有了足够的能力，就会在利益驱动下设法跳槽，而优秀的员工或熟练工跳槽，给企业带来的损失可能是两倍甚至三倍的工资都无法换来的，因为企业的沉淀成本非常高。

在服装零售终端的人力资源管理中，制定公平合理的岗位薪酬标准是整个人事管理的基础和核心内容。具体地说，服装企业的薪酬总体定位可以采取以下三种策略：

① 市场领先策略：即店铺的薪酬水平在地区同行业中处于领先地位，其主要目的是吸引高素质人才，满足企业自身高速发展的要求。

② 市场跟随策略：即店铺找准自己的标杆企业，薪酬水平跟随标杆企业的变化而变化，始终紧跟市场的主流薪酬水平。

③ 成本导向策略：即企业的薪酬水平主要根据企业自身的成本预算决定，以尽可能地节约企业成本为目的，次要考虑市场和竞争对手的薪酬水平。

根据服装零售终端的特点，在薪酬总体定位上，店铺管理人员和核心导购人员宜采用市场领先策略，一般导购人员可采用市场跟随策略，而初级导购人员可采取成本导向策略。一方面，适当提高总体薪酬水平，缩小与同地区标杆企业的差距，强调与市场的接轨；另一方面，对核心店铺的管理骨干和高水平导购加大激励力度，以保障店铺的持续发展。

在明确薪酬总体定位的基础上，着手建立薪酬分配的标准体系。通常，根据总体薪酬与企业效益挂钩程度的不同，可以将薪酬结构模型分为以下三类：

① 高弹性薪酬模型：即薪酬水平与企业效益高度挂钩，浮动部分薪酬所占比例较高。该种薪酬模型具有很强的激励性，员工能获得多少薪酬主要依赖于工作绩效的好坏。

② 高稳定薪酬模型：即薪酬水平与企业效益挂钩不紧密，浮动部分薪酬所占比例较低。这种薪酬模型具有很强的稳定性，员工的收入非常稳定。

③ 调和型薪酬模型：即薪酬水平与企业效益挂钩的程度视岗位职责的变化而变化。这种薪酬模型有激励性又有稳定性。

一般来讲，对于服装零售终端，高弹性薪酬模型可适用于店铺管理人员，调和型薪酬模型适用于导购人员。对店铺管理人员而言，增加了薪酬空间，强调与工作绩效的挂钩，也加大了激励力度；对一般导购而言，采取了更为灵活的方式，在激励和保障之间进行平衡。对于服装零售终端的其他辅助性工作人员，可采用高稳定薪酬模型，保证其薪酬的稳定性，可增强其对企业的归属感。

由于各公司之间的差异很大，因此，每个公司对其零售终端人员的薪资和考核进行具体设计时也有较大差异。以下案例分别为三家服装公司的薪资考核标准，供读者参考。

案例 4-5

某服饰有限公司导购薪酬构成及星级考核标准

表 4-4 A 服饰有限公司导购薪酬构成

个人业绩达成率	工资	奖金提取
100%以上	全额	超出部分按 2%提取
90%～100%	全额	按 1%提取
80%～89%	全额	按 1%提取
70%～79%	全额	按实际业绩达成比率发放
50%～69%	按业绩实际达成比率发放	—
50%以下		—

说明：

设：本月个人实际完成业绩＝A，工资＝B，本月薪金＝C，本月个人计划业绩＝D

a. 导购在实习期没有奖金　　$C=B/30\times N$　（N 为试用天数）

b. $A/D\leqslant 69\%$　　$C=B\times A/D$

c. $80\%\leqslant A/D\leqslant 100\%$　　$C=B+A\times 1\%$

d. $70\%\leqslant A/D\leqslant 79\%$　　$C=B+A\times 1\%\times A/D$

e. $A/D\geqslant 100\%$　　$C=B+D\times 1\%+(A-D)\times 2\%$

f. 薪金底线为当地最低生活保障线

g. 法定节假日安排工作的，当日工资以当月工资的日平均数的 3 倍计发

h. 加班工资以当日每小时工资平均数的 3 倍计发

附：

表 4-5 A 服饰有限公司的城市级别划分

城市级别	城市名				
Ⅰ	上海	北京	广州	深圳	
Ⅱ	沈阳	天津	西安	武汉	海口
	长春	太原	兰州	长沙	南京
	哈尔滨	青岛	昆明	郑州	杭州
	乌鲁木齐	大连	重庆	成都	厦门
Ⅲ	贵阳	呼和浩特	西宁	拉萨	银川
	合肥	南昌	济南	石家庄	南宁

表 4-6 A 公司的导购工资表(元/月)

城市级别	导购级别					
	试用期(元/日)	一星	二星	三星	四星	五星
Ⅰ	23	800	1000	1200	1400	1700
Ⅱ	17	600	800	1000	1200	1500
Ⅲ	13	400	600	800	1000	1300

1. 标准说明

标准分为必达标准和非必达标准，只有必达标准合格，同时非必达标准分数达到标准分数者方可晋升。

2. 评分说明

非必达标准每一条款满分10分，最低0分，评分标准如下：

8～10分：本条款要求完全满足，甚至有所超出。

5～7分：本条款要求大部分满足，只有少量不能达到。

2～4分：本条款要求只能满足少部分。

0～2分：本条款要求根本不满足。

导购星级：★

非必达标准：29条；标准分≥174分

必达标准：个人业绩（不含统班的业绩）达到本店/柜二星级导购平均业绩的80％，没有二星级导购则要求达到本店/柜导购平均业绩的80％。

1. 工作程序

① 熟知公司的成立时间、规模、经营理念、品牌含义、品牌定位和价格线等。

② 熟记导购工作的三个部分的内容。

③ 知道开票、付款对象，开出的小票符合标准。

④ 熟记退、换货标准和交接班的手续。

⑤ 无丢货现象。

⑥ 发现质量问题及时汇报店/柜长。

2. 商品知识

① 熟记本公司商品分类、色、尺码划分的标准（正确率100％）。

② 对商品货号、码号、颜色、面料、单价识记率达80％。

③ 了解商品的成分、洗涤和保养方式，能正确识别洗标说明。

3. 遵守纪律

遵守考勤制度、员工处罚条例，累计扣分≤5分（无扣分者得10分，扣1～2分者得6分，扣3～5分者得3分，扣5分以上者得0分）。

4. 贩售能力

① 销售时明确告知顾客商品正确的洗涤和保养方式。

② 当顾客站定目视柜架商品时，能热情主动地迎接。

③ 耐心介绍商品，耐心对待顾客的挑选、试穿。

5. 商品陈列

① 空闲时能主动整理货架，保持原有陈列，保证吊牌不外露、标签齐全。

② 商品熨烫后才上架陈列。

③ 层板展示商品折叠整齐，层板清洁。

④ 商品售出后，能及时补货、准确下账。

6. 学习能力

① 在工作中遇到问题能主动向他人请教，学习业务知识。

② 自己在工作中被上级或同事发现错误能按照正确的要求及时补救、改正。

7. 沟通能力

① 对于新环境能较快适应，无厌烦、不适感。

② 对同事态度友好。

③ 对于上级的工作安排与决定，若有意见能及时向其反映（不乱找反映对象）。

④ 对于工作安排与决定，即使有意见，在进行沟通后也能遵守执行，没有抵触情绪。

⑤ 对待顾客态度良好，没有给顾客留下不好的印象。

8. 品格素养

① 具备一定的个人修养，讲文明、懂礼貌，不说脏话。

② 工作中诚实，不欺骗顾客和同事。

③ 遵守商业道德，严守公司各项商业机密，如销售额、畅销商品、规章制度等不外泄。

④ 有外界对公司商业状况进行调查时能及时告知店/柜长。

⑤ 有起码的敬业精神，安排的工作如加班、商品讲习能积极参加，没有怨言。

9. 管理能力

此阶段尚无需进行考评。

导购星级：★★

非必达标准：35 条；标准分≥204 分

必达标准：个人业绩三个月平均达成≥80%

1. 工作程序

① 知道分公司各部门（店/柜长、业务、商品、主管）的负责人及职责范围。

② 熟悉导购工作程序，能熟练进行商品价格的计算，点货清晰迅速，开票、统计、盘点无差错，熟练熨烫、折叠、包装商品。

③ 每天对自己负责区域的店/柜中的商品数量有准确了解。

④ 无丢货现象。

⑤ 发现质量问题及时汇报。

2. 商品知识

① 对商品的款式、面料、颜色、单价、尺码已熟悉，识记率 100%（并且能在 1 周内对新上架商品识记率 100%）。

② 基本熟知各款商品的洗涤、保养知识，无需翻开洗标便可告知顾客。

③ 了解本季商品的风格与色彩组成，可以为顾客进行简单的介绍。

3. 遵守纪律

遵守考勤制度、员工处罚条例，扣分≤5 分（无扣分者得 10 分，扣 1～2 分者得 6 分，扣 3～5 分者得 3 分，扣 5 分以上者得 0 分）。

4. 贩售能力

① 了解销售中的各个波段，对自身的销售计划指标明确，能自觉地进行分解并执行。

② 拿递服装动作熟练、符合要求，咬字清楚，音调有起伏，言语礼貌、热情。

③ 对人体形态能有所了解，可以根据人体形态尺寸进行目测，为顾客拿递合身商品。

④ 对顾客能积极主动地接待，对商品介绍全面（款式、面料、裁剪工艺、上身效果）。

⑤ 试衣时能主动帮助顾客整理穿着效果。

⑥ 商品出入、下账及时，不出错。

⑦ 能主动介绍各种店/柜活动内容。

⑧ 开始建立自己的顾客档案，并能加以利用。

5. 商品陈列

① 经常能够及时整理商品，保证本区域商品的陈列效果。

② 商品售出后能及时补货、下账、熨烫、标签、陈列。

③ 能根据自己的审美感觉与店/柜长进行沟通，提供商品陈列的建议。

6. 学习能力

主动、积极地向有经验的导购学习贩售、陈列等业务知识。

7. 沟通能力

① 对进店顾客皆能给予一致的良好态度，不因衣着华丽或简陋而有不同的态度。

② 退/换货能冷静对待（不激化矛盾），根据相关条例进行解释说明，不能处理的应及时通知店/柜长。

③ 遇到紧急状况知道向相关部门寻求帮助，知道110、120、119、114的服务内容。

④ 对同事态度良好，友好相处，不拉帮结派、搬弄是非。

⑤ 对上级的管理能理解适应，认真执行不懈怠（在理解中执行，在执行中加深理解）。

⑥ 积极参加公司组织的各项集体活动。

⑦ 按时、按要求参加公司的各种会议（早、晚、月总结、培训等）。

8. 品格素养

① 对老弱病残能主动予以帮助，提供周到细致的"温暖"服务。

② 有集体观念，对于加班、排班能以公司利益为重，服从安排。

③ 能结合实际状况灵活掌握言语，对销售有所促进，举止大方不做作。

④ 严守商业道德，不向外界透露公司秘密。

⑤ 对属于自己的责任勇于承担，不逃避推诿。

9. 管理能力

① 对新来员工能予以帮助，解释问题，告知正确办法。

② 注意言行，以身作责，积极给新员工形成对公司的良好印象（正确评论公司与个人，不给不了解状况的人造成不好的印象）。

导购星级：★★★

非必达标准：48条；标准分≥290分

必达标准：个人业绩年平均达成≥100%

1. 工作程序

① 熟悉分公司各部门（店/柜长、业务、商品、企划、主管）的职责人、职责范围，以及商品流通的环节（出货、进货、验货的手续）。

② 对本店/柜商品的进销存有一定认识，熟悉自己区域的畅销、平销、滞销商品和库存。

③ 对一周内本店/柜商品销售状况（畅销款、面料问题、计划业绩、业绩达成率等）基本熟知，能为上级相关问题提供可靠答案。

④ 能及时、准确地做出自己区域的商品未来一天商品量的补货要求。

⑤ 能主动或按要求为店/柜长进行商品结构的调整提供建议。

⑥ 在商品换柜时能按店/柜长要求进行，商品归类、陈列、调价无差错。

⑦ 盘点作业中能按照要求熟练操作，无差错。

⑧ 无丢货现象。

⑨ 开票、下账准确及时，不出错。

⑩ 发现质量问题及时汇报。

2. 商品知识

① 熟知本季商品的设计风格和色彩组成，可以为顾客进行较详细的介绍。

② 能说出本区商品销售的基本原因（应季、款式、面料、裁剪、色彩等）。

③ 熟知基本面料的特性及洗涤、保养的基本知识。

3. 遵守纪律

遵守考勤制度、员工处罚条例，累计扣分≤5分（无扣分者得10分，扣1～2分者得6分，扣3～5分者得3分，扣5分以上者得0分）。

4. 贩售能力

① 个人业绩表现稳定，排名没有大起大落。

② 充分理解个人业绩制定的方法，能利用销售波段对自身的销售计划指标进行分解（自己有详细的计划，做到心中有数）。

③ 对服装流行趋势有一定了解，能结合本地区消费特点，为顾客推荐合适的服装搭配。

④ 能迅速准确地根据人体形态进行尺寸目测，拿递合身商品。

⑤ 能根据各种体形、肤色为顾客推荐合适的服装。

⑥ 能把握消费者的消费心态，对顾客进行判断，根据身份、层次、穿着场合、价格要求等因素提供更高层次的服务，当好顾客的参谋，使顾客能够满意而归。

⑦ 服务态度良好，能给顾客留下好的印象。

⑧ 试穿率较高。

⑨ 能主动介绍并充分利用各种活动（促销、新品上市、礼品赠送等）进行销售。

⑩ 建立自己相对完整的顾客档案并能加以利用。

5. 商品陈列

① 对商品审美有较好感觉，基本上能负责自己区域的出模、陈列，并达到要求。

② 空闲时能保证商品陈列的效果。

③ 商品售出后能及时补货、下账、熨烫、标签、陈列。

6. 学习能力

① 对店/柜长操作的销售业绩分解、日报表等基本报表的内容及填写方法有所了解。

② 熟知本店/柜商品的销售状况，对店/柜长商品追加能主动提供有价值的意见。

③ 在业余时间能留意本地区竞争者的信息，并及时告知上级。

④ 能主动提出滞销商品的促销方案和针对公司的合理化建议。

7. 沟通能力

① 在销售中以公司利益为中心，不与邻位导购因抢顾客而出现摩擦。

② 在对于自己区域商品调货时能积极配合，无隐瞒或找借口推诿。

③ 自己空闲时能主动帮助同事。

④ 在不同的销售阶段(低谷、高峰)能主动配合店/柜长，调节自己的心情和状态。

⑤ 在工作中能接受上级与同事的指导，并能及时改正。

⑥ 积极参加公司组织的各项集体活动。

8. 品格素养

① 对老弱病残能主动予以帮助，提供周到、细致的“温暖”服务。

② 工作情绪稳定，主动性和敬业精神较好，很少需专门监督或说教(比如某些任务的承担与加班)。

③ 在上级眼里是比较值得信赖的。

④ 看待事情能尊重事实，考虑问题比较理智，对于销售中遇到的商品退、换等状况能与顾客积极沟通，将矛盾控制住而不使其激化，同时依据公司相关条款予以较好解决。

⑤ 对突发灾难、事故能掌握基本救助办法(如灭火器的使用)，知道拨打求救电话。

⑥ 成为本店/柜的业务骨干。

9. 管理能力

① 能积极配合上级做好店/柜的各项管理工作，能主动将店/柜中各种影响销售的状况(比如出模、卫生、POP等)及时主动地反映给上级。

② 能确保责任区的整洁与安全。

③ 能在业务知识、思想上对其他导购主动予以指导。

④ 对公司的各项政令、决定能认真遵照、实施，能起带头表率作用。

⑤ 对其他员工的消极状况、违纪状况进行一定的督促和指正。

导购星级：★★★★

非必达标准：68条；标准分≥408分

必达标准：个人业绩年平均达成≥110%

1. 工作程序

① 熟悉整个店/柜运作，对店/柜长所负责的各类报表已熟悉，可代为制作。

② 熟知店/柜商品的库存、销售状况，能对本店/柜商品进行一个月内的追加预测，做出准确判断。

③ 为本店/柜商品补货时能做到畅销备足、平销保证、滞销有货，同时保证合理的库存结构。

④ 熟悉本品牌不同卖季的销售特点，并能结合店/柜商品的畅销、平销、滞销状况，为店/柜长正确制定进销存计划，提供某些商品准确的销售预测。

⑤ 销售技巧具有权威性，在工作程序、规章制度、商品知识、设备使用等方面有非常熟练的技能。

⑥ 对分公司各部门的工作能主动予以配合，提供的信息（市场状况调查、销售状况、质量问题等）价值较高。

⑦ 对过去一季内的商品销售状况（畅销款、面料问题、业绩完成等）熟知，能为上级相关问题提供较准确答案。

⑧ 有商品换柜、调柜经验，能有条理、快速地进行，商品归类、陈列、调价无差错。

⑨ 点货、开票、下账、统计、制表、盘点都能按照要求熟练操作，无差错。

⑩ 无丢货现象。

⑪ 对于上级交待的事能积极主动、保质保量地完成。

⑫ 商品上柜会进行检查，能在顾客发现质量问题前及时汇报。

2. 商品知识

① 熟悉本季服装流行趋势，能结合本品牌风格与本季商品的设计思路、色彩板块、主打款式，为顾客进行详细的专业介绍。

② 熟知本季畅销商品的各种卖点（款式、面料、裁剪、色彩等），并进行归纳、总结性的说明。

③ 熟知服装常见面料的特性及洗涤、保养的知识，能为顾客提供附加服务。

3. 遵守纪律

遵守考勤制度、员工处罚条例，累计扣分≤5分（无扣分者得10分，扣1～2分者得6分，扣3～5分者得3分，扣5分以上者得0分）。

4. 贩售能力

① 无论顾客外表如何都能微笑相迎，热情对待，保持服务标准。

② 销售的主动性最高，工作努力，在导购中能起带头和鼓动作用。

③ 业绩十分稳定，很少有起伏。

④ 主动指导个人业绩的制定，很好地完成个人业绩的分解，并积极利用有效波段执行制定计划（对自己每天的计划很明确）。

⑤ 能迅速准确地根据人体形态进行目测，拿递合身商品。

⑥ 懂得根据各种体形、肤色进行服装搭配的建议，并得到顾客的认同。

⑦ 对服装流行趋势有一定了解，能结合本地区消费特点，为顾客推荐服装并得到认同。

⑧ 能把握消费者的消费心态，对顾客进行判断，根据身份、层次、穿着场合、价格

要求等因素提供更高层次的服务，向顾客展示专业素质，使顾客能够满意而归。

⑨ 了解适合本品牌的客户特点（身材、气质、收入等）。

⑩ 客户档案丰富并能充分利用，在新品上市、活动期等能够主动联系。

⑪ 接待顾客使用各种规范用语，主动热情、耐心周到，能给顾客留下好印象。

⑫ 试穿率很高。

⑬ 能充分利用各种条件（促销、新品上市、礼品赠送等）进行销售。

⑭ 经验丰富，可以为大多数人进行业务上的指导。

⑮ 有很高的工作效率，经常能提前完成业绩任务。

5. 商品陈列

① 对商品的感觉良好，能独立负责整个卖场的出模、摆放与陈列。

② 能根据不同的销售需要（如正品期、折扣期等）主动向店/柜长提出本店/柜商品陈列、出模的调整办法并得到采纳。

③ 商品售出后能及时补货、下账、熨烫、标签、陈列。

6. 学习能力

① 对店/柜长操作的各种报表、会议主持内容熟悉，并能代为制作、执行。

② 对店内商品的库存和销售状况有较准确的了解，可以协助店/柜长进行商品调整。

③ 能积极主动地在业余时间关注市场动态，并及时提出应对措施。

④ 经常能主动提出滞销商品的折扣方案或针对公司的合理化建议并基本得到采纳。

⑤ 贩售中能自如运用英语对话。

7. 沟通能力

① 为人处事比较成熟，对于一般的外事（市容、卫生等）有足够的处理能力。

② 与他人总能和睦相处，对人态度良好，给顾客、同事留下良好印象。

③ 在销售中以公司利益为中心，不与邻位导购因抢顾客而出现摩擦。

④ 在对于自己区域商品调货时能积极配合，无隐瞒或找借口推诿。

⑤ 在自己空闲时能主动帮助同事。

⑥ 在不同的销售阶段（低谷、高峰）能主动调节自己的心情和状态。

⑦ 对其他导购能有所引导，与店/柜长积极配合调节适合销售的气氛（如音乐的改变、商品整理、卖场清洁等）。

⑧ 带头积极参加公司组织的各项集体活动。

⑨ 主动协调店/柜人员之间的各种关系，是合作精神的楷模。

8. 品格素养

① 对老弱病残能主动予以帮助，提供周到、细致的“温暖”服务。

② 极少发生错误，犯错误后能及时意识到，主动承认并改正，不会再犯同样的错误。

③ 工作情绪十分稳定，很少有波动。

④ 极具敬业精神，是工作楷模，无需专门监督或说教。

⑤ 完全可以信赖。

⑥ 看待事情能尊重事实，考虑问题比较理智、全面，对于店/柜中遇到的商品退、换等状况能与顾客真诚沟通，将矛盾控制住而不使其激化，同时以顾客利益为重，依据公司相关条款予以较好解决，在上级不在场时能主动负责，解决问题。

⑦ 对突发灾难(火灾、疾病等)掌握基本救助办法，知道拨打求救电话。

⑧ 工作稳定(能长期在本公司工作)，将自己的事业与公司未来相结合，"以店为家，以店为业"，与公司同心协力，风雨同舟，不会在公司困难的时候离开。

⑨ 能承受很大压力，认清压力，并转化为动力(在此级别有时会遇到其他导购的嫉妒，要以乐观的精神对待)。

⑩ 能主动承担更多的工作，且尽心尽力。

9. 管理能力

① 主动为公司培养后备力量，对新进导购在业务知识上予以指导，不吝赐教。

② 能够和店/柜长，以及公司配合制定导购的训练和考核办法。

③ 主动稳定其他导购的情绪(在销售不好时帮助分析状况，解决问题)。

④ 能起表率作用，坚决执行公司各项决定，即使有困难，也能坚决执行。

⑤ 根据公司条例主动对员工进行督促和指正。

⑥ 具备一定的管理水平，可以在正、副店/柜长外出时代替执行任意岗位任务。

⑦ 与公司人员能进行良好的有效沟通，及时反映各种状况，并能提出自己的见解。

⑧ 具备一定的领导才能，能成为导购群体的核心人物，是导购的学习榜样。

⑨ 各项工作能以身作则，使其他导购信服。

⑩ 非常注意店/柜的整洁、防损安全工作，并时常提醒同事。

⑪ 有一定的演讲能力。

导购星级：★★★★★

非必达标准：68 条(与 4 星级相同)；标准分≥408 分

必达标准：个人业绩年平均达成≥120%

案例 4-6

某服装公司的导购业绩考评制度

1. 人员划分

初级导购、中级导购、高级导购。

岗位描述：岗位的区分以每月销售业绩为准，岗位工资不固定。

初级导购：新聘导购员试用期满后定为初级导购(初级导购上班的当月如销售业绩在该专柜排在前 2 位可直接定位为中级导购或高级导购)；月销售业绩为最后一名的销售人员为初级导购。

中级导购：销售技巧熟练，月销售业绩介于高级导购和初级导购之间的销售人员为中级导购。

高级导购：销售技巧熟练，有一定的管理能力，月销售业绩为第一或符合公司其他规定标准的销售人员为高级导购，同时担任专柜的助理柜长，辅助柜长管理专柜。

柜长：专柜负责人，负责专柜销售管理工作。

大店总店长：管理大店2个专柜的各项工作。

区域主管：负责区域所有专柜的全面管理工作，区域设4个专柜，大店为2个专柜，小店为1个专柜，商场专厅为1个专柜。

2. 定员

区域共定员18人，其中一线员工17人，主管1人。

大店定员共10人：总店长1人，柜长2人(总店长兼任1个专柜的柜长)，导购8人(半天班)，其中高级导购2人、中级导购4人、初级导购2人。

小店定员共5人：柜长1人，导购4人(半天班)，其中高级导购1人、中级导购2人、初级导购1人。

商场定员共2人(半天班)：柜长1人(柜长需要与导购上对班)，导购1人(按中级导购待遇)。

3. 工资项目构成

导购工资：定岗工资+工龄工资+全勤奖+业绩提成。

柜长工资：定岗工资+业绩提成+考核工资(每月考核，季度发放)+年终考评(如中途调动，按实际工作月份业绩考评)。

大店总店长工资：与柜长工资项目构成一致。

主管工资：以区域全年纯利润的**%作为管理薪酬，总店长的每月业绩提成超出其兼任柜长以上的提成部分从主管分配利润中支出，请假按每天200元扣除工资。

4. 工资标准

(1) 定岗工资

初级导购：450元/月；中级导购：550元/月；高级导购：650元/月。

柜长：大店专柜与小店柜长的定岗工资800元/月，考核工资200元/月；大店总店长定岗工资1000元/月，考核工资300元/月(兼任两个职位者按工资高的级别计算)；商场专柜柜长定岗工资800元/月，考评工资100元/月(在不属本人倒班的情况下，每天需要到专柜上班2个小时，具体上班时间由区域主管确定与监督)。

(2) 工龄工资

30元/月(工龄满一年后每月30元，满两年后每月60元，依此类推)

(3) 导购员全勤奖

30元/月，全月无迟到、早退、旷工，无超假休息，导购之间无调班，为全勤，替班人员换班休息可享受全勤奖。

(4) 销售提成

9月至12月的销售任务：大店**万元，小店为**万，商场**万元

① 导购的销售提成：每月按各专柜销售情况分步递进提成，由各专柜员工平均分

配(4个专柜各自独立核算)。

完成月目标任务50%以下,按实际完成比例作为系数进行计提。

完成月目标任务50%以上70%以下,按实际销售额的1%计提。

完成月目标任务70%以上80%以下时,50%部分按1%提成,50%~80%部分按1.2%计提。

完成月目标任务80%以上100%以下时,50%部分按1%提成,50%~100%部分按1.5%计提。

销售超出月目标任务时,50%部分按1%提成,50%以上部分按2.0%计提。

如专柜导购连续3个月为初级导购且没有提升,将予以辞退(如专柜出现连续2个月为初级导购的员工,柜长需要告之其所面临的状态并可以在专柜招聘导购储备人员)。

举例(如某专柜当月的目标任务为10万元):

实际销售为4万元,导购总提成为:40000×0.4%=160元

实际销售为6万元,导购总提成为:40000×1.0%=600元

实际销售为8万元,导购总提成为:50000×1.0%+30000×1.2%=860元

实际销售为10万元,导购总提成:50000×1.0%+50000×1.5%=1260元

实际销售为12万元,导购总提成:50000×1.0%+70000×2%=1900元

② 柜长的销售提成:按当月完成目标任务的实际比例进行提成,完成目标任务在60%以下的无提成(各柜长根据各专柜每月实际销售额独立核算)。

举例(如果当月专柜任务是10万元):

实际完成58000元,提成额为58000×0%=0元

实际完成7万元,提成额为70000×0.7%=490元

实际完成12万元,提成额为120000×1.2%=1200元

如果专柜连续3个月未完成公司规定的目标销售任务且销售额没有完成目标的80%以上,该专柜柜长自动降级为导购员,由助理柜长暂时代替柜长管理专柜(享受柜长待遇)。

说明:

a. 柜长提成不占导购提成比例。

b. 年终时,统算全年的销售目标完成情况,全年完成率在95%以上的,按全年实际完成比例进行统算。如:某店全年销售目标为100万元,年终完成98万元,平时全年的销售提成已发8000元,那么年终应补发提成为:9800元-8000元=1800元。

c. 柜长考核工资:考评工资为200元/月(考评内容另附)。

作为柜长,要正确履行职责,全力以赴地投入工作。公司每月不定期组织人员对其进行考核,参照柜长的岗位说明书与岗位职责,确定八项工作重点为考核内容。

对应八项考核内容,根据专柜实际情况,每月确定考核分值,不同的分值又对应不同的考核金额。如果当月的考核分值低于80分,则不计发考核工资并要求柜长限期整改后重新考核(考评内容另附);如当月公司没有组织对专柜进行考评,则视为考评合格。

考核工资每月考核、季度发放,第二个季度的第一个月随工资一起发放,在发放考

核工资前离职者不发放上一季度的考核工资。

d. 柜长年终奖金：是对柜长全年努力工作、认真履行职责的奖励。

完成全年销售目标任务95%以上，按年实际销售额的1‰计提；完成全年销售目标任务100%以上时，按实际销售额的3‰计提。年终奖励于次年第一季度第三个月的中旬左右发放，中途离职者不发放年终奖励。

5. 员工最低月收入保障

对于工作努力、态度端正、职业品德良好、在本柜当月销售业绩达中级导购标准以上、能够认真参加公司组织的导购培训以及慎重对待导购员岗位考核的导购员，在每年4月至9月的最低收入保障为800元/月，10月至次年3月的最低收入保障为1000元/月。初级导购不在最低收入保障之列。

6. 备注

① 试用员工前3天不计发工资，进入正式试用期后（办理试用手续并缴纳工服保证金的，试用期内辞职可随时退还保证金），前3天一并计算工资。试用导购入职第一个月无提成，工资按中级导购的定岗工资计算，特别优秀者可享受高级导购定岗工资待遇（由主管报营运部审批）

② 不参加考勤的人员或未办理入职手续的人员，一律不计发工资。

案例4-7

C品牌分店工资及奖惩制度

1. 工资制度

表4-7 C品牌店铺人员工资构成

职　称	基本薪金（元）	职位工资（元）	全勤奖（元）	合计（元）
一般城市店长	650	300	50	1100＋提成
省会（特定）城市店长	750	300	50	1200＋提成
一般城市主管	650	200	50	1000＋提成
省会（特定）城市主管	750	200	50	1100＋提成
一般城市收银员	650	100	50	850＋提成
省会（特定）收银员	750	100	50	950＋提成
一般城市导购	650	—	50	750＋提成
省会（特定）城市导购	750	—	50	850＋提成
一般城市店长试用期	2个月	—	—	900
省会（特定）店长试用期	2个月	—	—	1000
一般城市主管试用期	1个月	—	—	800
省会（特定）主管试用期	1个月	—	—	900
一般城市导购试用期	1个月	—	—	600
省会（特定）城市导购试用期	1个月	—	—	700

备注：

① 特定城市由公司决定。

② 对非分店本地的店长(且公司不安排住宿)，总部给予住房补贴100元/月(试用期无)，在工资中按月发放(特殊情况另定)。

③ 基本薪：包括餐贴150元，车贴50元。

④ 提成

店长：全店完成销售指标85%以下按0.1%计算，完成85%～100%按0.2%计算，完成100%以上按0.3%计算。

主管：当班完成销售指标85%以下按1%计算，完成85%～100%按1.5%计算，完成100%以上按2%计算(提成百分比除以当班人数)。

收银员：当班完成销售指标85%以下按1.2%计算，完成85%～100%按1.5%计算，完成100%以上按1.8%计算(提成百分比除以当班人数)。

导购员：当班完成销售指标85%以下按1.2%计算，完成85%～100%按1.5%计算，完成100%以上按1.8%计算(提成百分比除以当班人数)。

⑤ 在本公司专卖店工作满一年的优秀店长和导购，月薪在原基础上加50～100元。

2.分店奖惩制度

① 每月根据销售额评出最佳导购员和末牌导购各一名，末牌导购一次性扣30元，最佳导购一次性奖励50元[前提：该店完成当月最低销售标准(以销售指标减2万)；试用期未满一个月的导购不参与评选；③特殊情况，另行处理]。

② 连续6个月被评为最佳导购的人员，除规定奖励外，公司将考虑培养其到新开或异地专卖店任店长。

③ 每季度评出一家金牌专卖店，奖励金额100元，由店长支配，作为这个店的活动奖金，用于凝聚团队、鼓舞士气、调节气氛。评定标准：销售额及增长率、卫生、员工整体形象、货品陈列及摆放、反馈信息质量、店内气氛、同事相互协调关系(卫生包括店堂内外角落卫生及个人卫生)。

④ 每年年终评出一位金牌店长，奖励金额200～500元。公司将考虑升调其到公司总部任职。评定标准：补货及时性、调节店堂气氛、与员工协调关系、对员工销售技巧指导、货场出样、店内设备维护、市场行情分析、反馈及建议等。

⑤ 每年年终评出3位金牌导购，初选由各店店长评出，经公司总部各部门综合评选确定。金牌导购奖励为100～300元。评定标准：销售额及增长率、服务技巧和质量、同事间关系、配合店长工作、个人形象、工作态度。

五、非经济手段激励

人的需求是多层次的，物质需求只是最低层次的需求，因而薪酬制度对激发员工工作热情所起的作用是有限的；而管理一旦制度化就会变得僵硬，用死的东西去管活的人，不一定有效。

企业希望员工怎样对待顾客，企业就应该怎样对待员工。实践证明，没有什么比关心员工、热爱员工更能调动他们的积极性和提高工作效率(图 4-1)。

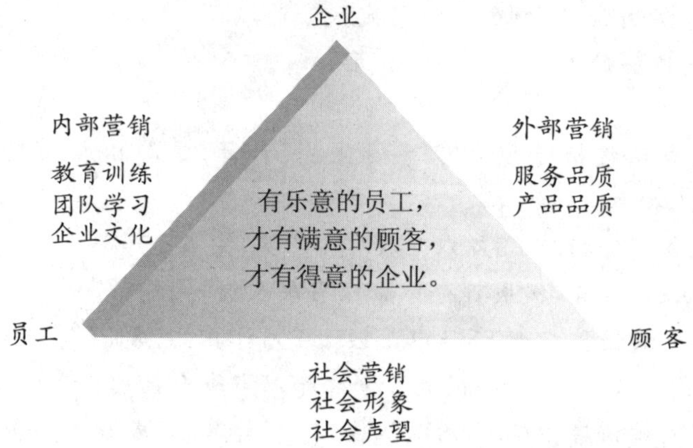

图 4-1　企业、员工与顾客的三方互动关系

1. 非经济激励的原则

危机、荣誉、使命、竞争、沟通、生存、兴趣和空间能带给人们最强大的行动力。人性是人们行动背后真正的动力源泉。员工激励应遵循以下两条基本原则：

(1) 公平性

公平性是员工管理中一个很重要的原则，任何不公的待遇都会影响员工的工作效率和工作情绪。取得同等成绩的员工，一定要获得同等层次的奖励；同理，犯同等错误的员工，也应受到同等层次的处罚。如果做不到这一点，管理者宁可不奖励或者不处罚。

管理者在处理员工问题时，一定要有一种公平的心态，不应有任何的偏见和喜好，不能有任何不公的言语和行为。员工只要存有不平的心态，许多以前能激励员工的方法，现在都变得不管用了。

影响员工满意度的关键因素集中在"公平性"这三个字上，集中反映在薪酬、绩效和职业发展三个方面，其核心管理问题在于如何量化那些抽象的管理指标并与人力资源管理进行有效的结合。

(2) 因人而异

按能力和心态划分，所有类型企业的员工都可以分为 A、B、C、D 四个等级，采取激励措施时应根据级别而异。

① A 级：高热情、高能力。这是企业最理想的杰出人才。激励对策：重用，给这些人才充分授权，赋予更多的责任。

② B 级：低热情、高能力。这类人才一般对自己的职位和前程没有明确目标。激励对策：a. 不断鼓励，不断鞭策，一方面肯定其能力和信任，一方面给予具体目标和要求，特别要防止这些"怀才不遇"的人才的牢骚和不满感染其他员工，要与他们及时沟通；b. 对难以融入企业文化和管理模式的员工，干脆趁早辞退。

③ C 级：高热情、低能力。这是较常见的一种员工，尤其是年轻人和新进员工。激励对策：充分利用这些员工的热情，及时对他们进行系统、有效的培训，提出提高工作能力的具体要求和具体方法，调整到最适合的岗位或职务。

④ D 级：低热情、低能力。这类人才对企业作用不大。激励对策：a. 不要对他们失去信心，但控制所花时间，仅开展小规模培训，首先激发其工作热情，改变其工作态度，再安排到合适岗位；b. 解雇辞退。

2. 非经济激励的常用方法

(1) 自我激励

① 方法：激励斗志的方法可以多种多样。如：由公司老总或其他事业有成的人士为员工讲解其创业经历，让员工认识到事业成功的可能性和艰难性；邀请成功学专家到公司演讲；订购成功学书刊给员工阅读；让员工讲出自己心中的理想，以及实现这些理想的打算。

② 原理：每个人都有自己的梦想，都渴望成功，都希望过上美好的生活。当员工心中被尘封已久的理想再次被点燃时，他们会表现出很大的爆发力。而他们心里明白，要成功就必须付出，必须从做好手头上的工作开始。

(2) 个人业务承诺

① 方法：要求各店长和员工于年初制定本人全年业务开展计划，向公司立下"军令状"，由其直接主管负责考察业绩完成情况、执行力度和团队精神，并予以必要的指导、协助和鼓励。不要给员工制定太多的目标，而要鼓励他们充分发挥潜能和创造性。

② 原理：根据期望几率理论，一个人从事某项活动的动力或激励力的大小，取决于该项活动所产生的成果的吸引力和该项成果实现的几率的大小。完全的目标导向激发了员工奋斗和创新的动力，计划一步步地完成，使他们充满成就感，团队的扶持让他们感受到动力和宽慰。

(3) 生存竞争

① 方法：对员工进行动态评估，让每个人都知道自己所处的位置。

② 原理：让员工明白，如果不努力工作或者工作没有业绩的话，就有可能被公司淘汰出局。在生存竞争异常激烈的现代社会，可能失去饭碗的压力将会极大地激发员工的工作热情。

③ 范例：美国通用电气将其所有的员工分为五类。第一类是顶尖人才，占 10%；次一些的是第二类，占 15%；第三类是中等水平的员工，占 50%，他们的变动弹性最大，他们有机会选择何去何从；接下来是占 15%的第四类，需要对他们敲响警钟，督促他们上进；第五类是最差的，占 10%，只能毫不留情地辞退他们。这种淘汰机制给了全体员工充分的紧迫感，也给了他们充足的动力。

(4) 新陈代谢机制

① 方法：制定公司、部门与个人工作目标，建立相应的考核机制，不能完成，则相关的责任人员（无论级别、资历、以往贡献）都将受罚。

② 原理:许多公司的业务计划在制定时意气风发,可是在执行过程中却因种种原因不断打折扣,最后即使完不成也不了了之,使得制定业务计划本身失去了意义,领导丧失权威,员工丧失紧迫感和责任感。

(5) 分组竞争

① 方法:将店铺人员划分为若干小组,每天/周公布业绩排行榜,月终总结,奖励先进,激励后进。

② 原理:最好的机制不是试图"让懒人变得有生产力",而是在企业中形成高绩效的环境,使员工天生的敬业精神得以发扬光大,使不劳而获者无处藏身。即使企业不想解雇那些生产力不佳的管理者和员工,他们也会自己行动起来。基于真诚合作和责任承诺的内部竞争,来自同级的压力比来自上级的命令更能促进员工的积极性和工作热情。

(6) 培训机会

① 方法:为员工提供全方位、多层次的培训机会,增加服装零售终端人力资源的价值和员工自身的价值。

② 原理:在知识更新越来越快的信息时代,"终身学习"和建立"学习型组织"已成为个人与企业在激烈竞争中立于不败之地的要求。服装企业应该通过培训开发来挖掘员工潜力,实现员工人力资源的保值、增值。这既是调动员工积极性的需要,也是维护和提高企业市场竞争力极为重要的一环。

(7) 晋升通道

① 方法:在干部选拔上,企业要给员工更多的机会,从以前对外聘用为主,转变为对外聘用与内部选拔并重,最后过渡到以内部培养、选拔为主,变"伯乐相马"为"在赛马中选马"。

② 原理:事业发展是员工内在报酬体系的重要组成部分。依据马斯洛的需要层次理论,"物质需要"是人类较低层次的需要,而"自我实现"才是人的最高层次的需要。职业发展属于满足人的"自我实现"需要的范畴,因而会产生更大的激励作用。

(8) 员工参与决策

① 方法:建立员工参与管理,提出合理化建议的机制,提高员工的主人翁参与意识。如:让员工参与公司发展目标、方向的分析研讨,让员工参与总公司的订货活动,等等。

② 原理:没有人喜欢别人强加于自己身上的东西。但如果让员工参与公司经营目标、管理制度等的制定,他们就会觉得那就是自己的目标和行为规则,就会充满期待地投入工作。

(9) 荣誉法

① 方法:对有突出表现或贡献的员工,对长期以来一直在为公司奉献的员工,应毫不吝啬地授予一些头衔、名号,这样可以换来员工的认同感,从而激励员工的干劲。

② 原理:如果说"自我实现"是人类最高层次的需要,那荣誉就是一种终极的激励

手段。每个人都对归属感与成就感充满渴望，都希望自己的工作富有意义。

③ 范例：IBM 公司有一个“百分之百俱乐部”，当公司员工完成他的年度任务，他就被批准为该俱乐部会员，他和他的家人被邀请参加隆重的集会。结果公司的雇员都将获得“百分之百俱乐部”会员资格作为第一目标，以获取那份荣耀。

(10) 危机教育

① 方法：不断向员工灌输危机观念，让他们明白企业生存环境的艰难，以及由此可能对他们的工作、生活带来的不利影响。

② 原理：市场中的企业，其生存环境瞬息万变，自身资源状况也在不断的变化之中，企业发展的道路充满了危机。因此，有必要不断地向员工灌输危机观念，树立危机意识，重燃员工的工作激情。同时，这也有助于他们理解和支持企业领导者所采取的一些艰难决策。

(11) 双向沟通

① 方法：基层员工与企业高层管理人员的恳谈会、经理接待日、员工意见调查、总裁信箱、面向全体员工收集意见和建议、设立申诉制度，让任何意见和不满都得到及时、有效的表达；建立信息发布会、发布栏、企业内部刊物等，让员工及时了解企业发展动向、动态，增强他们参与的积极性。

② 原理：使服装零售终端的员工感受到自己受重视，有存在价值，自然有热情为公司做事。

(12) 变惩罚为激励

① 方法：员工犯了错误，通过管理者与其进行朋友式的沟通和交流，让员工感受到被尊重和爱护，从而主动承认错误，主动接受惩罚，主动改善工作质量。

② 原理：对员工犯的错误，企业普遍的做法就是严厉批评和惩罚。然而罚并不能真正解决问题，反而会造成员工积怨，甚至流失。只有良好沟通，才能取得事半功倍的效果。

(13) 亲情关怀

① 方法：店铺的经理和主管应该是细心的人，对员工的工作成绩，哪怕是很小的贡献也及时给予回馈。一张小纸条，一个电话留言，一封 e-mail，一个包有两张电影票的红包，一次痛快的集体温泉浴或郊外游，都能让员工感到自己受领导关注、工作被认可，并为此而兴奋不已。此外，建立员工生日情况表、总经理签发员工生日贺卡、关心和慰问困难员工等，都可以很好地增强员工的归属感。

② 原理：任何人，包括伟人，都希望自己努力的成果能被认可、赞同和感激，这是人们前进的动力。

(14) 变消极管理为积极管理

① 方法：管理者对员工给予积极意见，转达更高级管理人员的意见，让员工知道某项值得赞扬的工作和/或成果由哪些员工负责。

② 原理：员工往往只体验到“因犯错而做出的管理（消极管理）”，即上司大多是在认为他们犯错误而须加以纠正时才给予意见。如员工觉得他们的决定普遍获得支持，

并在真正犯错时获得适当指导，他们便会更为积极进取，而且充满自信，并愿意承担职责和做出决定。如果员工清楚地知道上司对他们的期望，知道自己受到重视和信任，并获得鼓励和激励，他们便会全力以赴，尽心工作。

3. 员工职业生涯设计与“职业锚”

职业生涯开发管理在西方国家的人力资源管理活动中已经逐步成为非常有效的人性化技术手段和战略思想，非常突出地体现了企业“以人为本”的企业哲学和价值导向。

服装企业不仅要为客户生产高质量的产品，更重要的是需要为企业和社会培育高质量的人才，帮助人才实现其职业抱负和职业价值，在员工和企业之间建立起真正的合作关系，保持一支敬业、才华横溢、工作效率高和不断进取创新的员工队伍，以此为基础实现企业和个人的共同可持续发展。

“职业锚”是指当一个人不得不做出选择的时候，他或她无论如何都不会放弃的职业中的那种至关重要的东西或价值观。“职业锚”理论认为，个人职业发展管理是一个持续不断的探索过程。在这一过程中，每个人都在根据自己的天资、能力、动机、需要、态度和价值观等慢慢地形成较为明晰的与职业有关的自我概念。并且，随着一个人对自己越来越了解，这个人就会越来越明显地形成一个占主要地位的“职业锚”。

然而，对“职业锚”提前进行预测是很困难的，因为一个人的“职业锚”是不断变化的，它实际上是一个不断探索的过程中所产生的动态结果。有些人也许一直都不知道自己的“职业锚”是什么，直到他们不得不做出某种重大选择的时候，比如是接受公司将自己晋升到总部的决定，还是辞去现职，转而开办和经营自己的公司。正是在这一关口，一个人过去的所有工作经历、兴趣、资质、性向等等才会集合成一个富有意义的模式(或“职业锚”)，这个模式或“职业锚”会告诉此人，对自己来说，到底什么东西是最重要的。有研究表明，“职业锚”一般有以下五种类型：

第一，技术或功能型“职业锚”。具有较强的技术或功能型“职业锚”的人往往不愿意选择那些带有一般管理性质的职业。相反，他们总是倾向于选择那些能够保证自己在既定的技术或功能领域中不断发展的职业。

第二，管理型“职业锚”。这类人则表现出成为管理人员的强烈动机，他们的职业经历使得他们相信自己具备被提升到那些一般管理职位上去所需要的各种必要能力，以及相关的价值倾向。必须承担较高责任的管理职位，是这些人的最终目标。

第三，创造型“职业锚”。这些人都有这样一种需要：建立或创设某种完全属于自己的东西。比如：一件署有自己名字的产品或工艺，一家自己的公司，或一批反映自己成就的个人财富，等等。

第四，自主与独立型“职业锚”。拥有这种“职业锚”的人在选择职业时似乎被一种自己决定自己命运的需要所驱使，他们希望摆脱在大企业中工作而依赖别人的那种境况。因为，当一个人在某家大企业中工作的时候，他或她的提升、工作调动、薪金等诸多方面都难免受别人的摆布。有些人有着强烈的技术或功能导向，然而，他们却不像持有技术或功能型“职业锚”的人那样，到某一个企业中去追求这种职业导向，而是决定成为一位咨询专家，要么是自己独立工作，要么是作为一个相对较小的企业的合伙人，比如成为工商管理方面的教授、自由撰稿人或小型零售公司的所有者等等。

第五，安全型“职业锚”。这类人极为重视长期的职业稳定和工作的保障性。他们似乎比较愿意去从事这样一类职业：这些职业应当能够提供有保障的工作、体面的收入，以及可靠的未来生活。这种可靠的未来生活通常是由良好的退休计划和较高的退休金来保证的。对于那些对地理安全性更感兴趣的人来说，如果追求更为优越的职业意味着将要在他们的生活中注入不稳定或保障较差的地域因素，如果迫使他们举家搬迁到其他城市，他们会觉得在一个熟悉的环境中维持稳定、有保障的职业是更为重要的。对于另外一些追求安全型“职业锚”的人来说，安全则是意味着所依托的组织的安全性。他们可能优先选择到政府机关工作，因为政府公务员看来是一种终身性的优越职业。这些人显然更愿意让他们的雇主来决定他们去从事何种职业。

对于服装零售企业来说，同样需要在店铺人力资源管理中，运用“职业锚”的理论，通过科学的手段去探明员工各自的“职业锚”倾向，为店铺创造最合适的人力资源组合。

案例 4-8

某服装品牌的专卖店员工职业发展道路

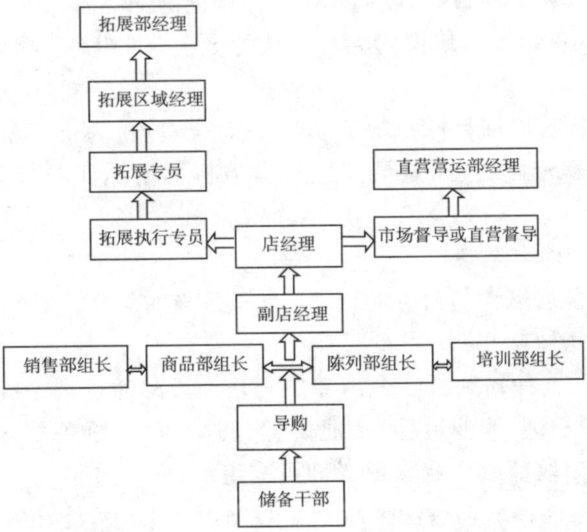

4. 员工培训

培训是企业给员工最好的福利，未来唯一持久的优势是有能力比竞争对手学习得更快。企业的培训是有风险的，但不培训，潜在的风险会更大。

一些服装品牌公司往往只注重对主管的培训，加盟商也只注重自身的学习，而忽视了对店长和店员的培训。店长缺乏培训是导致店长能力不足最重要的原因。有些品牌公司或加盟商心存疑虑，害怕花了培训的成本和精力后，店长因能力过强而跳槽或被挖走，因此对一些业务知识故意有所保留。对于员工而言，他们一般会把培训机会作为重要的工作环境考核标准之一，所以培训机会越多的员工，其流动性反而越小。相反，在员工缺乏培训机会的情况下，其能力难以得到较大的提升，其流动性便越大。

服装零售店的规模不同，对培训的需要也不相同。小型服装零售店比较重视工作培训，而大型服装零售店具有针对各层级员工的全面培训计划，包括工作技能培训、企业文化培训、管理培训、个人发展培训等，培训的手段、方式也很多，培训对象也很广泛，包括新员工培训、老员工培训，也包括高中层管理人员培训、销售人员培训、非销售人员培训等。培训过程包括以下几个方面：

(1) 确定培训目标

① 服务技能培训：培训目标是帮助员工按照规范统一的服务准则为顾客提供各种服务，提升店员与顾客之间的人际互动能力。培训的内容主要是零售店的服务规范或准则，如迎送顾客、观察顾客、与顾客交谈、应付顾客投诉等。

② 商品知识与管理培训：培训目标是帮助员工了解产品组合的特点、各种产品基本属性、主要卖点、使用方法、注意事项等，是一种经常性的培训工作，通过商品知识培训，更新店员的商品知识，提高店员的推销能力和服务水平。

③ 店务作业技能培训：培训目标是帮助员工按照规范统一的动作开展店务作业，创造富有生机的卖场氛围。培训的内容主要是店务作业规范，如商品陈列、整理、包装、票据处理等。

④ 思想观念培训：培训目标是帮助员工树立正确的工作态度、人生价值观念，培养员工责任感、团队意识等。培训内容通常从配合企业文化、企业精神的职业道德、社会伦理等方面展开。

⑤ 综合素质培训：培训目标是提高员工的综合素质，为员工提供发展机会，丰富员工生活。培训内容较广泛，如对员工进行全方位的培训而不仅是针对工作本身的培训。

(2) 制定员工培训方案

服装零售店可根据培训的目标和内容，选择适当的培训方法，对零售人员的培训方法通常包括以下几种：

① 教授培训法：这种培训方法是由专门的培训教师通过理论教学，使店员掌握专业理论知识，如消费心理、职业道德、企业文化、商品知识、服务规范、作业规范等。这种培训工作可请高校教师或企业管理咨询机构组织。

② 相互学习法：这种培训方法要求店员在日常工作中，能相互学习与交流，扬长避短，提高店员的整体服务水平，从而提高零售业绩。这种培训工作可由零售店管理人员组织，在日常工作中进行，不必专门组织时间进行培训。

③ 实例分析法：这种培训方法通常是利用拍摄手段，将店员一天的工作记录下来，然后给店员观看，发现不足的地方，并提出改善的措施。这种方法能让受训人员主动思考，寻找问题及答案，从而有效提高受训者发现问题和解决问题的能力。

④ 会议法：这是零售店管理人员培训店员的一种常规技巧，店长可以利用日常销售会议和参观访问活动等对店员进行培训。这种培训方法比较经济，也有利于培养团队精神。

(3) 评价培训效果

当一个培训项目完成之后，要对培训的效果进行检测与反馈。对培训效果的检测可以从受训者对培训项目的反应、受训者对培训内容的掌握程度、受训者接受培训之后工作表现的改善程度、培训之后销售业绩或服务水平的提升程度等四个方面进行评价。

案例 4-9

某服装品牌公司的导购培训体系

表 4-8　店长与导购培训

针对人员		课程名称	课程内容	讲师构成	课时
导购人员	见习级 (入职 1 个月以内)	岗前基础课程	公司简介	培训组	6
			基础销售标准(服务八步曲)		
			基础产品知识及陈列知识		
			基础消防知识		
考试合格后	初级 (入职 1～6 个月)	初级导购课程	销售礼仪	培训组	6
			店铺规章制度		
			导购职业化心态		
			有效的产品介绍		
			顾客常见问题处理		
			应季新产品知识培训	商品部	
考试合格后	中级 (入职 6～12 个月)	中级导购课程	进阶销售—附加推销	培训组	6
			进阶销售—有效处理顾客异议		
			进阶销售—顾客需求分析		
			进阶销售—高效沟通		
			进阶销售—售后服务技巧		
			应季新产品知识	商品部	
考试合格后	高级 (入职 12 个月以上)	高级导购课程	顾客类型分析及策略	培训组	6
			基础顾问式销售技巧		
			基础新员工辅导技巧		
			应季新产品知识	商品部	

续表

针对人员		课程名称	课程内容	讲师构成	课时
店铺管理人员	见习店长	见习店长课程	企业文化	培训组	6
			工作角色转变与定位		
			基础管理技巧		
			系统操作	信息组	
			应季新产品知识	商品部	
考试合格后	初级店长（任职1～6个月）	初级店长课程	店长职业化要求	培训组	24
			店长岗位职责分析		
			店面基础日常运营管理		
			导购人员培训与实地辅导技巧		
			店面促销、陈列管理		
			基础电脑知识（Word、Excel、网络、Zip、Foxmail、Msn、Powerporint等）	信息组	
			应季新产品知识	商品部	
考试合格后	中级店长（任职6～12个月）	中级店长课程	店面日常运营管理	培训组	16
			货品管理		
			店面服务管理		
			店面形象管理		
			店面人员管理		
			应季新产品知识	商品部	
考试合格后	高级店长（任职12个月以上）	高级店长课程	店面销售业绩分析与管理	培训组	6
			店面危机管理		

表4-9　专员与助理培训

专员及助理	产品专员	数据分析课程	职能和工作职责分析	商品部	2
			产品控制、指标、存/库销比、售罄率分析等		4
			Excel基础		6
			Excel提高（数据分析）		6
			日常工作实操讲解与演练		6
			订货指导（技巧）及表格		12
			订货会前产品培训		6
	陈列专员	陈列技巧课程	陈列的意义和具体陈列标准	陈列组	16
			中级陈列管理（色彩搭配、橱窗陈列、灯光应用、陈列技巧、陈列专员日常工作实操讲解演练）		24
			视觉营销与陈列设计		6
	培训助理（专职）	培训助理TTT课程	TTT基础培训	培训组	6
			TTT高级课程		6
			区域培训管理		8
			新课程宣讲		8

5. 女性化组织的管理

大多数情况下服装零售店铺组织的成员主要是女性，因此，服装店铺具有某种女性化组织的特点。20 世纪 80 年代初，一些组织理论学家开始探索女性的价值观与组织结构之间的关系。他们最主要的发现是，女性偏爱那些重视人际关系和人际交往的组织。

组织社会学家乔伊斯·露丝查德(Joyce Rothschild)对女性化组织方面的有关研究进行了归纳和发展，建立了具有 6 个特征的女性化组织模型(图 4-2)。

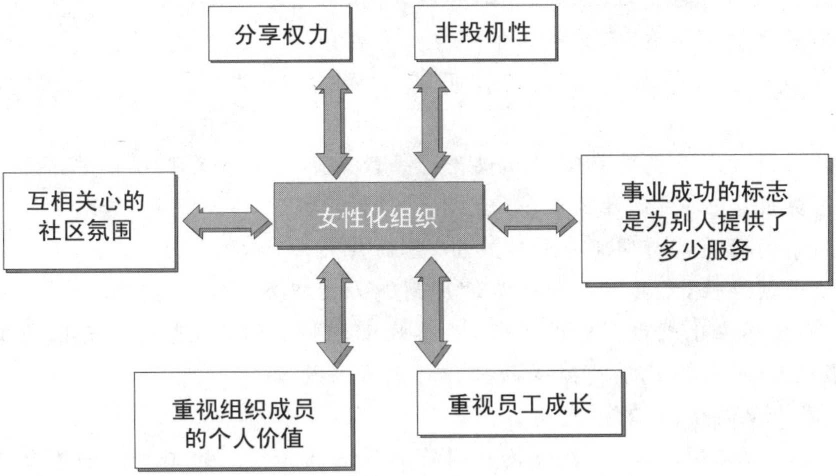

图 4-2　女性化组织的特点

① 重视组织成员的个人价值。组织成员被当作个体看待，承认他们有自己的价值和需要，而不是把他们看作是组织角色的扮演者。

② 非投机性。组织成员之间的关系被看作成员自身价值的体现与维持，而不仅仅是实现组织目标的手段。

③ 事业成功与否的标志是为别人提供了多少服务。在官僚组织中，成员事业成功的标志是晋升、获得权力、增加薪水。而在女性化组织中，则以为别人提供了多少服务来判断个人成功与否。

④ 重视员工的成长。女性化组织为其成员提供广泛的个人成长的机会，这种组织不强调培养专家或开发狭窄的专业技能，而重视拓展成员的技能，增强员工的多种能力。组织不断地为员工提供新的学习机会，从而达到上述目的。

⑤ 创造相互关心的社区氛围。女性化组织成员的社区感很强，很像生活在小城镇中的居民，他们信任并彼此照顾。

⑥ 分享权力。在传统官僚组织中，信息和决策权是大家都渴望拥有的，要通过等级秩序加以分配。而在女性化组织中，信息资源大家共享，所有可能受一项决策影响的人都有机会参与这项决策。

露丝查德认为，在由女性管理，并为女性服务的组织中，女性化组织模式的运作效果可能很好，例如专注于女性市场产品销售的企业和小型公司。

附：女性员工的心理特征

在“人”的管理上，最重要的是了解每个人的个性，尤其是女性从业人员的管理，必须了解女性的心理和特性，才能达到正确管理的目的。以下是女性员工的一些普遍性的心理特征：

1. 不喜欢改变工作环境，喜欢维持现状的心理特别强。

2. 求进步的欲望比男性少。

3. 最关心工时的长短，报酬、津贴其次，要求有充分的自由时间。

4. 拘泥于物质环境，容易被工作环境所左右。

5. 容易被感情所左右，喜欢感情用事，计划性、合理性不如任其自然发展的心理强。

6. 认为商量或意见交换等互相议论的手段比解决的对策更为重要。

7. 与男性比较，固定性较低，劳动力的流动性大。

8. 同事间的关系与同事以外的交际，差别甚大。

9. 缺少创造性，尤其不喜欢从事运用判断力的职务。

10. 喜欢标准化或定型化的工作，不喜欢管理性工作，而喜欢事务性的工作。对于机器般的反复、熟练而获得效果的工作特别有兴趣。

11. 喜欢单纯化的工作，忍耐力强。

12. 不喜欢麻烦的工作，例如须与别的部门协调和接洽的工作。如果要采用女性从事推销工作，须选择外向且社交能力强的女性。

13. 个人的单独行动，不如互相协调进行工作有成果。

14. 与男性比较，女性的能力达到一定限度时，就有停止的倾向，对于单纯化或定型化的工作，女性虽然比男性容易胜任，可是遇到错综复杂的工作内容而需要经验和熟练的阶段时，由于体力和精力的不足，到了一定的界限就易出现静止不前的现象。

15. 服务年资比男性短的情形多。

16. 缺乏自主性，容易听信谣言或传说，所以容易被别人的言行所左右。

17. 拘泥于细节，从大局出发把握事实的情形不多，对不足为道的事实，也易念念不忘。

18. 闲话多，经常喜欢找到一个讲话对象，倾吐自己内心的希望和怨情。

19. 虚荣心强，由竞争心引起的妒忌心加强，这是认为自己被孤立化的感觉在作祟的结果。

第五章　销售管理

销售是一切零售管理工作的核心。

一、服装店铺的销售过程管理

1. 销售氛围的营造

服装消费有相当大的一部分属于冲动型消费。有调查显示，65%的消费者受产品的终端形象和活动的影响而发生购买转移行为。因此，销售终端的氛围营造非常重要，需要将之纳入日常化管理之中，并加以明确考核。终端销售氛围的营造包括常规终端建设，耐用终端建设，以及软终端建设。

常规终端建设就是利用海报、纸架、易拉宝等 POP 分别针对核心门店、重点门店、一般门店进行有选择的策略性包装；耐用终端建设就是将各类门店的门头、背景墙、灯箱、专柜等区域进行产品形象的包装；软终端建设就是调动一切可利用的终端一线人员的力量专注于产品的终端拦截，如派发员、导购员、促销员等等。营造良好的内部气氛是影响顾客进店率的重要因素，店铺内部越是顾客盈门、人气旺盛，就能吸引更多的顾客进店购买。而对于服装店铺，真正用于销售的时间往往不一定很长，很多时候都是等待客人的时间，在等客期间如何提高进店率就显得尤为重要。

如果店员不能很好地认识气氛对销售的重要性，最容易出现的状况或是呆站在柜台旁，或是面无表情地看着店外，甚至离岗躲进仓库休息。由于体力消耗和无所事事，消极的气氛会在店铺内部蔓延，使整个店内呈现出死气沉沉的氛围；还有些店铺对导购人员的行为举止有严格的要求，致使众多的店员一声不吭地站立着，这样不但不利于员工的工作积极性，而且会使销售现场的气氛更加沉重，增加顾客的进店心理压力。因为，大多数顾客都不喜欢到非常冷清，导购都木立不动的商店去购物，他们喜欢到气氛活跃的商店去购物。

当店铺没有顾客上门时，导购人员可以做一些整理、检查商品的工作，以便随时可以为顾客开始服务，同时可以活跃店铺内部的气氛，增加“人气”。导购可以做以下工作：

（1）检查展区和商品

服装卖场所销售的服装虽然已经过出厂的质量检验，但仍然不可能做到完美无缺，难免有些次品流入商店；有时尽管进货检验时商品是完好的，但搬动、陈列过程中可能有所损伤，或经过众多顾客的触摸之后受到污损；顾客的到来，也难免在店内留下泥土、纸屑、果皮等杂物。因此，导购员必须利用空闲时间，随时清理展区的环境卫生，认真检查商品质量，把有毛病或不合格的商品挑出来，及时处理，以防止流入顾客手中，影响专卖店的声誉。

(2) 整理与补充商品

日本一名商场经理曾说过："做店员，在没有顾客存在的情形下，如果手离开了商品，就会无所适从地四处游荡，这对销售气氛来说是一大天敌"。其意思是说，在没有顾客上门的时候，店员的手不可以离开商品。例如可以做以下动作：

① 将商品从柜台上拿下来，用手摸摸，仔细瞧瞧，看看其内侧，看看其使用说明。

② 将商品的位置重新排列，将一些销售良好的商品摆到最显眼的地方，当顾客看到时就好像是将商品追加到柜台中，因而易于销售。

③ 把经过顾客挑选之后的商品重新摆放整齐。

④ 查看当天卖了哪些商品，有没有随时记录。

⑤ 随时补充不足的商品。

⑥ 及时更换破损和不足的 POP 与宣传品，检查货架与商品的卫生。

(3) 其他准备工作

如果闲暇时间较长，导购员还可以做其他的准备工作，例如：

① 制作商品标签和简单的宣传品。

② 学习并充实有关商品和商品陈列技巧方面的知识。

③ 利用自己负责的展区暂时没有顾客的时间，细心观察其他导购员的销售技巧，学习别人是如何说服顾客购买的，从而以别人之长补自己之短。

④ 注意竞争品牌的销售状况和市场活动。

店员应该有一种匆忙的感觉，即使是假装的，也比呆呆站立好得多。即便看到顾客光临，也不必马上停下手中的工作。因为，当顾客看到店员忙碌的身影时，对他也是一种正面积极的影响。

2. 常用的销售方法

(1) "F. A. B."推销法

FEATURES(特性)——描述产品本身的属性，要求掌握相关货品知识。

ADVANTAGES(优点)——描述产品从特性所引发出来的优点。

BENEFITS(好处)——描述产品能够带给顾客的好处。

导购人员常常犯的错误是只介绍产品的材料、质量、特性，却没有告诉顾客产品的特征能为顾客带来什么利益和好处。

"F. A. B."可以由货品的面料出发，也可以由颜色、款式、面料、搭配、价格、洗涤保养、风格、工艺、品牌等多种因素出发。同时，流行的信息及货品售卖情况也可以成为推销的内容。使用"F. A. B."法推荐产品的步骤如下：

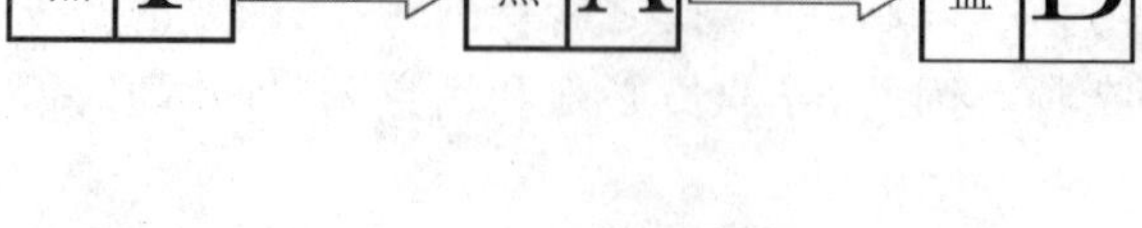

例如：

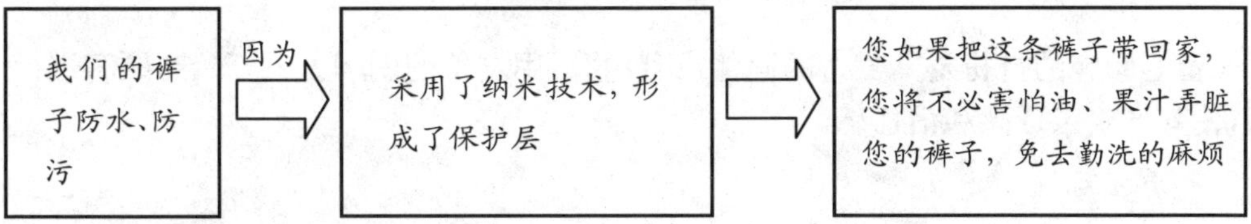

实际应用示例：

颜色：先生您好，这款绿色T恤，绿色是大自然的颜色，穿上它，可以让您感觉更加轻松、随意！

款式：先生您好，这款时尚修身西装，可以衬托出您保持良好的身材，让您看起来年轻、时尚！

面料：先生您好，这款T恤采用的是和梦特娇一样的亮丝面料，看起来非常光滑、柔软、有档次，穿起来也非常舒适！

搭配：先生您好，这款白色衬衫，可以搭配任何颜色的裤子，买了以后再也不用为怎么搭配而伤脑筋了！

价格：先生您好，这条“三防”裤子才299元，现在买还享受赠品，非常实惠，促销活动明天就截止了，您现在买实在是划算！

风格：先生您好，这款文化衫图案使用了毛笔书法的造型设计，代表了传统中国文化，中国风今年又很流行，您穿了肯定既时尚又有品位！

工艺：先生您好，这款T恤用了预缩水的独特工艺处理，可以很好地防止缩水，您放心吧，完全不用为衣服缩水变小而担心！

价格：先生您好，我们的品牌是全国十大西装品牌，中国驰名商标，您穿上我们的衣服，一定显得更有身份！

保养：先生您好，这款毛料西装采用我们公司的专利技术制作而成，可以用洗衣机水洗，并且多次水洗后都可以保持不变型，这样您就不用担心老是要拿到干洗店去洗，既费事又费钱！

(2) 掌握产品的4“W”和4“H”

作为导购人员，在为顾客提供销售服务前，应对以下几点产品知识了然于胸，这样才能打有准备的仗。

WHAT——这件货品是什么？

WHEN——适合什么季节穿？

WHERE——适合什么场合穿？

WHO——适合什么人穿：年龄/职业/身材/气质/肤色？

HOW TO MATCH——怎样搭配？在搭配上要注意哪些要素？

HOW MUCH——什么价格？

HOW MANY COLOR——有多少种颜色可供选择？

HOW TO WEAR IT——怎样穿着？

(3) 心理战术销售法

➢ 攻其不备

留心顾客的打扮及其身边的同伴或事物等,用友善的闲聊方式开始与顾客进行交谈,使其产生亲近感和信任感。

➢ 避重就轻

突出产品卖点,转移顾客的谈话重心,将内容转向自己想要强调的方向上来。

➢ 引导法

导购首先要依靠自己的专业知识和综合素质,引导顾客改变消费观念和购物心态,引导顾客试穿,最终达到销售目的。例如:

① 小姐,保暖不一定要穿保暖内衣,您看这款时尚超薄棉裤,既能保暖又是一条别出心裁的休闲裤,美观又舒服,漂亮保暖一举两得呀!

② 小姐,您纤纤细腰,小腹平坦,试一下这款低腰裤,一定会使您的身材更性感!

③ 小姐,品牌服饰逐步走向个性化,这一款很适合您,您不用犹豫,应该领导时装潮流,走在时装潮流的最前端,而不应该等到大街小巷都穿滥了您再买,倒不如穿出自己的个性,让别人去效仿!

➢ 价值代换法

用某货品的价格去取代顾客喜欢的另一件商品的价格,用价值做比较,突出前者物超所值。例如:

您买的配纱上衣花了 80 元,而我们这条双纱裤的面料用料是它的 2～3 倍,价格却没它高,哪个划算,还用说吗?

➢ 旁敲侧击

避免与顾客正面争执,而是在与顾客的沟通中寻找突破口,再借题发挥,从侧面攻破顾客的心理防线。例如:

您没有穿过我们品牌的裤子吧? 穿过? 您身上的是不是 95 元? 就是嘛! 那您怎么说我们的价格在 50 元左右呢?

➢ 欲擒故纵

为了把握住顾客,故意卖关子,或故意装作不愿卖、不急着卖、不能卖的样子,反而让顾客更加坚定信心购买。例如:

① 先生,您说的价格,别说在我们专卖店买不来,地摊上也买不来呀! 我不主张您现在就买,您还是先看一下别的品牌价格证实一下吧,回来我更欢迎您。

② 先生,这个款式只有我们品牌有,不信您可以多看几家店。

➢ 顾左右而言他

当顾客的要求和愿望不能满足时,换个话题或换一款,让她感觉她原来的选择是对的。例如:

① 小姐,您要这一件吧! 这个款式和那个款式相似,只不过没有您刚才选的料子

好，并且价格便宜，您不是想要稍便宜一点的吗？

② 小姐，您的眼光真好，一眼就看上我们的精品，好多人都穿不出您这样的效果，我同学买的和这个差不多，但价格高 20 元。

➢ 对比法

通过多方面、多角度的对比，让顾客自己感觉到买对了，买的值。对比包括以下几个方面：

① 不同品牌对比。

② 同品牌的裤型、颜色对比。

③ 价格对比。

④ 搭配对比。

⑤ 穿着效果对比。

⑥ 与其他顾客对比。

➢ 激将法

反面刺激顾客的购买欲，从不同方面激起顾客的购买兴趣。例如：

① 小姐，您这么有品味，这款式和您的气质、身材多么吻合，您不会错过这次机会，等流行过去再买吧！

② 小姐，您还是别买啦！免得回家后您先生不认识您。

➢ 夸张法

用夸大事实的方法反衬商品的超值，让顾客感觉自己的购买行动是明智的选择。例如：

① 语言夸张。如：这条 70 元的裤子，我挣了您 100 元。

② 表情夸张。如：我真舍不得卖，您出的价太高了。

③ 动作夸张。如：您说的价格，我赶紧要抢回来。

➢ 服装搭配法

用专业搭配技巧，让顾客感觉两者的搭配是如此和谐、统一，进而决定购买。例如：

① 吊带配高腰阔腿长裤。

② 欧版鞋配斜裁的裤子。

➢ 前置售后服务法

将售后服务的承诺告知顾客，并向顾客保证兑现承诺，打消顾客的后顾之忧，进而促进顾客放心购买。例如：

① 先生，您放心，我送您我公司的信誉卡，若有质量问题，随时给您调换。

② 先生，您先带回去，不合适或不喜欢这个款，我随时给您退换。

③ 先生，免费裁边，终身保修，接链坏了可免费更换。

➢ 推心置腹

把顾客当作挚友，设身处地地为对方着想，并真心地付出行动。例如：

① 大姐，您刚过产期，身体正在恢复期，不如买一条小一号的，过段日子还能穿。

② 大姐，天太热了，您又带着孩子。这样吧，直接给您打7.2折，给孩子买冰淇淋吧！

➢ 设置悬念法

对于无购物顾客，不能让顾客失望而归，应设置悬念，吸引她下次来购物。例如：

① 小姐，本来说今天就到货，但因天气原因耽搁了，您给我留个电话号码，哪天到货了电话通知您，我给您留着。

② 小姐，明天会到一批新款，欢迎您明天能再次光临。

➢ 感动销售法

当顾客体型特殊或对方的要求特别难以达到时，用真心和细心帮顾客达成心愿，用真诚感动顾客。

➢ 移形换位法

与顾客的立场进行交换，让顾客理解导购的苦衷或难处，或用自己的方式帮助顾客拿主意。

➢ 说服同伴法

顾客的同伴多是亲朋好友，所以她们与顾客的审美观很相近，说服其同伴，让其同伴再说服她购买。最重要的原则就是不能冷落顾客的同伴，尤其在顾客试衣时，要迅速与其同伴沟通，找到共鸣点，为销售打基础。

➢ 曲折迂回法

把以上销售方法揉合在一起，反复应对顾客提出的种种问题，最终达成销售。

3. 顾客异议的处理

顾客异议是指顾客针对导购、营业方式和交易条件等发生的怀疑、抱怨、否定或反面意见。买卖双方都希望对方向自己提出的条件靠拢，顾客异议就是买方为争取有利的交易条件所做出的努力，属于销售过程中出现的正常现象，往往是成交的前奏与信号。俗话说，"嫌货人才是买货人""褒贬是买方，喝彩是闲人"，说的就是这个道理。只有真正的购买者才会注意交易的具体问题，提出异议，这无疑孕育着成交的机会。导购和顾客各是一个利益的主体，当顾客用自己的利益选择标准去衡量导购的推荐意向时，必然会产生赞同或否定的反应。应当说，顾客提出异议，正是导购所要达到的目标和追求的效果。顾客提出的异议主要有以下五种类型：

(1) 需求异议

需求异议是指顾客认为不需要推荐商品的异议。在导购向顾客介绍商品之后，顾客会当面拒绝。例如：导购向一男顾客推荐领带时，男顾客提出："我根本不需要领带，我一般穿休闲衣服"或是"我已经有这种领带了"等。这类异议有真有假，真实的需要异议是成交的直接障碍。导购如果发现顾客真的不需要自己推荐的服装，应该立即停止推荐；虚假的需求异议既可以表现为顾客拒绝的一种借口，也可以表现为顾客没有认识或不能认识到自己的需求。导购应认真判断顾客需求异议的真伪性，对持有虚假需求异议的顾客，设法提升所推销商品的价值，以符合客户的需求，使之动心。

(2) 服务异议

服务异议是顾客对交易附带的售前、售中、售后服务的异议，如对服务的方式和方法、服务延伸度、产品服务保证程度等方面的意见。从营销学的商品整体概念分析，服务是商品的附加部分，有关服务的异议也可归属于商品异议。在市场竞争日趋激烈的今天，加强服务、提高商品的附加值，已经成为店铺竞争的重要手段之一。

对待顾客的服务异议，导购首先应树立正确的态度。顾客提出异议并不可怕，重要的是能否对顾客的异议给予满意的答复，使顾客感到员工重视其意见，对解决异议有诚意。若不能正确对待顾客的异议，甚至持厌恶、抵制的态度，就不能妥善处理客户的异议，也无法成交。其次是在认真听取顾客异议的过程中，导购要表现出极大的关心和兴趣，让顾客充分发表意见，使顾客感到导购很重视并在考虑他的意见，不要有一丝一毫的不在意或厌烦的表示，也不要中途插话，试图辩解，打断顾客的谈话。只有认真听取顾客的异议，才可弄清问题的症结，才能有针对性地回答顾客的意见，消除异议。终端店铺人员诚恳地接受顾客对于服务方面的异议并能耐心解释，将有助于树立店铺良好的服务形象。

(3) 价格异议

价格异议是指顾客对商品初步接受，但因价格过高而拒绝购买的异议。无论商品的价格怎样，总有些人会说价格太高、不合理，或者说高于其他商店的同类商品。当顾客提出价格异议时，表明他对产品已经具有购买意向，只是对产品的价格不满意而进行讨价还价。当然，也不排除以价格高作为拒绝商品的借口。在实际销售工作中，价格异议是最常见的。导购如果无法妥善处理这类异议，商品交易就难以达成。常见销售情景模拟示例如下：

当顾客嫌贵而要求打折时，导购人员错误的应对方式有：

“嫌贵就不要买，隔壁的衣服便宜多了。”

“不贵呀，才 2000 多，*** 品牌同样款式要 3000 块呢。”

“我们是名牌。”

“实在没办法，这是公司统一规定的价格，真的不能再便宜了。”

“嫌贵就不要买，隔壁的衣服便宜多了”，这种说法会激怒顾客，甚至引发争吵。“我们是名牌”，这类解释过于简单，并不能真正说服顾客，让顾客了解产品的实际价值，因为名牌和高价未必一定划上等号。“不贵呀，才 2000 多，* * * 品牌同样款式要 3000 块呢”，一方面没有回答顾客的降价要求，同时还可能降低自家品牌的形象。“实在没办法，这是公司规定的统一价格，真的不能再便宜了”，这种应对会让顾客觉得可能是导购的权限不够，其实还有降价的空间。

导购此时应当采取的策略是尽量将顾客的注意力转移到产品的价值上去，避免在价格上过多纠缠。语言模板有：

“您说的是，和有些品牌相比，我们的价格是高一些。不过，您也知道，一分价钱一分货，我们的产品面料是……”(转而将重点放在介绍产品的优点上)

“说句实话，本公司的产品从不在品质上打折，所以价格上也从不打折……”

“实在是对不起，我们的售价就是这么多了，您也知道，一分价钱一分货，一流的产品，哪有价钱不贵的道理呢？价钱再低，东西不好，那不就是蒙骗您们顾客吗？您再看看这件产品的做工、面料……”

(4) 商品异议

商品异议是指顾客对商品本身不能满足自己需求的异议。例如：“这件衣服的质量差了点”；“衣服质量还可以，就是尺寸不合适”；“我喜欢颜色更浅一点的”；“我不喜欢这种面料”；等等。商品异议表明顾客对商品有一定的认识，但了解还不够深入，担心商品是否能真正满足自己的需求。因此，虽然具有购买条件，但不愿意购买。导购一定要掌握服装产品知识，用适当、有利的语言，准确详细地向顾客介绍商品的独特之处，消除顾客的异议。常见销售情景模拟示例如下：

例如当顾客嫌某款服装的风格太成熟，穿起来显得老气时，导购人员错误的应对方式有：

“我觉得这样的风格最适合您了。”

“我们品牌就是这个风格。”

“这个风格今年最流行了！”

“怎么会显老气？我觉得这样反而显得年轻多了。”

“怎么不适合呢？要不您再看看别的款式？”

“我觉得这样的风格最适合您了”“我觉得挺显年轻的”，这种空洞的表述缺乏足够的说服力。“怎么不适合呢？要不您再看看别的款式？”则是没有做任何努力就轻易放弃，也不可取。“我们品牌就是这个风格” 等于告诉顾客我们的服装风格你穿都不适合。“这个风格今年最流行了”意味着说顾客没品味，赶不上流行。

任何类型、款式、风格的衣服都有其独特的卖点，如不同的穿着场合、特定的目标顾客和产品优势。导购不应当一味责怪商品不好，而应该学会适当引导顾客主动对号入座，针对顾客的特征，做出必要的努力。当然，如果顾客的确不喜欢，导购应询问对方希望的服装风格和类型，不可以一条路走到黑。常用应对语言模板有：

“哦，小姐，您可能是平时比较少穿这一类款式的衣服，所以不习惯。其实您只要试一下效果就出来了，来，小姐，这边请……”(适用于导购根据自己的判断，认为商品确实比较适合该顾客的情况下)

“是的，这款衣服的风格是比较成熟正式一些，不知道您想买在什么样的场合穿着的衣服呢？您可以告诉我，我来给您参谋参谋，好吗？我相信一定可以找到适合您的衣服。”

(5) 时间异议

购买时间异议是指顾客有意拖延购买时间的异议。顾客一般不能马上做出决定，许多顾客还用拖延代替说“不”。导购经常听到顾客说“衣服我会买，但要过一阵子”“我下次来的时候再买吧”等，这些委婉的拒绝很明显地意味着顾客还没完全下决心。拖延的真正原因，可能是价格、商品或其他方面不合适。对此，导购要根据具体情况具体分析，有的放矢地处理。

顾客异议是多种多样的，导购必须根据服装产品的特点，在销售之前，对各种可能出现的异议做出分析和预测，做好化解各类顾客异议的准备。导购只有妥善处理顾客的异议，才能大大提高自己销售产品的应变能力，从而提升销售业绩。

二、销售数据分析与应用

服装零售业竞争的实质是管理的竞争。管理的一个核心目标就是有目的、高效率地收集、处理、使用各种信息，而信息是建立在数据的基础上的。在服装店铺的经营管理过程中，会产生大量与服装营销有关的数据信息，这些数据信息是服装店铺研究服装市场营销规律、制定订货、补货和促销计划、调整经营措施的基本依据。随着信息技术和计算机技术的发展，服装企业对营销数据的归集、整理、分析能力将不断增强。某些经营理念好的品牌已经给所有终端店铺安装了专业的服装销售软件并进行联网，在公司营销中心还配备了专业的数据分析员，进行及时的数据分析并制定对策。

1. 数据分析的作用

通过对零售终端销售数据有效的实时性分析，可以为企业带来多方面的益处：

① 可以逐渐克服经验营销导致的局限性，以及对经验营销者的过度依赖性，形成科学营销。

② 有助于针对流行趋势快速做出反应，迅速调整产品组合及库存，调整产品价格，改变促销策略，抓住商机，提高商品周转速度，减少商品积压，确保销售计划最终顺利实现。

③ 有助于降低运行成本、提高效率。服装营销经营过程中的每一个环节都是通过数据的管理和交流而融为一体的，缺少数据管理和交流，往往会出现经营失控，如货品丢失等。而店与店之间的数据交流的缺乏，更会导致交流信息的不准确和相互间的货品信息、管理信息的闭塞与货品调配的凝滞。

④ 销售数据的运用，可以使企业能够集中精力于更少的目标顾客身上，实现准确定位。企业就可以运用更经济的促销方式，从而降低成本，增强竞争力。据有关资料统计，运用数据库技术进行消费者筛选，其邮寄宣传品的反馈率，是不运用数据库技术进行筛选的邮寄宣传品的反馈率的 10 倍以上。

⑤ 用数据库营销经常地与消费者保持沟通和联系，可以维持和增强企业与消费者之间的感情纽带。运用储存的消费记录来推测其未来消费者行为具有相当的精确性，从而使企业能更好地满足消费者的需求，建立起长期、稳定的客户关系。

2. 服装店铺销售数据分析的内容

通常以直接反映商业行为表象的数据，如进货量、销售量、库存量等作为直接数据，以影响商业行为的数据，如客流量、商品项数、费用成本等作为间接数据。不仅要分析进、销、存等直接数据，更重要的是要分析间接数据，因为间接数据是改变直接数据质量的基础。服装零售终端的销售数据分析主要包括以下内容：

（1）服装店铺销售综合影响因素分析

服装零售终端每天的营业额，取决于多种因素的综合作用。营业额可以通过下列公式进行计算：

营业额＝交易客数×平均交易客单价

其中：

交易客数＝客流量×进店率×成交率

平均交易客单价＝平均购买商品件数×购买商品平均单价

若要提高商店的营业额，就必须从客流量、进店率、成交率、平均购买商品件数、购买商品平均单价等方面着手。

➢ 客流量

客流量是影响服装零售终端业绩的首要因素。客流量主要取决于选址，服装零售终端应优先考虑在目标顾客群流量较频繁的地区设店。另外，要注意区分客流量与有效客流量的差别，客流量并不完全等同于有效客流量，只有属于某个零售终端的目标顾客群的客流量才是有效客流量。当然，营业促进活动的有效运用，也是造成有效顾客数增加的因素之一。当服装零售终端的位置确定之后，下一步的重点是要努力扩大店铺商圈以及培养固定顾客。

➢ 顾客进店率

即使商店位于顾客流量频繁之处，若本身缺乏吸引顾客进店的魅力，也同样难以带动商店的业绩，因此，必须有效地增强店铺特性，在第一时间抓住顾客的注意力。通过店面门头的特色化设计、橱窗展示陈列、店内良好氛围的营造和有吸引力的促销展示活动、商店服务机能的多样化等，不但能引发通行顾客入店的兴趣，甚至能吸引顾客专程前来，提高顾客进店率。

➢ 顾客成交率

当顾客入店之后，如何引起其购物的动机和行动，有赖于商店整体商品力与销售力的发挥。店内整体气氛、商品构成特色、合理的定价策略、服装和道具陈列效果，以及销售人员的服务态度与待客技巧等，共同影响着顾客购物的成交比率。

➢ 平均购买商品件数

顾客进店后购买的服装件数取决于货品组合搭配的齐全性，也有赖于销售人员对货品搭配组合的了解，以便提供给顾客相互关联的系列商品。同时借助销售人员对商品知识的深入认识，随时能为顾客进行适当的说明与建议，从而促进顾客对商品的信心与需求，以增加来店顾客购买的商品数。

➢ 购买商品平均单价

上述几项主要是针对销售“量”的增加，此项则针对商品“值”的提高，这关系到整体商品系列的价位，即使同样一笔交易，也应力求顾客购买单价的提高。因而在商品的收集上，必须针对客层之需，以提供附加价值较高的商品。

经上述分析可知，服装零售终端营业额的提高，是立地力、商品力、销售力等因素系统结合的结果。“木桶理论”认为，一个木桶容量的大小不是取决于最长的那块木板的长度，而是取决于最短的那块木板的长度，服装零售终端应尽量避免出现影响销售业绩的“短板”。

（2）单店盈利能力分析

一般来说，服装店铺利润有以下5种计算公式：

利润＝客单价×客单数×平均毛利率－经营费用 ①

利润＝坪效×坪数×平均毛利率－经营费用 ②

利润＝人效×人数×平均毛利率－经营费用 ③

利润＝时效×时间量×平均毛利率－经营费用 ④

利润＝单品平均销售额×单品数×平均毛利率－经营费用 ⑤

式①是最熟悉也是最为普遍运用的，其他几个公式一般都不被重视。然而在实际的商店运营中，合理全面地控制商店的赢利点，对于利润能力的提高是极为重要的。上述公式中，除了客单价、客单数等经常提到的控制点外，还有平均毛利率、经营费用、坪效、坪数、人效、人数、时效、时间量、单品平均销售额、单品数等控制点，把握好这些控制点，对于提高商店的盈利能力有很大的作用。

➢ 利润＝客单价×客单数×平均毛利率－经营费用

本公式中对于利润有4个控制点：客单价、客单数、平均毛利率、经营费用。

客单价这个控制点是如何让顾客一次性购买更高金额的商品：客单价＝顾客购买商品数×平均商品价格，即平均单票销售额。客单价是个人销售业绩和店铺整体销售业绩最重要的影响因素之一。这个公式中可以发现提高客单价的出发点主要有：舒适的卖场环境、服务和关联销售，贵重、高价值商品的专业化营销，超前或完善的售后服务等。同时，团购也是提高客单价的有效途径。

一般而言，提高单票的销售件数，也就是提高客单价，比提高销售票数要容易得多。员工个人的客单价销售水平主要受陈列、服装搭配技术和附加推销技术等因素的影响，所以通过客单价的数据分析和单票销售多件的搭配特点，可以判断出员工个人的附加推销能力与服装搭配习惯，还可以分析出陈列水平，以及订货的货品组合能力、色彩组合能力。对于因导购个人能力而产生的客单价过低现象，可以通过一定时期的针对性奖励措施来解决，如单票销售满多少金额或达几件给予单票现金奖励，这对于店铺的整体销售业绩提升有较大意义。

客单数是指有效的客流数，即来卖场后买单的客流数。如何提高客单数，可以从以下三个方面考虑：

① 如何吸引顾客来卖场。多策划一些有吸引力的促销活动，搞有特色的卖场经营，并为顾客提供良好的服务和购物环境等。

② 如何使更多来到卖场的客人成为有效的客流。有良好的动线设计、商品布局、商品陈列、合理的商品价格和突出卖场特色等。

③ 如何提高同一顾客光临的频率和次数。首先可以考虑加快店内货品周转速度，使得店内货品始终保持新鲜感；其次，做好顾客关系管理，增加常客数量。对于在商场中设立的销售专厅或专柜而言，如果周边品牌风格与自家品牌定位与顾客群发生

极大变化，就会对客单数产生极大的影响，此时可以要求商场调整柜位。

平均毛利率＝毛利额/销售额，从这个公式来看，提高毛利率可以从提高总毛利额和降低总销售额出发。有人会认为降低销售额与提高利润的目标是相违背的，因为对于经营者来说更重视毛利额，其最终目的是赢利。可以把公式变化成一个有利的形式：

毛利额＝销售额×平均毛利率＝单品平均销售额×单品数×平均毛利率

要提高毛利额，必须全面提高销售额和平均毛利率。如何提高毛利率呢？这就需要管理和销售人员能够了解不同毛利等级商品的分类，能够平衡高毛利商品和畅销商品的关系，能够用畅销商品带动高毛利商品的销售，在同等畅销的情况下主推高毛利商品，在不影响畅销商品销售的情况下主推高毛利商品。当然，这对销售人员的要求也更高，同时可以制定相应的配套鼓励措施，例如针对不同毛利等级的货品采取不同的销售提成比率，而非单纯使用销售总额作为考核指标。

另外，从公式中能看到（销售额＝单品平均销售额×单品数），有效的商品数和商品的平均销售额也是需要关注的问题。

➢ 利润＝坪效×坪数×平均毛利率－经营费用

本公式对于利润有 4 个控制点：坪效、坪数、平均毛利率、经营费用。

坪效，即单位面积销售额，一般是作为评估零售店面实力的一个重要标准。计算方法是“销售业绩/店面面积（总营业面积）”，即平均每平方米的销售金额。当然，平方米效率越高，零售店的效率也越高，同等面积条件下实现的销售业绩也就越高。

同时，不但要关注整体坪效，还应当关注“品类坪效”。品类营业额等于品类坪效乘陈列面积，其意义在于可以作为调整商品结构和陈列面积的客观依据。

在现实的工作中，坪效经常被定义为“销售额/坪数”而成为被动的量，但如果把公式变换成“销售额＝坪效×坪数”，坪效就变成了一个积极的量。

特定面积上经营的商品项目和具体的商品（包括本区域的气氛布置、商品布局、顾客动线等）是影响坪效的主要因素。对于卖场来说，每一寸位置都是需要付租金的，并且租金相同，如何及时发现并整改产出过低或不合理的区域，是提高商店盈利能力的一个重要控制点。此外，坪效也是不同地区的店铺以及同一地区不同店铺之间盈利能力对比的重要参考依据。

坪数一般来说是事先已经给定的量，是不能更改的。但在已给定的面积内，有些面积能够产生利润而有些面积是不能产生利润的。也就是说，对于利润来说，有些面积是有效的，有些面积是无效的。对于管理人员来说，如何减少无效坪数，使无效的坪数转变为有效的坪数，也是提高商店赢利能力的一个控制点。

➢ 利润＝人效×人数×平均毛利率－经营费用

本公式对于利润有 4 个控制点：人效、人数、平均毛利率、经营费用。

人效常常被定义为“人效＝销售额/人数”，这样就成为一个被动的量，但是如果把公式变化成“销售额＝人效×人数”，人效则成为一个积极的量，对于管理者的工作更有意义。对于服装零售业来说，每日的工作量大体是相同的，也是有规律的。在符合劳动政策的情况下，用更少的人员完成所有的工作，是提高人效的方法。当然，能否用更少的员工是与员工素质(包括心态、品质、技能等)、管理人员的管理技能(合理地分配工作、员工排班、员工激励等)息息相关的。

人员是根据岗位的需求设置的,一般也是一个定量,但如果这个定量不合理,是可以更改的。影响人数的因素有人效、流程、岗位设定等,在任何合乎法律规定的情况下,人员的变化能够带来利润的增加,这对于公司的运作来说都是合理的。

此外,通过员工个人销售能力分析,可及时了解和掌握每个员工的工作能力和工作心态,以便对症下药,提高个人销售业绩。

在计算提成的时候,不论是按个人业绩还是按平均业绩,都要对每位员工的销售业绩进行统计。个人销售业绩分析包含两个方面:一是每月的个人销售业绩;二是分时间段的个人销售业绩。每月个人销售业绩主要由两个因素构成:一是个人的销售能力和工作积极性;二是个人"抢生意"的能力。通过每月的个人销售业绩分析,不仅可以看出个人的销售水平和工作积极性,还可以判断出团队协作意识和团结意识,以及店长的团队协调和管理水平。分时间段的个人销售业绩一般由店长及时进行统计和比较,如某些员工在一段时间内其销售业绩出现异常,可能是该员工的心态存在问题,比方说是否家中有事、失恋、对公司管理或上月工资不满、与同事发生矛盾等。店长应即时了解并帮助其解决,以改变其心态,从而提高该员工的个人销售业绩。

➢ 利润＝时效×时间量×平均毛利率－经营费用

本公式对于利润有 4 个控制点:时效、时间量、平均毛利率、经营费用。

通常所了解的时效是一个平均的量:时效＝销售额/时间量。这种理解淡化了不同时间段时效高、低的区别,容易被管理人员忽视。管理人员往往能大体了解一天的客流高峰期和低峰期,却认为这只是规律,从没有想过去改变这种情况。如果商店能在时效的低峰期采取适当的方式,比如针对该时段的促销活动和商业推广等,将会使低峰期的时效得到一定程度的提高。

此外,还可以将时效运用在内部管理上。一个地区的服装店铺的开业和打烊时间都差不多,但中间的班次安排可能有所区别。这就要求对每个时间段的进店人数、试穿人数、成交票数和金额等进行分析,从而得出哪些时间段的进店率、试穿率和成交率更高,再根据这一结果对员工班次进行调整。如上午的这些数据较低而下班前一小时的这些数据较高,则可考虑改变全天营业时间;如某一时间段内这些数据非常集中,则可考虑将最多的员工、精力、促销活动等集中在这一时间段;等等。通过准确的数据分析,从而合理调整工作时间和工作安排,能有效促进员工的工作激情,使销售增长。

从公式来看,随着时间量的增加,销售额是增加的,但也会导致经营费用的增加。另外存在的问题是,能够增加的时间量都是时效较低的时间段。所以是否增加时间量,必须考虑其所带来的毛利增加是否能抵消经营费用的增加。

➢ 利润＝单品平均销售额×单品数×平均毛利率－经营费用

本公式对于利润有 4 个控制点:单品平均销售额、单品数、平均毛利率、经营费用。

单品平均销售额与商品的陈列有很大关系,它对于商品的销售是至关重要的,同一商品陈列在不同的位置其销售额可能有天壤之别。但是由于地域性和消费者消费能力的不同，商品和商品之间的确存在某些差别，可分出A、B、C、D等级。作为管理人员，毫无疑问地应该了解这些差别，并合理陈列；但更重要的，是能够发现被埋没了销售潜能的商品，并采取适当的措施发挥其潜能，而且能让C、D等级商品合理地享有基本的权利，让A、B等级商品带动C、D等级商品的销售。总体来说，就是让所有的商品发挥其应有的销售能力。

单品数也是一个有效的量，因为不能产生销售的单品对于卖场经营的影响是负面的。从另一个方面看，有效的单品数越多，整个卖场产生的利润就越大，所以及时引进有效新品，可以在一定程度上提高卖场的利润。

同时，服装零售终端需要加强对经营费用的控制。经营费用是一个防守性的控制点，通过对经营费用的控制，能够降低投入，但不能从积极地促进最终目的——盈利的提高，并且其控制力是有限度的。

经营费用包括可控的经营费用和不可控的经营费用。可控的经营费用包括人工成本、存货损耗、水电、耗用品、修理费、营销费用、运输费、通讯费、环境费，以及其他可控费用等。对于可控费用，要坚持通过合理的控制(包括运用新的技术和设备)，用最低的投入产出最大的效益。不可控的经营费用包括租金支出、折旧及摊销等。对于不可控费用，在未形成和定义之前，要根据实际的经营情况合理配置；在形成和定义之后，如果有空闲的资源要积极地转嫁出去，比如再出租和出售等。例如有些服装品牌和眼镜品牌进行合作，利用店铺内闲散不能利用的位置陈列眼镜产品，从而实现了双赢。

(3) 服装货品销售情况分析

➢ 销售业绩量化指标

通过店铺销售业绩数据指标的评估，有助于服装零售终端提升销售业绩，降低库存风险，提高综合运营管理能力，见表5-1。

表5-1　常用服装店铺销售业绩评价指标明细表

销售指标	作用与目的	跟进措施
1. 总销售额	· 了解生意走势 · 为员工订立目标 · 比较各分店销售情况	· 每天定期跟进 · 每周总结、调整促销及推广活动 · 激励员工、鼓励员工冲上更高销售额 · 比较各分店情况 · 评估店铺主管、员工与货品的组合
2. 分类销售额	· 了解各类货品的组合与销售情况，从而在订货、组货及促销时做出判断 · 了解该店/该区消费者取向 · 比较本店与正常销售比例，得知本店销售的特性	· 重新编写下一次的订货组合 · 针对销售低的种类加强促销 · 增加滞销种类的展示机会，加强配搭
3. 售罄率 销售数量/期初库存数量	· 提高产品在指定期间内售出的比例 · 检讨前季(期)订货的准确性，比较投入产出，调整投资比例 · 对单款、小类、大类分别了解	· 售罄率过高时需及时补货、调货 · 售罄率过低时需予以关注，如果是真正滞销，那么需要尽快解决存货；如果是存货数量过少，那么需要及时补货

续表

销售指标	作用与目的	跟进措施
4. 库销比 [(期初库存吊牌额＋期末库存吊牌额)/2]/本期销售吊牌额	· 将存货和销售能力进行对比，反映库存量是否合理 · 评价货品的销售能力和存货数量的匹配程度	· 库销比过大的货品，成为滞销货的危险性偏高，如果此时库存数量也偏大，且上市天数较大，就需要提前对货品进行处理
5. 坪效 每天每平方米销售额	· 分析店铺面积的生产力 · 确认店内存货数量与销售的对比 · 深入了解店铺销售真实情况	· 确认店铺生产力从而调整策略，是否需要增大店面？店内存货是否足够？员工技巧如何？陈列是否不当？种类是否太少？配搭是否不齐？
6. 人效 每天每人销售额	· 检讨员工产品知识及销售技巧 · 检讨员工与货品匹配 · 检讨员工排班合理性	· 实地训练员工提高产品知识与销售技巧 · 重新根据员工最擅长销售的产品安排销售区域 · 每班次均安排销售能力强的员工
7. 连带率 销售件数/交易次数	· 了解货品搭配销售情况 · 掌握客人的消费心理 · 了解员工附加销售技巧和搭配技巧	· 低于1.3时为过低，应立即提升员工的附加销售力度 · 检查陈列是否与货品搭配相符 · 最好更换货品位置，令相互可搭配产品放在邻近位置 · 检讨促销政策，鼓励多买
8. 客单价 销售额/交易次数	· 寻找消费者承受能力的范围 · 比较货品与客人能力是否相符 · 以平均单价作为货品价位的参考数，作为定价的参考依据	· 增加以平均单价为主的产品数量 · 将高于平均单价的产品特殊陈列 · 以低于平均单价的产品吸引实用型顾客
9. 平均单价 销售额/销售件数	· 寻找顾客的消费能力 · 检讨员工的销售技巧	· 增加以平均单价为主的产品数量 · 将高于平均单价的产品特殊陈列 · 提高员工销售中高价货品的能力
10. 货品流失率 流失数量/当期总进货数量	· 了解流失率是否处于正常水平 · 减少货品流失	· 防范意识是否有待加强 · 防盗设备是否正常运转 · 员工内部管理流程是否存在漏洞 · 店铺内部防止失货的技巧与方法培训

除了对上述销售指标进行分析和评价外，还需要综合考虑以下方面：

① 上市天数：上市天数是评价产品销量的重要指标，假设两款销量相同的产品，其上市天数相差一月有余，在对比销售数据的时候，上市天数少的销售则更好。在考虑补货时，一定要参照上市天数，上市天数少的优先补货。

② 平均销售折扣：平均销售折扣反映的是货品销售的状态。利用这个指数，可以很容易地判断出货品的销售是在正价时段完成，还是在促销折扣期间实现的。而且，通过这个指标，各零售终端店铺的销售能力也可以一目了然，并且可以掌握本店铺商

品的价格需求弹性。

③ 可维持天数：可维持天数反映的是参照现有销售进度计算，当前库存数还可以销售多少天。由于服装的流行性和时效性很强，因此销售速度以最近两周的销量为依据，以此提高分析结果的合理性。结合可维持天数，可以计算出相对合理的货品补充量。

④ 补货满足度：由于货品补货不足影响店铺销售，会造成对店铺销售能力的低估。补货满足度就是对低估部分的补充指标，是管理层在综合分货时要综合考虑的重要因素。在对店铺的销售能力进行评价时，应该将该店铺补货未满足的部分补充考虑。例如：某款货品的销量下降了，不能简单地认定是货品的销售能力在下降，此时应该检查补货满足度，如果是补货没有及时发到而影响了店铺销售，就表明不是货品的销售能力有问题，而是存货不能满足销售。

⑤ 利润率：利润率是反映货品利润情况的重要指标。利用这个指标，有助于判断哪些货品是赢利的，哪些是亏损的。

➢ 单款畅销度分析

单款畅销度是指单位时间内单款的销售数量。单款畅销程度的分析，从时间上一般按每周、每月、每季为单位，从款式上一般按整体款式和各类别款式来区分。根据单位时间内销售的数量可以将货品分成畅销款和滞销款。各款式是否畅销，并不完全取决于货品本身的价格或质量，同时还取决于很多其他因素。例如：与各款式的可支配库存数（即原订货与可补充的货品数量的总和）有关，如果某款式的销售非常好，但当初订货非常少，也无法补到货，因此在很短的时间内就销售完，其总销售数量并不大，那么也不能算是畅销款，该款对店铺的利润贡献率并不大。另外，一些款在销售期间出现赠送或者低折扣卖出的情况，从而促使该款销售数量迅速攀升，也不能作为畅销款。在分析畅销款时，一定要考虑折扣的问题。

通过畅销度分析，首先可以提高订货人员的审美水平，以及对所操作品牌风格定位的更准确把握，订货时对各款式的市场销量判断能力也大有帮助。其次，畅销度分析对各款式的补货判断会有较大帮助。对相同类别款式的销售进行对比，并结合库存，可以判断出需要补货的量，以实现快速补货，还可以减少因缺货而带来的损失，并能提高单款的利润贡献率。畅销度分析还可以查验陈列、导购推介的程度。如某款订货数量较多，销售却较少，首先应检查该款是否陈列在重点位置、导购是否重点推介该款。畅销度分析可以及时、准确地对滞销款进行促销，以加速资金回笼，减少库存带来的损失。

➢ 适销率分析

适销率定义为“销售总量/进货总量”，也被称为销售率、消化率，它反映了该货品的销售情况。服装零售终端需要针对各类别商品的适销率进行分析，以确定合理的货品结构。影响货品适销率高低的原因通常有以下几个方面：

① 商品设计的问题。

② 商品版型的问题。

③ 商品质量问题。

④ 上货时间错位。

⑤ 卖场陈列问题。

⑥ 销售服务问题。

适销率分析，需要分别从货品的类别、款式、颜色和尺码（面料质量、品种）四个方面逐一进行并查找原因，再采取针对性措施进行调整。通过表 5-2 所示的数据，可以看出不同品类和款式的适销率存在较大差异。

表 5-2　某品牌商品类别和短袖 T 恤类具体款式的适销率

服装名称	汇总		消化率
薄毛衣	进货数量	11 800	52%
	销售数量	6 180	
长裤	进货数量	13 300	77%
	销售数量	10 200	
七分裤	进货数量	8 000	66%
	销售数量	5 300	
长袖 T 恤	进货数量	35 000	75%
	销售数量	26 380	
短袖 T 恤	进货数量	35 000	83%
	销售数量	29 100	
毛背心	进货数量	11 800	83%
	销售数量	9 780	
帽子	进货数量	4 500	80%
	销售数量	3 580	
夹克	进货数量	7 300	77%
	销售数量	5 600	
绒衣	进货数量	7 300	59%
	销售数量	4 300	
袜子	进货数量	6 600	92%
	销售数量	6 050	
外穿马夹	进货数量	3 200	84%
	销售数量	2 690	
腰带	进货数量	2 800	83%
	销售数量	2 310	
装饰品	进货数量	3 000	79%
	销售数量	2 370	
总计	进货数量	149 600	76%
	销售数量	113 840	

服装名称	商品编号	汇总		消化率
短袖T恤	CGK1025	进货数量	5 080	88%
		销售数量	4 490	
	CGK1026	进货数量	2 530	91%
		销售数量	2 290	
	CGK1027	进货数量	3 080	87%
		销售数量	2 680	
	CMG1067	进货数量	700	91%
		销售数量	640	
	CLG1002	进货数量	2 480	93%
		销售数量	2 310	
	CLG1016	进货数量	5 260	94%
		销售数量	4 950	
	CLM2456	进货数量	1 320	64%
		销售数量	850	
	CMG1004	进货数量	4 960	74%
		销售数量	3 650	
	CMG1005	进货数量	5 500	78%
		销售数量	4 310	
	GM1034	进货数量	1 080	64%
		销售数量	690	
	GM1067	进货数量	1 430	79%
		销售数量	1 130	
	LM2797	进货数量	1 580	70%
		销售数量	1 100	
总计		进货数量	35 000	83%
		销售数量	29 100	

➢ 销售走势分析

①销售走势分析包括单款销售走势分析：店铺销售走势分析和品类销售走势

分析。

① 单款销售走势分析：一般是拿一些重点的款式（订货量和库存量较多的款式）作为分析对象，以判断是否缺货或产生库存压力，从而及时制定对策。单款的销售周期主要受季节和气候、款式自身销售特点、店铺内相近产品之间的竞争这三个因素所影响。单款的销售周期分析可使用专业的销售软件或 Excel 等数据处理软件进行，通过该款在销售周期内每日销售件数的销售走势来判断其销售生命周期（图 5-1）。

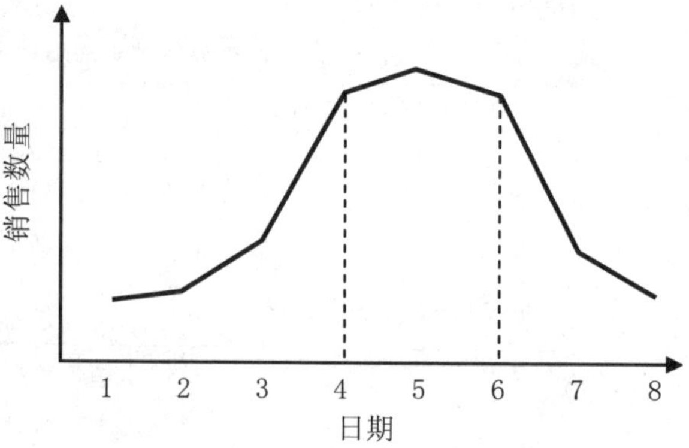

图 5-1 单款销售走势示例

如果此时间段内该款的陈列等其他因素未做改变，每月 4 日～6 日是该款的销售高峰期，而之前或之后几天的销售都是非常大的反差，故应对照近期的气温和该款式特点。一般而言，单款销售出现严重下滑主要有三个原因：一是天气气温不适合该款销售；二是其销售生命周期已到，属正常下滑；三是新上了一个与之类似的款式而且其陈列更突出，由于消费者的视觉疲劳而更青睐于新到的商品。如果该款库存量较大，就应该制定相应对策。如果是第一种原因，不需着急，等到最适合的天气气温时重点陈列，但应考虑上货时间的把握是不是合理；如果是第二种原因，则应该即时促销，以提高该款的竞争力，降低该款的库存风险；如果是第三种情况，则应考虑将与之竞争的新款暂时撤掉或陈列在较一般的位置，并检讨自己在上货时间上的失误。相反，如果根据销售走势判断出该款还有一定的销售潜力，则可以分析出该款大概还可以销售多少件，再结合现有的库存量，快速补充合适的数量，以减少缺货损失。

② 店铺销售走势分析：通过对店铺在一段时间内（每天的不同时段、每周、每月、每季度、每年）的总体销售数据进行分析，有助于准确了解本店销售的淡/旺季以及节假日的销售特点，以便于有针对性地进行备货、促销。

通过对全年服装类商品的零售量及零售额分析，通常，由于“春节”“劳动节”“国庆节”三个黄金周的带动，其所在月份都出现了销售峰值。扣除黄金周因素，夏季服装的销售较冬季相对平缓，主要原因是受酷暑的影响，消费者外出活动的频率减少，消费热情降低。另外，夏季是商务会展活动的淡季，单位团购的数量明显少于冬季，对服装的销售也构成一定的影响。显然，不同种类服装的营销淡旺季分布的时间区间不同，各服装企业应相应地采用不同的销售手段。图 5-2 至图 5-5 显示了不同品类服装的全年销售总体趋势。

男性消费者相对理性，男西装、男衬衫和西裤的销售相对平稳。其中，男衬衫在夏季的消耗量高，从 3 月起销量节节攀升，5 月达到峰值，6—10 月保持平稳，冬季销势下跌，春节期间又小幅上扬。

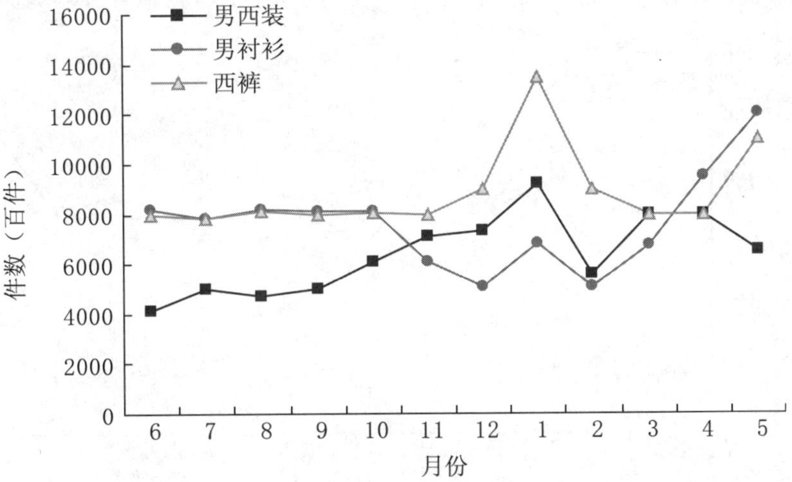

图 5-2　男西装、男衬衫、西裤的全年销售趋势

在休闲服中，牛仔服四季皆适合穿着，销售全年保持平稳，夹克衫夏季销势趋缓，T 恤衫的时令性强，11 月、12 月、1 月、2 月这四个月为明显的销售淡季。假日效应对休闲服市场的影响并不显著。

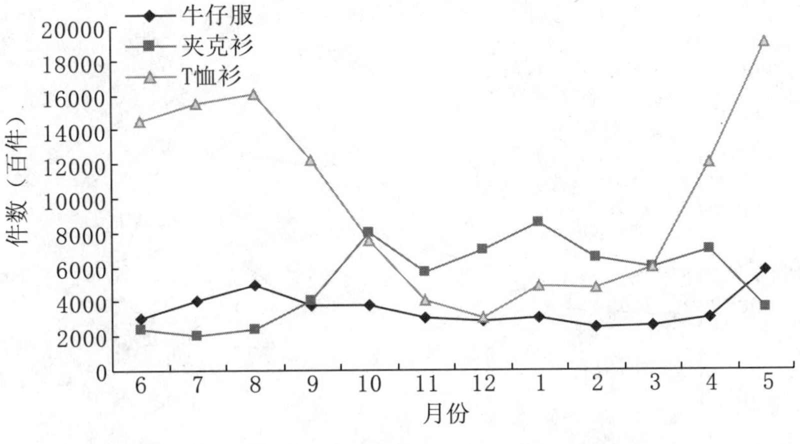

图 5-3　牛仔服、夹克衫、T 恤衫的全年销售趋势

女性消费者对服装、服饰的偏爱，决定了女装是全年度热销的商品，不存在明显的销售淡季。另外，女装的流行趋势变化快，每一季都有新的款式推出，过时而未售出的商品即意味着没有了市场，因此换季促销在女装销售中非常普遍，不断带来新的销售高潮。8 月份出现的峰值正是夏季服装甩卖的直接表现。6 月、11 月、次年 2 月的销售相对低迷，主要原因是消费高峰过后消费者处于相对的理性期，同时又是旧货已销而新货未上的间歇期。

在童装市场，儿童是消费主体，但购买权掌握在父母手中。父母往往受时间等多种因素影响，选择在特定节日前后一次性大量购买，困此童装的销售具有集中性特点。春节期间和“六一”儿童节前后的5月和6月成为童装销售的高峰期，且销售量远远高于其他月份。8月份的销售小幅上扬也是由换季热销所致，其他各月均为淡季。

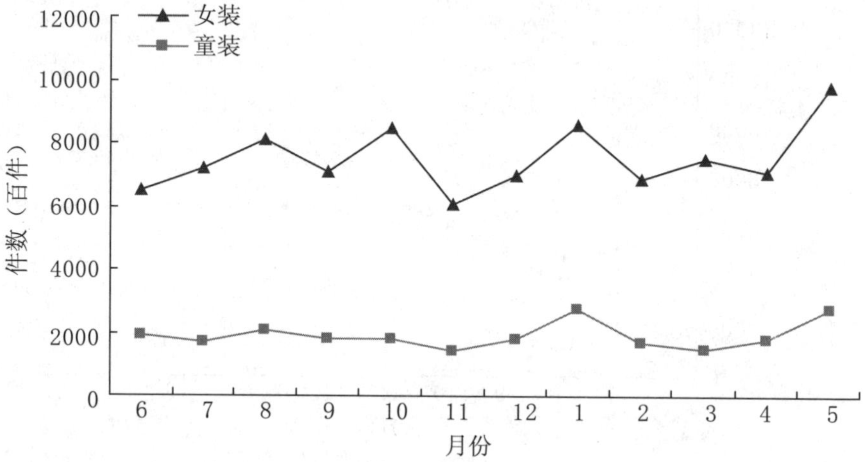

图 5-4　女装和童装的全年销售趋势

针织内衣裤、羊绒/羊毛衫、防寒服都属于时令性服装，受传统购买习惯的影响，消费热潮主要集中在冬季，夏季明显为销售淡季。从销售量看，属于易耗品的针织内衣裤的销量最大。从销售区间看，针织内衣裤、羊绒/羊毛衫的穿着周期长，虽然夏季的销售下跌，但仍保持一定销量，而防寒服的销售基本趋零。

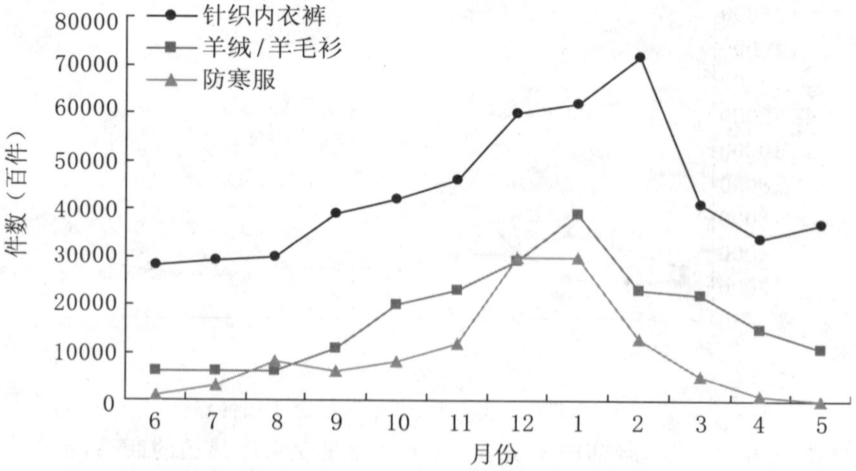

图 5-5　针织内衣裤、羊绒/羊毛衫、防寒服的全年销售趋势

资料来源：中华全国商业信息中心对200多家全国重点大型零售服装企业服装类商品的2005—2006年度销售情况统计。

(4) 多店之间的销售对比分析

对于品牌公司、省级代理商或开设单一品牌多家店铺的加盟商而言，通过某一时间段内所选定的店铺之间的销售/库存对比分析，能有效提升总仓的物流管理能力，以及各店销售水平和解决库存的能力。对于销售/库存对比表，一般选择同一区域内的店铺和上货时间相近的款式。

表 5-3　某品牌 4 月 1—14 日的销售/库存对比表

款号	总仓		A 店铺		B 店铺		C 店铺		……
	销售	仓库	销售	仓库	销售	仓库	销售	仓库	
款式 X	1138	65	12	42	85	14	52	20	
款式 Y	356	42	46	14	12	50	9	11	
……									

表 5-3 中，关于款式 X，有三个重要问题：第一，其他所有店铺的销售都不错，为什么 A 店铺销售不太好？是因为 A 店铺当地的消费者确实不喜欢该款的风格？还是该款的陈列有问题或者导购在该款的推介上有问题？是否需要将该店铺库存往其他店铺调拨？第二，该款的整体销售都不错，结合该款的销售生命周期，总部是否需要继续下单生产？如果需要，该下多少？第三，就目前的总部库存而言，应该如何分配给 B 店铺和 C 店铺，是平均分配还是先满足某一家店铺？

对于款式 Y，有两个问题：第一，A 店铺的销售库存和 B 店铺存在较大反差，应考虑将该款货品在两店之间进行调配，这样不但可以提高该款在 A 店的销售量，而且可以有效降低 B 店的库存；第二，C 店铺的销售一般，但库存也较少，其销售量一般是订货量不足还是本身的销售潜力所致？是否应考虑将总仓库存补给 C 店铺？

当然，在实际的店铺间销售/库存对比分析工作中，还会出现更多的现象，只要针对不同的现象分析并做出相应对策，对店铺间的销售都会有较大的帮助。

同时，多店间销售数据的分析对比，是品牌商认清自身产品的市场定位的可靠依据。准确把握市场定位，对于招商策略，招商计划的制定和实施，改善店铺服务质量和服务标准，提高加盟商的投资回报比，都有着极其重要的作用。

通过对店铺销售数据的层层分析后，可以有助于服装零售企业精确地定位问题的所在，并通过数据分析来制定调整策略；同时，可以将更多的报表进行传递展现，一层一层地深入，最终建立企业的经营数据模型。

(5) 竞争品牌和周边店铺数据分析

一个服装零售终端销售业绩的好坏，不仅仅取决于自身的努力，同时也受到周边店铺和竞争对手的影响。所谓"知己知彼，百战不殆"。只有准确了解竞争品牌和周边店铺的销售信息，才能有针对性地制定对策，以获得市场竞争优势。但竞争不等于战争，服装店铺需要尽可能与周边店铺搞好关系，共享销售信息。此外，可以制定顾客调查表，对相关信息进行归类和分析；或者直接以顾客身份对竞争品牌和周边店铺进行暗访。

➢ 对手销售的商品类别分析

竞争对手和周边店铺的商品销售数据，非常有参考价值。比如有一家经营休闲类服装品牌的店铺，商品类别非常广泛，而隔壁有一个与之定位完全相同的牛仔服装品牌专卖店，这时该休闲服装店铺的牛仔服装销售肯定会受到冲击，在订货管理中就要避开与隔壁相近的牛仔款式，而挑选与之有一定差异的款式，并减少牛仔类商品的订货量。又比如同类品牌竞争，竞争店铺的衬衫销售较好，而己方店铺在针织T恤的销售上更为强势，订货重点应放在T恤上，同时研究竞争对手的衬衫特点，以区别于自己的衬衫订货……当然，这里所说的订货量减少只是指订货数量，而不是指款式数量，否则会导致货品整体陈列和搭配不合理，从而影响店铺形象。服装零售终端只有充分发挥自身品牌优势，同时，避开对手的强势，才能在激烈的市场竞争中处于更强的地位。

➢ 对手的促销调查与分析

竞争对手和周边店铺的促销对自身店铺的销售有着非常大的影响，这一点在现今的百货商场销售上显得尤为突出。有两家定位相仿、位置相邻的百货商场，在某一年的圣诞节促销战中，A商场制定了“满400减160，满800减320”的活动，B商场得到这一情报以后马上制定对策：“满400减160，满600减180，满800减320”。这两个看似相同的促销活动，却让B商场在此次活动中打了一场大胜战，因为虽然其活动力度完全相同，但由于此时商场内大部分服装的吊牌价格为600～700元，因此B商场的活动更有优势。这就是对竞争对手促销方案的调查而起到的作用。

对竞争对手的信息和数据的分析要持之以恒，越是难以调研到的数据，往往越有价值。及时了解对手的销售数据和销售特点，可以有效提升自身品牌和店铺在当地的竞争优势。

在实际的店铺管理运作中，可以把数据分析项目制成统一的表格，并按一定时间（如每月）制定“数据分析计划表”，及时分析和总结，进一步指导今后的计划和工作。

(6) 天气对服装销售的影响

气象与服装销售有着密切的关联。根据经济学界流行的“德尔菲气象定律”，企业在气象上每投入1元，就会得到98元的经济回报。越来越多的服装企业从气象部门订制专门的气象预报资料，以合理安排生产与销售。

➢ 天气变化对服装销售的影响

据《华尔街日报》报道，美国宾夕法尼亚州的战略气候服务公司共有45位气象学家在研究天气对消费者购物行为的影响这一课题。这家公司经过调查后发现，当纽约的气温降到10.5℃以下时，人们就纷纷到商店购买外套；而在芝加哥，只要气温在5℃以上，人们一般不会购买外套。显然，温度并不是影响服装消费的唯一的气象因素，还包括湿度、风速等其他因素。

① 温度变化对服装销售的影响。图5-6所示为2002年R品牌短袖衬衫和棉衣在北京和上海两地的日平均销量。

由于R品牌在北京和上海两地的零售网点数量相同，经营面积也相近，因此两地的销售数据具有很强的可比性。从图中可以看出，短袖衬衫和棉衣的销售件数与温度

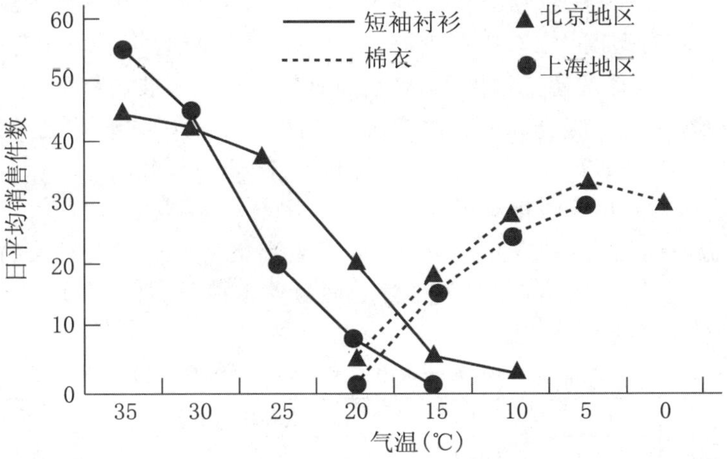

图 5-6　R品牌短袖衬衫与棉衣在北京、上海两地的销售比较

之间存在高度的相关性。

服装零售终端可以对以往的销售数据与对应的气温数据进行比较，找出适应本地区的不同大类的服装动销和畅销的温度区间，结合中短期天气预报，有针对性地安排上货和促销。

为了满足人们选择应时舒适的服装，根据对人体感觉温度影响最主要的气温、风、湿度等气象条件进行分析研究，北京专业气象台开发了“穿衣指数”的概念。穿衣指数既是一个贴近人们日常生活的气象指标，也可以作为各地开展服装销售的参考依据(表 5-4)。

表 5-4　穿衣指数的等级划分标准

穿衣指数	天气	气温(℃)	服装厚度(毫米)	服装款式品种
1	炎热	25～40	0～1.5	短衫、短裙、短裤、T恤衫
2	较热	22～24.9	1.5～4	短裙、短裤、衬衫、短套装、T恤衫
3	凉爽	16～21.9	4～6	单层薄衫裤、薄型棉衫、长裤、针织长袖衫、长袖T恤、薄型套装、牛仔衫裤
4	稍冷	10～15.9	6～10	套衫、夹衣、风衣、夹克衫、西装套服、马甲、衬衫＋夹克衫配长裤
5	较冷	5～9.9	10～15	风衣、大衣、夹大衣、外套、毛衣、毛套装、西服套装、薄棉外套
6	冷	0～4.9	15～20	棉衣、冬大衣、皮夹克内穿衬衫或羊毛内衣、毛衣、外罩大衣
7	寒冷	－9.9～0	20～40	棉衣、冬大衣、皮夹克、羊毛内衣、厚呢外衣、呢帽、手套
8	严寒	－25～－10	40～70	羽绒服、风雪大衣、裘皮大衣、手套、呢帽、太空棉衣等

② 湿度与风速对服装销售的影响。通过对R品牌的销售数据分析，发现R品牌棉衣在上海地区的销售，在日平均气温降至15 ℃以下时其日平均销售即达到20件以

上；而在北京地区，当日平均气温降至 10 ℃以下时其日平均销售才能达到 20 件以上。12 月份，北京的相对湿度为 47%，而上海为 74%。冬季两地的平均湿度有较大差异，造成同样的气温下人体的感觉温度不同，进而直接反映在服装销售上。

有效温度（ET）可以综合温度和湿度对人体感觉的共同影响，其定义为：

$$ET = Ta - 0.4(Ta - 10) \times (1 - RH/100)$$

其中：Ta 为温度（℃）；RH 为相对湿度。

ET 与气温有明显的差异，可以综合反映温度和空气相对湿度对人的体感温度的影响。当温度低于 10 ℃时，在干空气中体感明显偏暖；而气温高于 10 ℃时，相同温度下在干空气中体感明显偏凉（表 5-5）。

表 5-5　国内部分城市的月平均相对湿度(%)

城市	1月	2月	3月	4月	5月	6月	7月	8月	9月	10月	11月	12月
北京	48	43	42	50	53	58	65	70	63	57	58	47
上海	75	73	72	72	73	82	80	82	77	75	74	74
广州	73	76	77	85	81	81	81	82	73	72	65	65
成都	81	75	68	74	66	79	81	84	84	81	80	80
武汉	77	74	74	73	70	76	73	75	68	77	76	77
西安	66	62	43	59	55	62	65	72	76	80	73	67
重庆	83	78	75	79	75	82	75	73	78	86	83	85
南京	78	75	64	67	69	79	77	82	74	78	78	75
合肥	82	83	63	63	62	74	69	80	70	78	76	82

此外，风速对人体着装也存在一定影响。风寒指数体现了这一影响，根据风寒指数计算的风寒当量更容易理解，它表示由于风的致冷作用而使人感觉到的温度相当于无风时的温度值。例如当气温为 0 ℃、风速为 4 米/秒时，风寒当量为－3.5 ℃。因此，服装零售终端应适当考虑风速的影响。例如中国北方地区，春季风沙较大，也会对当地消费者的着装品类产生一定的影响。

➢ 我国服装市场的气候特征

我国幅员辽阔，各地气候差异很大。例如：3 月份的月平均最高温度和月平均最低温度，北京和广州分别相差 8 ℃和 15 ℃，而地理位置处于两地之间的上海在气温上也刚好处于两地之间。显然，8 ℃或 15 ℃的差异会对两地服装销售产生重要影响。

我国气候有三大特点：显著的季风气候、大陆性气候明显和气候类型多样。

① 显著的季风气候。每年 9—10 月至次年的 3—4 月间，冬季风从西伯利亚和蒙古高原吹到中国，向南方移动时势力逐渐减弱，性质逐渐发生变化，造成全国冬季干燥寒冷，南北温差达到 40 ℃以上。北方 1 月的平均气温大都在 0 ℃以下，黑龙江北部可达到零下 30 ℃，而广西和福建南部在 1 月的气温在 10 ℃以上，海南岛可高达 15 ℃以上。总体上，我国冬季降温过程呈现自北向南、自西向东的规律。对于服装零售而言，必须充分认识这一规律，合理安排货品分批上市计划。

② 大陆性气候明显。我国是典型的大陆性气候，春、秋两季的气温变化快，换季时间短，大部分地区春、秋两季加起来只有 110～130 天。以春季为例，北京春季平均

持续时间只有 55 天，比成都短 25 天，比上海短 17 天，这就决定了北京地区春装销售的短暂性，也为春季服装零售管理带来困难：春装上货太早，怕被对手抄袭；上市太晚，结果春季一晃而逝，导致大量库存。

由于影响服装销售的主要天气因素是气温，因此这里的四季划分标准采取“候”的标准。即以候(5 天为一候)平均气温稳定降至 10 ℃以下作为冬季开始，稳定上升到 22 ℃以上为夏季开始，两者之间为春秋。由于“候”的分季方法能够结合各地的具体情况，故在气候学上运用较为普遍。按照”候“的划分方法，我国各地四季的持续时间和起始日也有所不同(表 5-6)。

表 5-6　国内部分服装销售重点城市的四季持续时间和四季终止日期

城市	四季持续时间(天)				四季终止日期			
	冬	春	夏	秋	冬	春	夏	秋
哈尔滨	60	51	54	200	4 月 26 日	6 月 25 日	8 月 14 日	10 月 08 日
大连	70	70	60	165	4 月 16 日	6 月 25 日	9 月 03 日	11 月 02 日
北京	55	105	50	155	4 月 01 日	5 月 26 日	9 月 08 日	10 月 28 日
南京	65	115	60	125	3 月 22 日	5 月 26 日	9 月 18 日	11 月 17 日
西安	75	100	65	130	3 月 17 日	5 月 26 日	9 月 03 日	11 月 07 日
上海	72	108	65	120	3 月 27 日	6 月 05 日	9 月 23 日	11 月 27 日
成都	80	125	75	90	2 月 25 日	5 月 11 日	9 月 13 日	11 月 27 日

案例 5-1

某服装品牌公司各季服装在不同月份的销售占比

某服装品牌经过长期的总结，在不同地区的不同月份销售中，春装、夏装、秋装和冬装在各月份中的销售占比有所不同。以华东地区的店铺为例，该品牌 2 月份的销售中，春装占 20%，冬装占 80%；3 月份的销售中，春装占 100%；而 4 月份的销售中，春装占 80%，夏装占 20%。各月份的具体销售占比数字如下：

1. 华东地区店铺

春装：2 月 20%，3 月 100%，4 月 80%

夏装：4 月 20%，5 月 100%，6 月 100%，7 月 100%，8 月 60%

秋装：8 月 40%，9 月 100%、10 月 80%，11 月 20%

冬装：10 月 20%，11 月 80%、12 月 100%，1 月 100%，2 月 80%

2. 东北地区店铺

春装：2 月 30%，3 月 100%，4 月 90%，5 月 20%

夏装：4 月 10%，5 月 80%，6 月 100%，7 月 100%，8 月 30%

秋装：8 月 70%，9 月 100%，10 月 70%，11 月 10%

冬装：10 月 30%，11 月 90%，12 月 100%，1 月 100%，2 月 70%

三、销售信息化管理

由于服装行业消费市场的需求变异节奏日益加快，消费不确定性不断增强，有一种因素可以有效降低消费者需求不确定性对企业的影响，那就是信息。管理大师彼得·德鲁克曾经说过："21 世纪对企业经营者的挑战是知识和信息的获得能力。"

随着信息技术的不断发展，企业可以快速获得有针对性的、有实效的信息和情报，通过对采集到的信息和情报进行科学处理，可以提高对市场的预见性和预测准确率。影响库存的最根本原因是产品不好卖，通过信息改进、合理的开发流程、产品的开发组合策略，可以提高产品投放准确率。卖场的断色、断码、断款现象是影响服装产品销售的主要问题，及早有效地掌握产品的销售和在库信息，并进行快速配送，就可以保证快速地满足顾客的需求，提高顾客的满意度，保证企业长久的市场优势。当然，提前期越长，需求不确定性因素的影响越大。通过信息而不仅仅依靠订单来组织生产，就可以大大地缩短订货提前期，提高企业的应变力，快速反应，满足市场需求。

1. 服装零售终端信息系统定义与种类

服装零售终端的信息系统是企业数字神经的末梢。来自终端的第一手数据，是企业分析决策的依据，终端销售信息系统的成熟度、稳定性，在企业中的地位举足轻重。通过信息管理系统的建立，用户可以随时查询服装商品的进销存、任意时间段的销售等重要数据，这样企业可以对零售终端物流和现金流进行实时监控与管理，大大降低企业的管理成本，避免过度扩张，并能及时解决终端和经销商等在产供销中经常出现的问题。

新一代零售终端管理系统，除支持离线和在线两种操作模式之外，还支持市场上各主流移动终端设备与 RFID 射频识别设备，实现终端店铺的移动零售管理。该系统涵盖了零售、退换货、补货、收货、调拨、盘点、出纳、考勤和返修等多种业务内容，支持现金、银行卡、现金券、订金、外币和储值卡等多种结算方式。在会员服务方面，还具有多种会员积分累积和积分兑换方式，并且可以将公司内部员工和会员的邮件和短信沟通平台扩展到终端店铺。

2. 常见服装零售信息系统基本功能模块

服装零售信息系统是现代商业管理模式与电脑信息技术的完美结合，它的核心功能是管理商品的进货、收银、零售 POS、调拨配送、盘点等物流业务。通常，用户只需填写简单的业务单据，系统会自动生成各种数据，统计各类服装进销存财务报表。

案例 5-2

GeO 系统管理软件

服装企业的销售业务一般包括针对经销商、加盟商的批发销售业务，以及针对自营店的零售业务。前者在于对产品折扣、信用额度和账期与退货率的控制，最大限度地降低企业的资金风险和库存风险；后者在于对店铺的配货业务、调货业务、产品促销价格，以及与商场的结算和扣点的控制，以最大限度地实现库存的安全和销售业务的支持，实现存销比的最优化。GeO 系统可以在销售的各个环节为企业提供业务流程和信息、数据、指标上的支持，帮助企业提升信息反应速度和经营管理质量。其主要特点包括：

◇ 由于 GeO 是 ASP 服务提供商，客户无需自建系统，可以免除系统维护成本。

◇ 完全基于互联网，实现跨地域，实时集中管理。

◇ 支持多语言、多税制、多组织、多币种。

◇ 完全财务业务整合，避免两套系统数据接口。

◇ 数据报表与 Excel 无缝集成。

◇ 使用大型 Oracle 数据库，确保系统性能和数据安全。

◇ 前台网站与后台管理系统无缝结合，轻松实现电子商务。

◇ 通过消息系统实现信息主动提示，避免工作延误。

GeO 具体的功能模块如下：

1. 产品批发与加盟商业务

(1) 销售订单管理

包括期货订单、现货订单和尾货订单的制定、变更和执行管理。

(2) 销售发货业务

(3) 产品销售退货处理

(4) 产品批发折扣价格管理

(5) 退货率管理

(6) 经销商库存与销售管理

2. 产品自营销售与配货业务

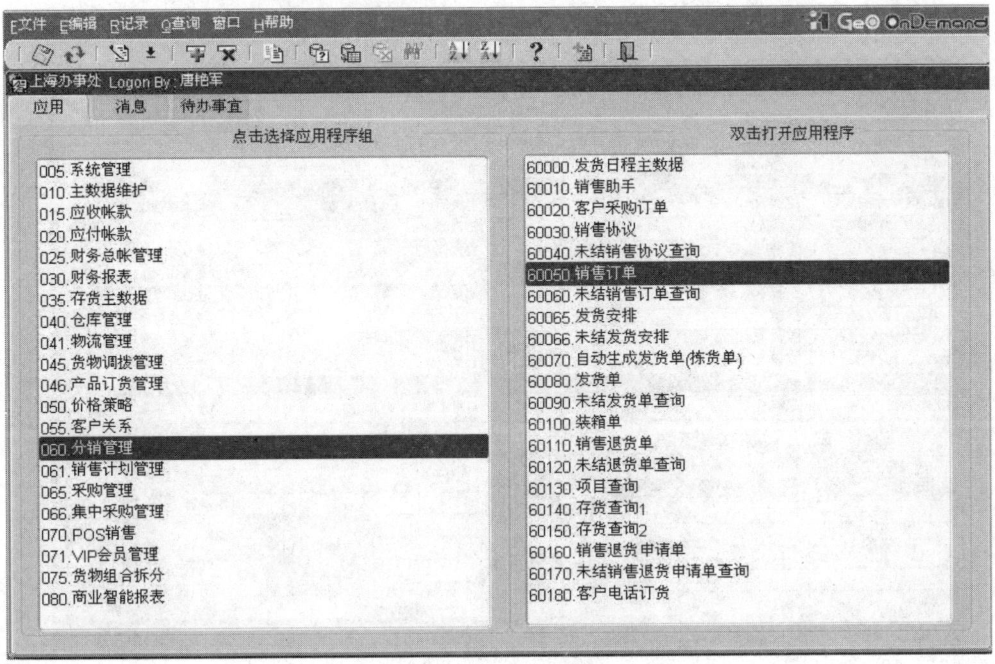

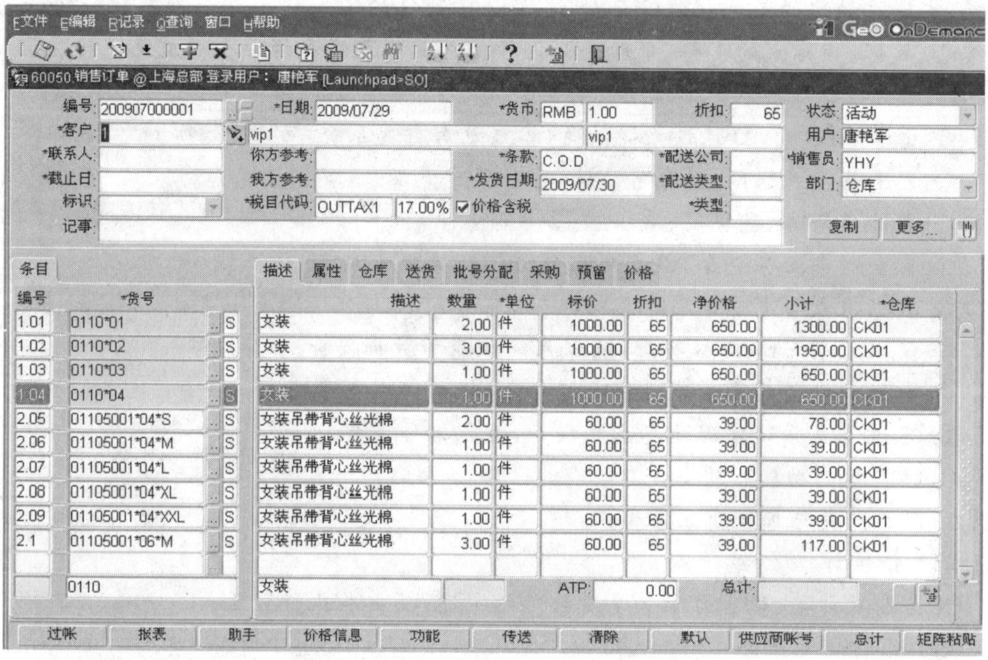

（1）自营店配货申请业务

（2）配货和退货业务

（3）自营店间调配业务

3. 产品促销与价格管理业务

（1）批发价格调整业务管理

（2）零售价格调整业务管理

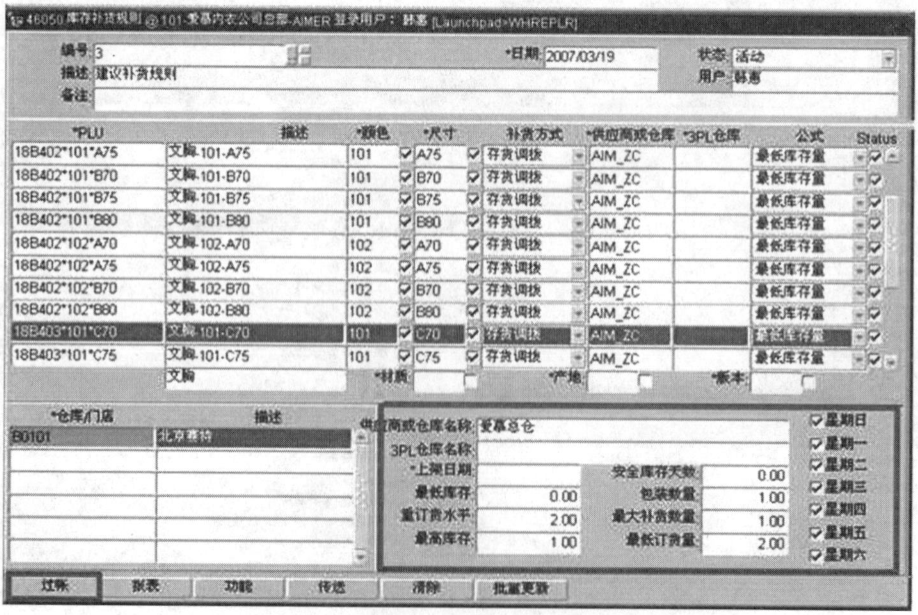

(3) 商场扣点调整业务

(4) 促销业务管理

4. 门店 POS 零售管理

(1) POS 零售业务

(2) 补货申请业务

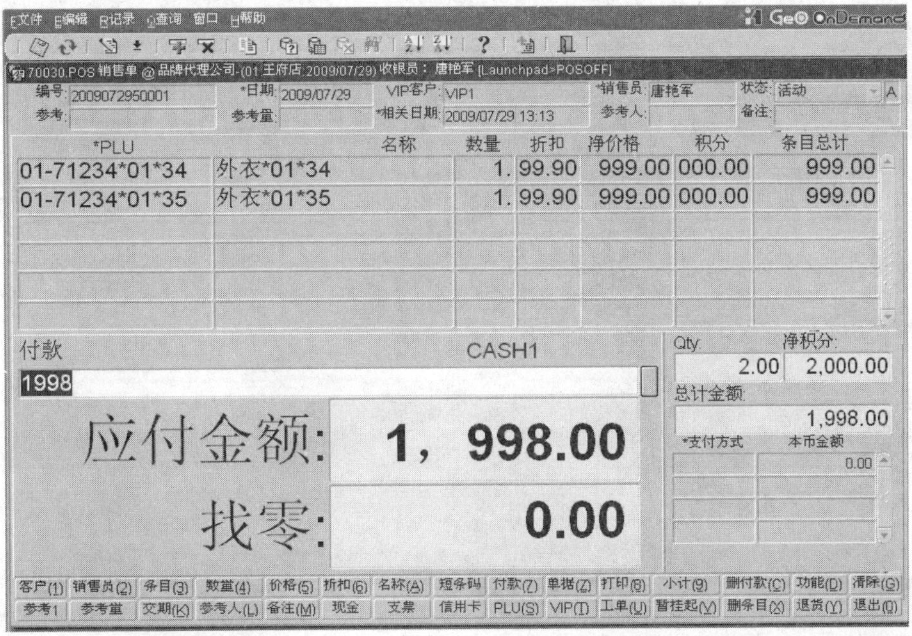

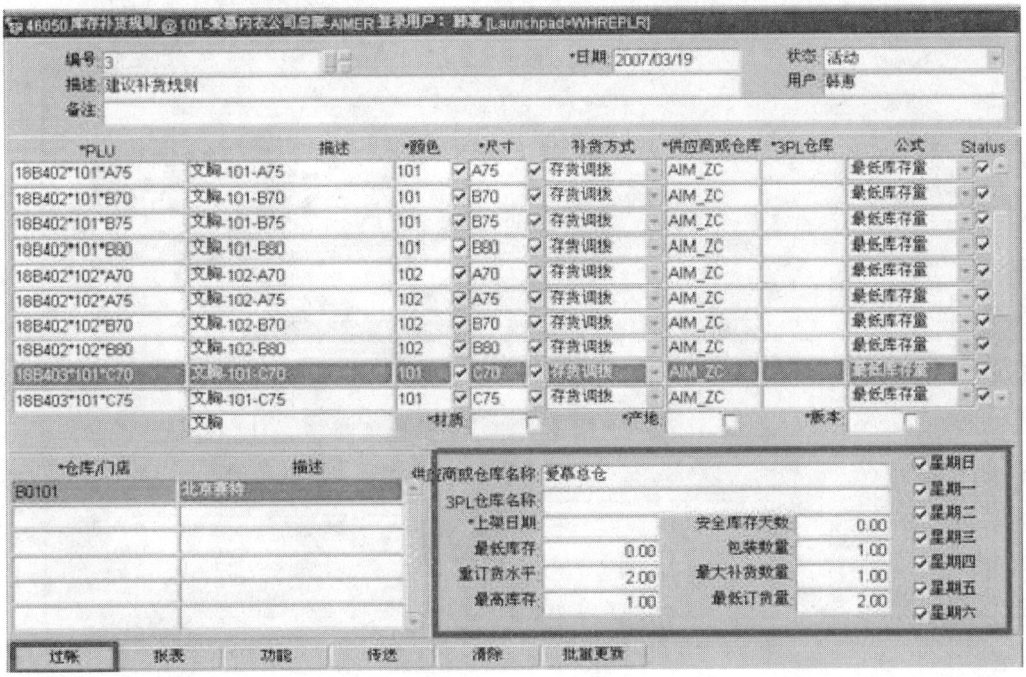

(3) 到货验收业务

(4) 店间调配业务

(5) VIP客户管理

(6) 门店盘点业务

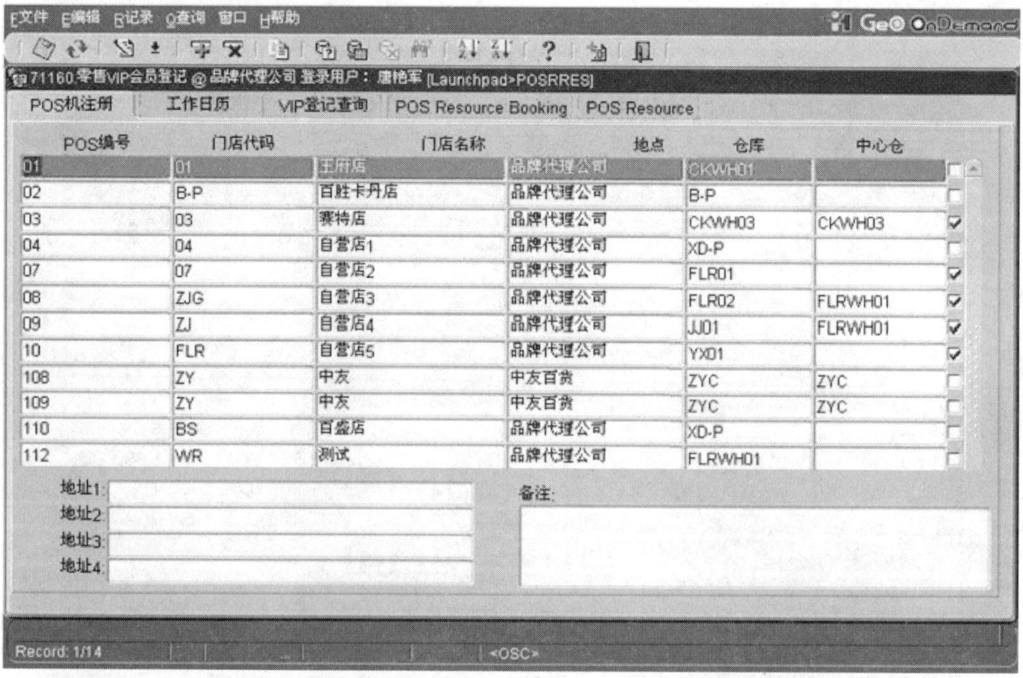

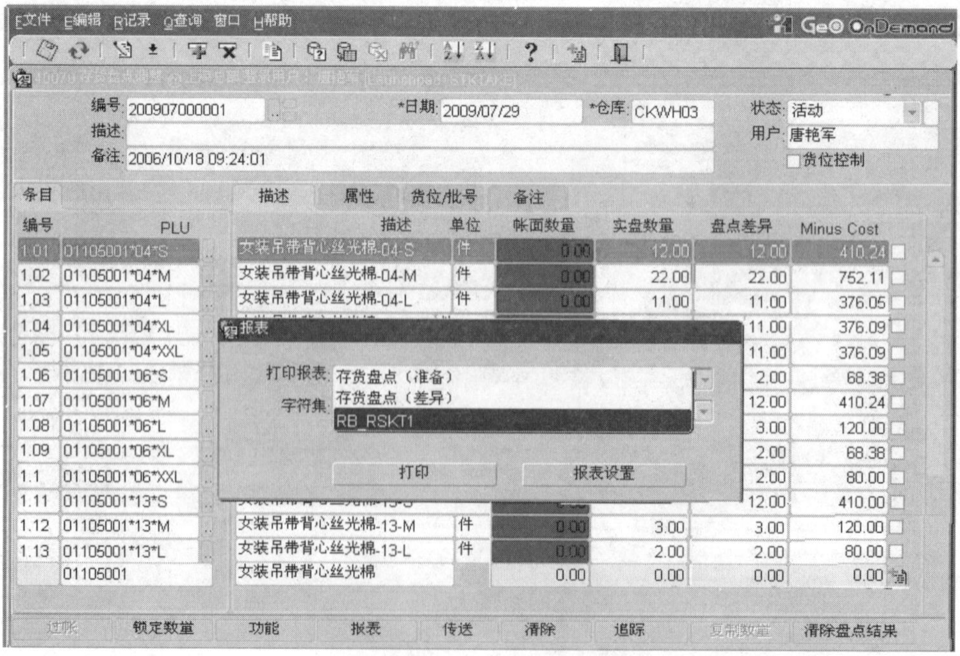

(7) 门店零售分析(系统在 Excel 中做了宏,设置了望远镜,平时系统内的数据可以全部导入 Excel 中进行处理,符合用户使用习惯)

求和项:零售金额										
门店名称	8-23	8-24	8-25	8-26	8-27	8-28	8-29	8-30	8-31	总计
安贞华联西服厅	1704	560	2352	6966	2070	8250	3954	2958	3716	117876
奥特莱斯西服厅	640	1290	1870	1470	8647	4980	538	560	155	103672
百盛购物中心衬衫柜	2644	5648	2932	3304	8626	12208	2428	4794	2782	116103
北辰购物中心衬衫柜	560	1982	560	914	1712	2072		280	656	29162
北京昌平新世纪商城专柜										1986
北京昌平新世纪商城专厅		938		478	360	210	750			16788
北京东单专卖店	11102	12312	12982	15953	16360	6452	6228	2766	3628	280204
菜市口百货衬衫柜	210		460	282	2536	958	280	912	1840	23676
菜市口百货西服厅	868	2180	378	688	1696	1704	2656	3656	1674	37841
昌平阳光厅	578			256	2682	4448	298	778	1084	34322
长安商场衬衫柜	328		1174	936	1392	914		280	-90	31590
长安商场西服厅	3814	4788	496	280	3778	1640	12094	976	4892	55160
城乡贸易中心衬衫柜	428	6538	190	1304	1852	2668	1248	888	770	38205
翠微大厦衬衫柜	3890	628	3188	24082	2114	3298	1018	1658	2916	86746
翠微牡丹园厅	1306	568	626	256	1702	940	298	1204	422	23493.6
大兴华堂西服厅	788	2676	1330	3852		6241	2078	5558	1812	92011
当代商城衬衫柜			470	280	560	2666		200	-280	3896
丰北华堂西服厅		1208	686	904	1764	3072	280	1208	4686	53052
阜成门华联衬衫柜	2116	1520	490		1250	2526	1136	2234	1744	58708
阜成门华联西服厅	11726	2142		2970	1194	3548	1426	2656	2822	96497
复兴商业城衬衫柜	328	340	256	1216	2406	1964	280		586	30496
甘家口大厦衬衫柜	1200		1068	460	2382	490		280	766	36508
华懋商厦西服厅	2728	356	3848	1176	3830	2900	1764	1448	3974	77288
总计	85708	77002	62194	99156	137641	158779	63024	67627	72441	2905294

门店业务分析主要包括日销售汇总、款式销售排名、店员销售统计、销售时点分析、VIP 顾客分析等等。

5. 销售业务数据统计分析系统

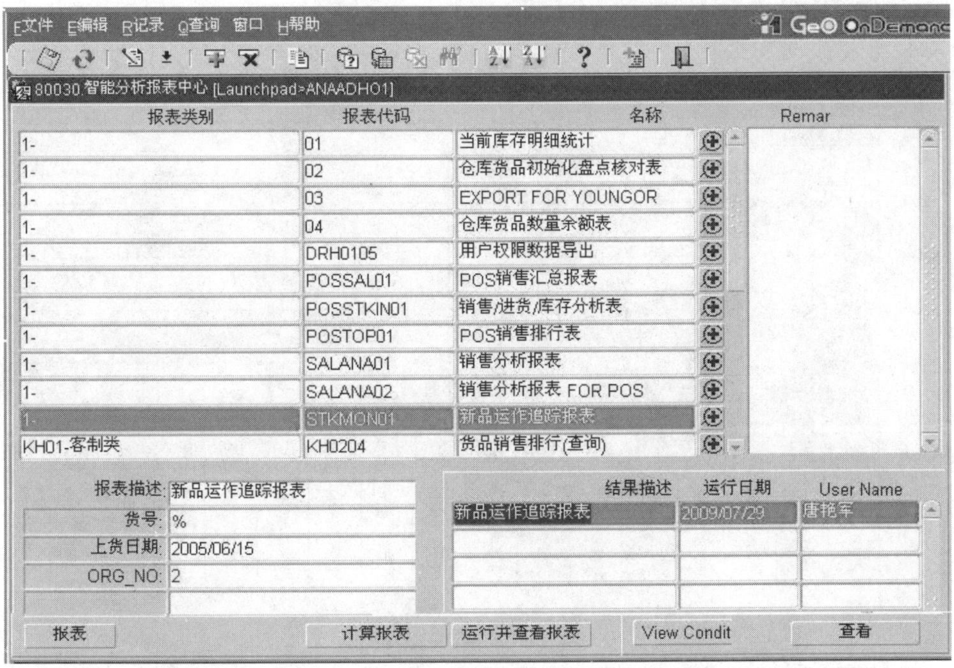

（1）业务员销售和回款统计分析

（2）业务部门销售和回款统计分析

（3）各店不同类别、不同颜色、不同尺码等货品销售情况

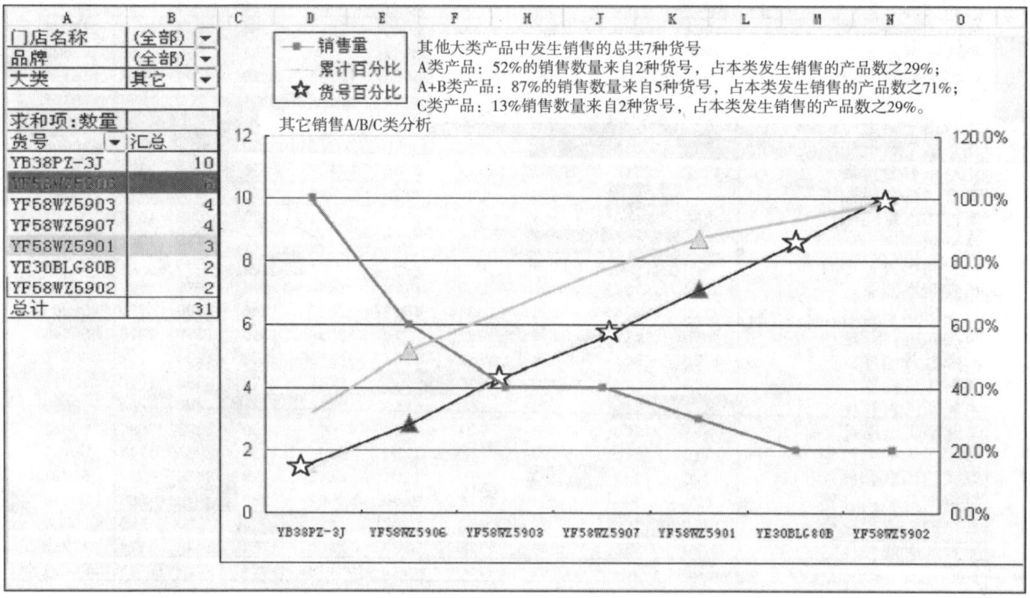

（4）代理商、分销商销售和回款统计分析

（5）销售计划完成情况分析

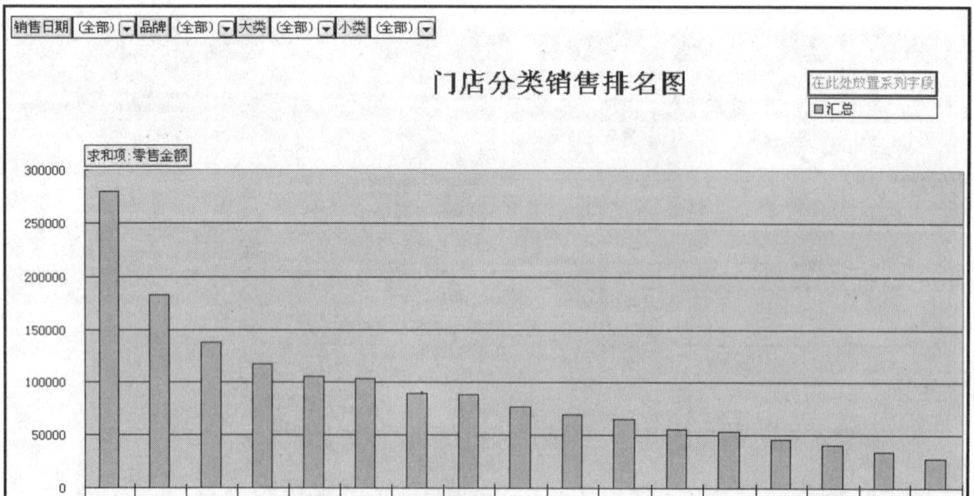

(6) 产品销售排名

(7) 回款排名

(8) 当季产品销售排名

(9) 产销比销售排名

(10) 产品退货情况统计分析

(11) 单店核算

通过基于互联网的销售管理系统的实施,企业将实现销售网络的集中与实时管理,经销商和自营店的任何一笔销售都可以实时反映到总公司的系统中,总公司和经销商将能够实现统一库存管理,实现货品的统一调配管理,大大降低了双方库存风险,更好地巩固了企业的销售网络。

四、促销管理

1. 促销的定义和作用

促销是近些年来普遍被服装商家采用的一种销售宣传手段,它能有效地影响消费者消费过程的后阶段,如购买行为或延长对某一特定品牌的使用行为。尽管各种各样的促销手段在不断地被使用,但每年无效的促销活动的数字很高,有些活动甚至损害了品牌价值、形象和定位、销售和现金流。

"消费者关系建立理论(CFB:Consumer Franchise Building)"认为:如果促销活动能增加产品和服务形象的附加价值,这种类型的促销就建立了特有的"消费者的关系"。如果促销所给予顾客的价值在某种程度上和品牌形象,以及品牌资产有效地联系在一起,那么这种原则下的促销能不断提高品牌价值,增加消费者对品牌的忠诚度。

促销既可以是长期的策略性行为,也可以是短期性行为。在CFB原则下,正确的促销必然是企业长期宣传策略的一部分。当促销手段整合到其他宣传手段中去的时候,如广告和公关,促销常常发挥了带动全局的特殊功能。它能策略性地和其他宣传工具配合,从而发挥它独有的终端优势。

成功促销的关键,首先是企业决策者的观念,而扭转旧有观念往往困难重重。例如在发展忠诚客户的方案中,有些企业认为必须给消费者免费的赠品或折扣,实际上优质的服务和产品也能达到同样的效果。

2. 促销流程管理

(1) 明确促销目的

尽管促销活动的最终目的只有一个,就是吸引顾客,提高销量。但根据市场变化和产品周期变化,促销有不同的目的,大致可分为以下四种:

➢ 品牌建设

促销如果作为一种长期性策略,它还肩负着品牌建设的任务。促销活动一定要有一个主题,这是整个促销活动的灵魂,目的在于提高品牌美誉度。根据目标消费者的心理,挖掘最富有煽动性的促销活动主题,作为整个推广活动的核心,并整合各种营销要素,在终端与消费者之间形成互动的氛围,最大限度地拉近消费者与产品、企业的心理距离,吸引一批稳定、忠诚的消费群体,从而最有效地推动产品销售业绩的持续增长。

➢ 新品上市,吸引顾客

新产品上市或新店开张之初,商家为了吸引顾客的关注度,常常会开展一些促销活动。如现场抽奖、歌舞助兴、横幅、标语、空飘的造势等。一般,这类促销活动应更大限度地提高活动的娱乐性,吸引眼球、提高关注度是首要考虑的;其次,在活动期间给予适度的价格让利,诱导部分顾客对新品的尝试性购买行动。而采取何种活动方式,要根据产品的特点及其主要针对的消费人群。比如针对大学生购买的服装产品,就比较适合在校园内赞助一些足球比赛、校园演唱会等活动。这样可使企业节约大量的宣传费用,同时对培养其主要消费人群的信任度起到很大的作用。

➢ 抑制对手,保护市场

激烈的服装市场竞争在某种程度上会演变为促销手段的竞争,尤其是对于一些产品同质化的品牌来说,谁的促销活动力度大、效果好,谁就拥有更高的市场份额,谁就掌握了打败对手的决定权。因此,在竞争对手搞促销活动的时候,需要有针对性地开展促销活动。否则,一旦被动,将处处挨打。像这种以抑制对手为目的的促销策略,可能未必增加销量和收入,但抵制了对手的促销引力,达到了保护自己市场,免受对手侵犯的目的。

➢ 清理库存

当一些服装商品的生命周期近于尾声或者因进货量太大造成库存积压时,为了迅速清理库存、回收资金,企业通常会利用促销将产品在一些大卖场进行集中降价抛售。虽然这可以在一定程度上缓解资金和库存压力,但是以长远的眼光来看,其对品牌形象所造成的损失是难以估量的。因为,许多服装卖场的顾客群体相对比较稳定,受来客数量与购买能力影响,除非价格极低,否则很难形成一种强大的爆发力,因此,处理起来会比较花费时间,且长时间的低价抛售会让顾客对商品的信任度急剧下降,使该商品后期的正常销售需要很长时间才能恢复。

鉴于以上的弊端,建议在处理库存问题的时候,采取机会销售的方式,在一些客流量很大的大型商场或超市门口进行临时的花车促销。这样做的好处是,这些地方通常顾客流动性很强,购买能力也相对较强,能够形成较强的销售推力,相对处理时间较短,更重要的一点是因为强调机会销售,不会对正常销售产生太大的影响。最常采取这种做法的大多是知名品牌,如巧帛、淑女屋、艾格等。通常情况下,这种销售方式带来的销售业绩会比正常销售时高出 10 倍以上。

高频率地进行促销,容易使品牌价值在短期内暴跌,使品牌在很长一段时间内无法恢复元气。即使是库满为患,也只能针对性或区域性、阶段性地进行促销,而且要言出必行,时间一到就要立即恢复原来的价格。

服装促销活动主题要与品牌诉求和定位相一致，避免给目标消费者混乱甚至错乱的印象，必须根据公司的整体品牌战略目标来确定；促销活动主题是打动消费者的关键，一定要贴近目标消费者的利益，这是他们关注的重点；促销主题要简洁、突出、富有创意，并且琅琅上口，反映促销活动的核心思想；促销主题还要充分利用时势热点，如春节、母亲节、奥运会等，要有一定的新闻价值，能够在一定程度上引起社会舆论的关注。

主题促销活动主要有三种：以产品为主题的促销活动；以季节特点为主题的促销活动；结合特定节假日的促销活动等。需要明确主题促销活动绝不是简单的买赠、特价、路演等活动形式，而是围绕一系列主题这个活动灵魂来体现品牌的诉求和定位，以及消费者的利益。

(2) 促销活动流程

开展一次计划周密、操作性强、实际效果良好的促销活动，需要按照以下九个步骤逐一进行：

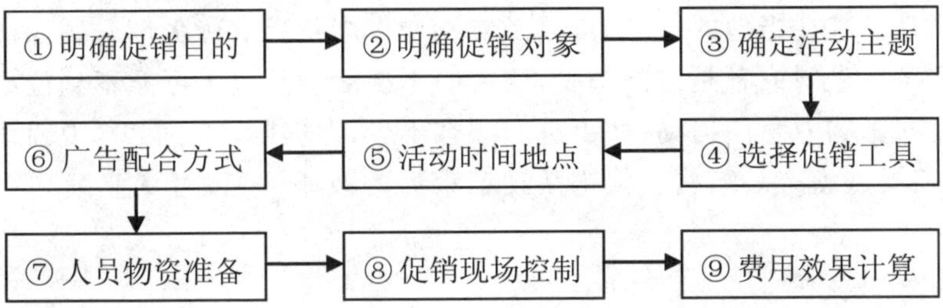

(3)促销执行

执行是整个促销活动的重点。如果一个好的促销创意活动没有很好地执行下去，其结果将会大打折扣。特别是服装行业，可以说“30%靠策划，70%靠执行”。良好地执行一项促销活动，通常必须做好以下三项工作：

➢ 做好促销宣传品准备

因为促销主题需要一种媒介向目标消费群体传达，所以宣传品的准备包括制作和播放与摆放两个步骤：

① 宣传品制作。制作类型通常有：电视、广播、刊物、报纸、所需要的图片、软文、色调等。如涉及片面广告部分，需强调视觉的冲击力，字体色调夏天以冷色为主而冬天以暖色为主；软文部分，不管是电视、刊物、广播，还是海报、易拉宝、宣传单等，都需要说明促销活动的主题内容，让目标顾客一看便知。

② 宣传品的播放与摆放。由于宣传品的类型有多种，其中有些需要提前与相关单位联系，并安排好相关事宜。首先签订相关合约，如电视、广播、刊物、报纸、条幅等，确定具体实施时间、地点、内容等；其次是海报、易拉宝、宣传单等物料，需在促销活动开展之前发放，并摆放到位。

➢ 终端销售人员培训

每一次促销活动都必须对促销方案进行提炼，形成统一说词，并对终端销售人员进行全员培训，使每个员工既了解本次促销活动的内容，又能统一口径。终端销售人员培训的具体内容有：①POP（海报、条幅、单页等）视觉信息的摆放位置，是面向开阔的地方还是在主要入口处，便于消费者清晰地看到全部或大部分重要信息；②紧盯竞争对手的反应；③查看陈列产品的外观与质量是否有破损或存在质量缺陷；④检查店铺、货架、橱窗等是否整洁；⑤检查店铺硬件如灯具、电视、音响、VCD、空调等设施是否完好齐备；⑥促销活动主题与相应的活动内容；⑦简易的导购服务培训、产品知识与注意事项等；⑧活动期间的工作分配和相关责任人等。

➢ 促销现场监督到位

监督就是审视促销现场的宣传品摆放是否到位、现场工作是否有序、产品和礼品是否充足、人力是否足够等，并能根据实际情况做出相应调节，确保促销活动的顺利进行。

（4）促销活动效果评估

促销活动的效果反馈，可以真实地反映本次活动所取得的效果，同时也可以最直接地反映产品品牌在当地的影响力，以及终端专卖店营运的优劣情况。如活动已经开展但是顾客没有进门或者是进门很少，这说明本次活动的宣传可能不到位或产品在当地的知名度和影响力急需提高；如果进店顾客不少，但实际成交很少，说明该店产品结构不对路，需要调整产品结构。促销活动结束后的效果评估，可从业绩和顾客反应两方面进行。

➢ 促销业绩评估

促销活动的根本目的是为了提升店铺的业绩，所以业绩的变化是经营者最为关心的，几乎所有的促销活动都会设定业绩目标，业绩的达成是首先被评估的部分。业绩的评估，从营业角度而言，着重在业绩的达成率；从财务角度而言，重在评估投入的促销费用是否创造了更多的毛利。营业效果虽然可由业绩的表现来评估，但业绩是由旧顾客及新顾客共同带来的，若促销的目的在于某种特定顾客或新顾客的业绩创造，则业绩评估时应分析其差异，从而才能真实地了解到其目的是否达成。

➢ 顾客反应评估

顾客是促销活动的主题，活动结束后顾客对店铺的满意度，是今后是否再次光顾的主因，因此对促销活动的评估不能忽略这一部分。

促销活动的结果来自顾客知道促销活动，并且因促销诱惑而购买商品。换言之，了解促销信息传递给消费者的方式，以及促销活动是否改变消费者的购买组合，是对顾客调查所欲得到的答案。

① 购买动机调查。了解顾客到本店来购买商品的原因何在，是原先的计划还是因促销活动改变购买计划而光顾本店？如此分析才能真实地表达出促销活动的效益，同时也能作为今后营销策略拟定的参考。

② 对促销活动的评价。消费者参与促销活动，自然会对促销活动产生评价，这种评价结果会影响店铺的印象。运用调查方式了解顾客的评价，包括对于活动内容、活

动方法、广告、诱因等的理解度与接受度，就可以了解他们对店铺的整体印象，因为来自顾客的声音更具有参考价值。在实务运用上，顾客调查宜在活动进行中进行，例如参加促销活动时请顾客填写简易问卷，可立即反映活动成效，必要时可以及时修正策略及实施方法，同时能节省时间与成本；若是大型的年度促销活动，也可以考虑在促销活动结束后进行。

3. 服装零售终端常用促销工具

(1) POP

POP 即现场的广告(Point of Ppurchase)。国外众多学者对消费者的购买行为做过各种各样的研究，得出基本一致的结论："顾客在销售现场的购买中，2/3 左右属非事先计划的随机购买，约 1/3 为计划性购买。"有效的 POP 广告可以制造良好的店内气氛，抓住顾客心理上的弱点，利用精美的文案向顾客强调产品具有的特征和优点，有效地促使计划性购买的顾客果断决策，激发顾客的冲动购买。因此，POP 又被人们喻为"第二推销员"，分类如下：

① 店头 POP。置于店头的 POP 广告，如看板、站立广告牌、实物大样本等。

② 天花板垂吊 POP。如广告旗帜、吊牌广告物等。

③ 地面 POP。从店头到店内的地面上放置的 POP 广告，具有商品展示与销售功能。

④ 柜台 POP。

⑤ 壁面 POP。附在墙壁上的 POP 广告，如海报板、告示牌、装饰等。

⑥ 陈列架 POP。附在商品陈列架上的小型 POP，如展示卡等。

➢ POP 的三个功效

有效的 POP 广告都要经过以下三个功效层次的递进，完成促销功能的实现：

① 诱客进店。既然在实际购买中有 2/3 的人是临时做出购买决策，很显然，零售店的销售与其顾客流量成正比，POP 广告促销的第一步就是要引人入店。店面 POP 应极力展示商店的特色和个性，明确告知商店的经营特征，诱客进店。

② 驻足商品。若使商品能产生吸引顾客驻足详看的力量，POP 广告必须紧紧抓住顾客的兴趣点。此外，现场操作、免费赠送、试用样品等都可调动顾客兴趣，诱导其购买行为。

③ 刺激最终购买。激发顾客最终购买是 POP 广告的核心功效，因此必须抓住顾客的关心点与兴奋点。有效的 POP 应针对顾客的关心点进行诉求与解答，设计有震撼力与视觉冲击力的广告，诱发顾客的兴奋点，促成冲动购买。

顾客走进零售场所时，对大众媒体中的广告只有模糊的品牌印象，POP 可以使顾客产生品牌回忆，使顾客将自己与实际商品相联系，从而产生购买行动。大众媒体提供购买的理由，POP 广告则提供购买的刺激与激励。总而言之，POP 的作用是把大众媒体广告所积累的效果，浓缩在销售现场，做最关键、最直接、也是最终的演示与促销。

案例 5-3

某品牌店铺 POP 广告的布设方案

① 制作 1 米×0.5 米的导购牌(展板),要求品牌突出、诉求重点突出、图文并茂、制作牢固,摆放于商店门口两侧或店内合适位置。

② 招贴画选择在店外两侧 1.4～1.8 米的光洁墙面、店堂玻璃门或店内 1.4～1.8 米的光洁墙面上,粘贴牢固,排列张贴,视觉及宣传效果更佳。

③ 台牌卡放置于柜台上,靠近产品摆放处,内装折页或小手册,便于目标购买者详细了解产品。

④ 吊旗并排悬挂于进店 2.5 米高且在正面柜台上方。

⑤ 户内灯箱选择临近产品上方摆放(由企划中心发放彩喷稿,依要求制作,必须统一)。

⑥ 店招牌造价低,档次较高,耐久性较强(企划中心出彩喷稿,当地广告公司制作)。

⑦ 产品模型分户内和户外两种,户内以"金字塔式"拼摆,用透明胶固定,户外应注意避免碰损。

⑧ 巨幅:6 米×20 米,视觉效果极佳、大气,但要注意防风设施(悬挂于大型商场、超市正面或面对客流量较大的墙面上)。

⑨ 户外广告牌:大型广告牌,靠近卖场(售点),置于 5 层楼顶或裙楼(市场成长——成熟期考虑操作)。

⑩ 车体(车贴)广告:前期买断主要线路公交车的车后贴或车前贴,产品成长期可根据条件考虑整车车体广告。

(2) 营业推广

营业推广也称销售促进,是指服装店在短期内采取一些特殊的手段,如提供广告特制品、赠券、折价、奖励、常客回报等,对消费者进行强烈刺激,鼓励顾客购买,促进店铺销售量迅速增长的一种策略。服装零售终端的营业推广方式主要有以下几种:

➢ 赠品促销

印有服装店名称、住址、电话的小赠品,常见的有气球、面纸、年历、钥匙圈、圆珠笔等。有时供应商会提供一些广告赠品,如烟灰缸、日记本、T 恤等,以便快速建立或维持品牌知名度。

赠品的选择和发放应遵循两项原则:一是尽量赠送与产品有关联的物品。比如买西服送滚毛的滚刷,使消费者在使用这些赠品时随时能够产生对品牌的联想。注重赠品带给顾客的价值感和实用性,只有这样,才能使赠品赠的有效,赠的有理。二是赠品价值不要过分夸大。适当夸大赠品价值是完全有必要的,这样会在一定程度上增加消费者"物有所值"的感觉;但是过分的夸大就可能弄巧成拙,会危及消费者对品牌的信任感。促销赠品价值一般来说都不会太大,用于激励立即购买的赠品,其价值一般最高占商品本身价值的10%～15%；其他非即时激励的促销赠品，其价值一般占商品本身价值的3%～5%。

➢ 价格促销

① 打折。打折是有效的零售终端竞争手段，经常会有立竿见影的效果。运用得当，既可以直接提升品牌的销售，同时又可以打击竞争对手。但运作不当时，对品牌的伤害也是显而易见的。近几年来，在服装高成本竞争的情况下，本来已经承受了很大压力的服装零售终端，其利润会因为过度促销而急剧下降。尤其是过度和过频的折扣、降价，还会极大地伤害顾客对品牌的信任度。一些降价促销活动创造了暂时的销量骤升，但紧接着就立刻出现一个销量大滑坡。

当商品生命周期过成熟期后，为了降低库存，服装店便开展折扣促销。折扣是指在销售商品和服务时，对价格打折扣。折扣幅度一般为20%～50%，幅度过大或过小，均会引起顾客产生怀疑促销活动真实性的心理。价格促销是否有效，与品牌定位、品牌的价格需求弹性、目标消费者的价格重视度、购买习惯等多种因素有关。

研究显示，价格促销与服装品牌忠诚度之间存在显著的相关关系。忠诚度越低的消费者对价格越敏感，价格促销的有效性越高；忠诚度越高的消费者对价格越不敏感，价格促销的有效性越低。零售商开展价格促销活动时，吸引的低品牌忠诚度的消费者要远远多于高品牌忠诚度的消费者。根据不同品牌忠诚度的消费者对价格敏感的区间的不同，对为了吸引低忠诚度顾客的某些商品采取较低的折扣率，对为了维护高忠诚度消费者的商品则可以制定较高的折扣率，这样既可以促进销售，又不影响品牌建设。

此外，降价促销必须考虑投入和产出的效果，不能以牺牲利润为代价去换取少量的销量增加。比如一个专卖店正价销售时，可以销售1500元/日，但为了提高销售量或者清理尾货，店铺动辄就以6折（有时甚至是5折）销售，可是促销时的销售并没有得到明显提升，仅达到1800～2000元/日的水平。结果是店铺的产品销量增加了90%，销售额只增长21%，毛利率降到了10%以下，店铺毛利下降了68%。该店铺牺牲了400元利润并送出数件服装，换来的是不足四五百元的现金流水，促销结果得不偿失。

② 折价赠券。折价赠券属于价格促销的一种。实施折价赠券与全面性减价不同，前者只有持券人才能享受优惠，而后者则购买即可享受优惠。通常将折价券刊在广告上，除可以收到推广商品和提高形象的效果外，还可通过赠券回收来评估广告的效果。运用此类促销方法时，应事先准备好与赠券数量相当的商品，以免顾客扑空。有研究表明，折价赠券的回收量约为发出量的10%左右，而销售业绩却可能增长30%。使用折价赠券促销，要采取周密的措施来防止有人利用折价赠券进行欺诈，如服装店收银员、销售人员或顾客等，可能有人会用剪下的折价券来调换收银机中的现金。

③ 特卖会。特卖会也属于价格促销的一种。对于大多数服装企业，每次换季后留有库存是必然的、也是正常的。定期举办库存服装特卖会是一个行之有效的清理库

存的途径。活动方案的合理设计和可操作性是特卖会成功的前提。

a. 活动的主题要构思如何抓住消费者的眼球，内容要有亲和力。避免使用“甩卖跳楼”等字眼，因为从长远来看，这些对自身品牌是一种伤害。

b. 确定特卖会所针对的目标群体，有的放矢。

c. 特卖地点的选择非常关键，需要注意三点：一是尽量避免在自己的旗舰店、形象店内开展特卖，一般选择离中心区稍远的次级店或二三线城市的店铺；二是活动的频率不能太高，一年 2 次到 3 次；三是活动时间以 10 天为佳，一般放在两个双休日，或者将活动时间定为 3 天，即周五至周日。

d. 活动的宣传方式主要有三种：发短信；活动场地的横幅、易拉宝、POP 等；DM 单（促销彩页）。对于 DM 单的派发，首先要确立特卖会场地方圆 500 米以内的客流量，做到心中有数；派发的时间为活动前的 2～3 天，具体派发时间是上午的 7:30～9:00（上班高峰）、中午的 12:00～2:00（午餐高峰）。

e. 要定人定岗定责，特卖导购要比平时多 30%～50%（收银、理货人员也要增加）。活动前要将所有货品清理归类，该换包装的换包装，该熨烫的熨烫，要做到低价不低值，更不能给顾客留下倒垃圾的感觉。活动中要注意随时整理衣架和货品，以便下一位顾客能心情愉悦地挑选。

f. 特卖时常用的语言应对技巧。特卖时，不仅要强调价格，更要介绍产品的价值，突出性价比，提升顾客的心理感受。可以一边介绍一边建议，例如：“这个款的设计很经典，所以很多顾客说，现在买是最划算的时候”“我们在搞活动，您下手要早，抓紧挑，晚了就买不到自己喜欢的了”“您的眼力真好，正因为是老款，现在买是最划算的，您看今天这么多人，很多人不但自己穿还买来送人，一举两得”“这个款的设计简洁大方，买回去明年穿也不过时”……总之，对于特卖商品，也要预先设计好各种说辞，要做到随时给顾客提出积极的建议。同样一款衣服，是库存还是新组合或新搭配中的重要元素，就看导购的口才了。

g. 促销的方式。可以把所有货品分为三档：2 折区、3 折区、5 折区。对于部分断码量大的衣服，可采取“买二送一”或“买一送一”的方式（鼓励顾客多买送亲戚、送朋友）。促销力度要大，否则货品越积压、越贬值。

h. 做好特卖前盈亏平衡预算，控制费用。

i. 计划的可操作性，计划的制定要考虑多方面的因素（包括活动期间的天气），活动方案完成后经相关人员讨论签字认可后人手一份，确保每一位参与人员都知晓活动的实施细则。

j. 特卖活动结束后应及时分析活动时出现的问题，进行活动效果评估，不断总结提高。

➢ 主题促销

利用各种特殊节日或季节为主题加以促销，又称节庆促销，全商店或主要部分的陈列和装饰必须与主题相称。例如圣诞节促销，除了在店内布置圣诞饰品外，可让员工扮成圣诞老人送小礼品，形成浓厚的节日气氛。

节日促销除了利用一般节日外，各店铺还可选择专属自己的特殊节日或季节为主题进行促销，如店庆、周年纪念日等。运用此促销方法时，需考虑目标市场的大小、重复购买的可能性（如节庆礼品的购买者通常不是使用者，重复购买的可能性不大），以及拟促销商品与促销主题的适应性（如夏衣不宜在冬季促销）。

➢ 有奖销售

有奖销售是富有吸引力的促销手段之一，因为消费者一旦中大奖，奖品价值一般很诱人，许多消费者都愿意尝试这种无风险的有奖购买活动。除了即买即开的奖品外，为了提高有奖销售的可信度，抽奖的主办单位一般要请公证机关来监督抽奖现场，并在发行量较大的当地报纸上刊登抽奖结果。

有奖销售一般设一个或几个价值较大的大奖，而其他奖项的价值则比较低。奖品大多不用现金，而用商品、礼物、家用品或国内外旅游来替代。

➢ 会员制

会员制作为一个新兴的营销模式近年来在零售百货、地产、汽车、美容等行业日趋成熟。会员制营销属于营业推广中常客回报的一种方式，目前已经成为服装零售终端锁定忠实客户、提高消费者满意度和提升品牌服务形象的重要手段。“会员制销售”并不只是用于销售产品，也不是单纯促销与打折的一种手段，其实际意义就是创造更多的会员价值，实现会员价值的最大化。会员制营销的成败，取决于服装零售企业的经济实力以及营销思路，同时也是对服装零售终端服务水平的综合检阅。

案例 5-4

某童装品牌的会员管理

1. 成为会员的条件

只要在专卖店消费满 200 元就可以成为本品牌会员。

2. 专卖店会员资料管理表

会员姓名：	性别：□ 男 □ 女	手机或固话：
首次消费时间：	职业：	家庭平均月收入：
通讯地址：		
儿童姓名：	性别：□ 男 □ 女	出生日期：
消费记录：		
消费时间	所购商品	价值累计
备注：		

3. 会员管理细则

（1）会员的管理

会员每次消费，出示会员卡，可以享受一定的折扣或其他优惠。收银员或店长将会员的消费记录在案，作为以后会员活动的依据之一。定期询问会员的资料情况，如有变动，及时更改；定期清理无效会员（如一年未消费）；重点会员重点管理。

（2）常用会员促销方法

① 会员消费满一定金额可以送礼品。

② 会员孩子生日的时候打电话祝贺、送生日礼物。

③ 新品通知（电话或 DM）。

④ 特殊时间段通知（如孩子开学时、放寒暑假时）适合的产品。

⑤ 会员活动，如会员联谊会、找伙伴活动、竞赛活动等。

（3）团购促销

团体购买是十分有效的一种业绩提升手段，因为团体的购买力十分强大。前期的资料搜集及客户培养是基本工作，通过黄页、报纸、电台、电视台、互联网等方法掌握团购目标的资料，进行长期的跟踪服务。

（4）团购对象与消费时间

行政、事业单位（6 月 1 日），大型企业（6 月 1 日），小学及幼儿园（学校活动、6 月 1 日）。

（5）团购促销方法

直接拜访，电话行销，DM（将信息和图片制成单页宣传品或小册子并邮寄给目标顾客），互联网上发布供货信息。

（6）公共关系及附加服务

通过公关活动，可以迅速提高本品牌在当地的知名度以及目标顾客群的认知度。

① 接受传媒访谈。

② 与幼儿园、小学校等相关部门联合，组织儿童活动（如赛车比赛、乒乓球比赛等）。

③ 赞助某些活动（如运动会、学习竞赛等）。

④ 组织社区活动。

专卖店不仅是一个销售产品的场所，同时，也是一个提供儿童休息和娱乐的地方。除了提供高质量的商品及良好服务外，专卖店还可以提供以下附加的服务：

① 儿童活动空间。

② 儿童游戏设施。

第六章　服务管理

只有服务不打折，产品才能不打折！

一、服务的基本内涵

服务是一个过程，它可以用低成本的方法给供需链提供巨大的增值利益。服装店铺的服务是在合适的时间和合适的场所，以合适的价格和合适的方式，向合适的顾客提供合适的产品和服务，使顾客的合适需求得到满足，使产品和服务的价值得到提高的活动过程。服务增值链如图 6-1 所示。

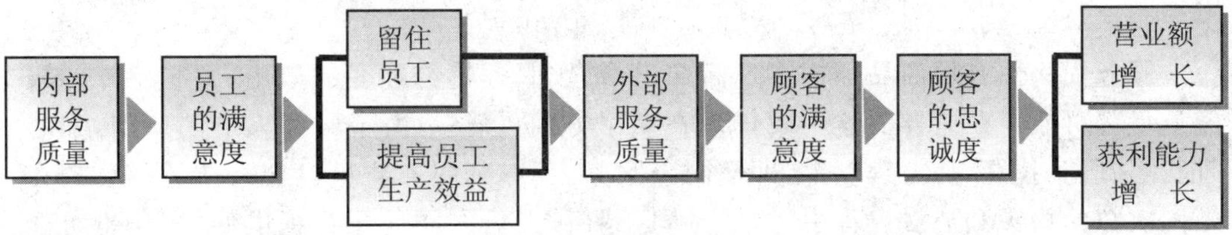

图 6-1　服务增值链

从服务对象来分，可以分为针对店铺员工的内部服务和针对顾客的外部服务两大类。从流程来分，可以分为售前、售中和售后服务。

很难想象一个对公司充满抱怨的员工会有好心情去面对顾客，内部服务质量的高低会最终决定外部服务的质量。提高内部服务质量有赖于两方面：对于服装企业来说，应当尽量为员工提供良好的工作环境和待遇；对于管理者来说，应当不断努力提升自身的领导水平和管理水平，在做好管理工作的同时，为身在销售一线的店铺工作人员提供必要的引导、支持和服务。这些都属于企业人力资源管理的工作范畴。本章主要介绍针对顾客的外部服务。

服务具有系统性，它涉及服务的传送系统，涵盖了工作如何进行的所有程序，提供了满足顾客需要的各种机制和途径，这称为顾客服务的程序面。同时，服务又具有人性的一面，涉及人与人的接触，涵盖了在每一次服务时人员接触中所表现的态度、行为和语言技巧，这属于服务的个人面。服务管理的主要内容就是针对这两个方面进行管理。

综合服务的个人面和程序面，可以将服务的最终表现分成四种基本类型（图 6-2）。

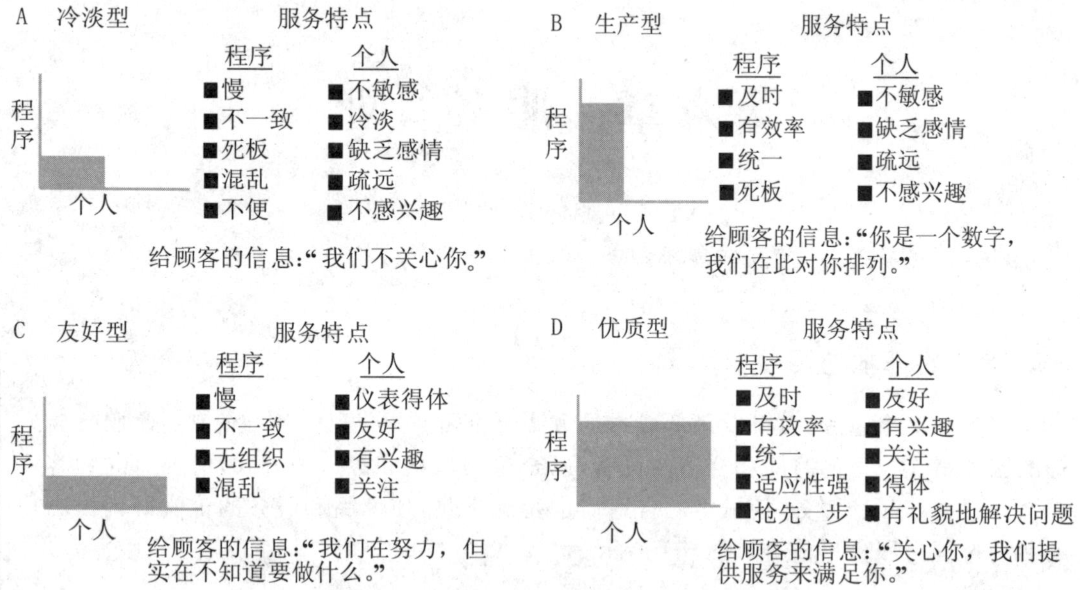

图 6-2 四种不同类型的服务表现

服务无法像有形商品那样实现标准化,每次服务带给顾客的效用、顾客感知的服务质量都可能存在差异。这主要体现在两个方面:第一,由于服务人员的原因,如心理状态、服务技能、努力程度等,即使同一服务人员,其服务质量也会有差异;第二,在不同次数的购买和消费过程中,即使是同一服务人员向同一顾客提供的服务,也可能存在差异。

正因为服务质量存在这些差异性,企业必须对店员的服务行为制定统一的标准,尽量使顾客每次光临都能感受到同样优质的服务。

因此,只有同时解决了程序面和个人面两个问题,将两个面有机结合,才能达到最佳的服务效果。

二、售前服务与准备

售前服务是指在客户购买商品之前,向潜在客户提供的服务。售前服务是一种超前、积极的客户服务活动,其关键是树立良好的第一印象,其目的是尽可能地将商品信息迅速、准确、有效地传递给顾客,沟通双方感情,同时了解客户潜在、尚未满足的需求,并在店铺能力范围内通过改变产品特色来满足这种需求。售前服务管理的主要方式有:产品知识讲座、请客户参加设计、导购咨询、赠送宣传资料、商品展示、商品质量鉴定展示、调查客户需求等。

案例 6-1

B 品牌西装的高校着装礼仪培训

B 品牌西装实施了名为“衣装职场”的全国高校专业礼仪培训讲座,免费为在校大学生提供基础商务礼仪规范、男女士职业套装选择要领、职场着装礼仪和化妆礼仪、招聘面试时的注意事项等培训。B品牌为在校大学生提供人生的第一堂职业着装规范课，属于典型的售前服务。通过类似活动，可以扩大品牌的市场影响力，也有效拉近了品牌与潜在顾客之间的距离。

服装零售终端在每天正式开门营业前，需要做好营业前相关准备，以充分、完备的准备工作，创造店铺整洁、动感、有活力的环境，树立店铺的良好服务形象，从而吸引顾客光顾、逗留和购物。

案例 6-2

某运动服装品牌的营业前准备管理

1. 店员的仪容仪表

目的/原则	细则/身体语言/语气语调	避免
(1)整体形象 ·建立专业销售人员形象，以树立服务顾客的自信心 ·同事间互相尊重并主动地互相协助，创造融洽的内部氛围，相互给予愉快的工作心情	·语调愉快亲切 ·保持适当的语速 ·措辞用字得体恰当 ·保持精神奕奕 ·保持微笑及态度礼貌 ·坐姿、站立与走路姿态端正 ·保持轻快的步伐	·同事间谈笑声过大，围在一起或背对顾客 ·冷漠、夸张、讽刺、无精打采等语调，措辞不当或语言粗俗 ·一直皱眉头或垂头丧气 ·伏在台上或倚靠着东西站立、坐下时翘着二郎腿 ·不雅的姿态，如伸手入衣服内搔痒、挖鼻孔、大声或夸张地打呵欠、打喷嚏时没掩着口；双手交叉在胸前，监视式的目光太严肃；走路时发出过大的声响；命令式的语气指示同事工作
(2)头发 ·给予顾客及同事整洁的外在形象	·头发必须经常梳洗以保持清洁 ·头发梳理整齐 ·染发色彩须柔和 ·男员工头发不过耳 ·女员工长发须扎起	·有头皮或过多的头油 ·头发凌乱 ·男员工头发盖过耳 ·染发颜色过于前卫 ·女员工长发披散
(3)面容 ·给予顾客与同事舒服的外在形象	·男员工保持面部清洁，胡须经常剃刮 ·女员工须有恰当的妆容，口红应采用自然柔和色彩 ·佩戴眼镜的员工须保持镜片清洁	·面部有污垢 ·男员工满面胡须 ·女员工的化妆脱落或过于浓艳 ·口红颜色过于前卫 ·眼镜镜片有指纹或不干净
(4)手部 ·给予顾客与同事清洁的个人形象，以增加亲近度	·保持手部干净清洁 ·指甲长度在1毫米以内 ·保持指甲内干净 ·女员工涂透明色指甲油	·手部有污迹 ·指甲长度超过1毫米 ·指甲留有黑边、指甲内有污物 ·女员工涂有色指甲油且有脱落现象

续表

目的/原则	细则/身体语言/语气语调	避免
(5)制服和配饰 ·建立规范的店铺服务形象,给予顾客购买的信心	·穿着整齐及合体的公司统一制服 ·工牌端正地别在左胸前 ·工牌必须完好无损,清洁无污垢 ·可佩戴简单饰物,如运动风格的手表、粒式耳环、戒指(一枚) ·穿轻便运动鞋 ·男员工不可佩戴耳环,不可佩戴鼻环	·制服过大或过小或未着制服 ·没有佩戴工牌 ·工牌破损或有污渍,佩戴过多的饰物或佩戴过于夸张、前卫的饰物 ·穿厚重的皮鞋,或走路姿态不正确,并发出扰人的声音 ·男员工带耳环或佩戴鼻环
(6)个人卫生 ·保持清洁的个人卫生,给予同事与顾客乐于接近的形象	·保持口气清新(特别是饭后) ·保持制服干净、整洁与清新气味 ·无体味 ·上班前注意饮食 ·当班时不吃东西	·有口气 ·制服有破损、污迹或有难闻气味 ·有明显体味 ·上班前喝酒,吃刺激性味道的食品,抽烟 ·当班时吃零食,嚼口香糖

备注:早班例会时,领班应对同事进行仪容、仪表的检查,工作期间,同事之间互相注意及提醒仪容仪表,以确保全体同事有一致的专业形象,并发挥良好的团队合作精神。

2.营业前准备

目的/原则	细则/身体语言/语气语调	避免
(1)工作纪律 ·保持严谨的工作态度,给予顾客专业的品牌形象	·准时上班 ·用餐或外出应准时返回店铺 ·营业前更换好制服,女职员需在营业前完成所有化妆准备工作 ·在店铺内保持微笑与礼貌待人 ·当穿着制服在公众场合出现时(包括休息与用餐的时间),应留意给予公众的形象以及不讲公司内部讯息	·迟到或当值时用餐或吃零食 ·早会时未换好制服或未完成化妆准备 ·无微笑,不用礼貌用语,同顾客发生争执 ·在公共场合粗言秽语,抱怨公司以及透露公司内部讯息
②橱窗 (2)创造整洁、动感,有吸引力的橱窗,以增强顾客光顾的兴趣	·保持光线充足、玻璃和陈列位置干净、整洁 ·根据季节、节日,以及推荐重点进行产品陈列	·有损坏的灯具、玻璃和陈列道具,陈列处有尘埃;陈列不恰当的产品;较长时间不更换陈列品

续表

目的/原则	细则/身体语言/语气语调	避免
(3)店内环境 ·创造清洁、明亮和方便顾客的购物环境,令顾客享受舒心的购物体验,从而乐意逗留,增加购买机会	·保持地板清洁 ·灯光设备操作正常 ·保持灯箱和幻灯片光亮清洁 ·空调操作正常,空气流通 ·玻璃及镜子保持干净 ·将顾客告示/海报摆放于适当位置 ·保持行人通道畅通 ·货仓门经常保持关闭 ·音响操作正常,音量适中	·不理会地板上的垃圾或污渍 ·不理会有损坏的灯光设备 ·不理会灯箱损坏或有污渍 ·空调有损坏、室内温度太冷或太热 ·玻璃和镜子有尘埃或指纹 ·告示或海报摆放位置不当 ·纸箱或杂物堆放在行人通道 ·货仓门打开,令顾客感到不雅观 ·音量过大或过小 ·柜位堆满散乱的文件
(4)陈列架/挂架/吊牌 ·体现店铺的专业形象和优质的购物环境	·陈列架及衣挂整齐清洁 ·按照要求或一定规则陈列相应货品 ·货品摆放整齐 ·保持吊牌方向统一,吊牌与货品一致	·货品摆放混乱,货品胶袋上有尘埃,货品分布杂乱无章 ·吊牌方向杂乱 ·吊牌与产品不符
(5)试衣室 ·试衣室须保持干净、整洁,令顾客感受到舒适的试衣环境	·保持充足的光线 ·保持空气流通 ·保持室内一切物品完好,如灯、门、凳子、鞋、挂钩、通风扇等 ·保持地面、墙面干净整洁 ·保持镜面清洁 ·保持辅助工具齐备,如凳子、鞋子	·光线不足,较暗 ·室内空气闭塞、有气味 ·门锁损坏,凳子有破损 ·挂钩损坏或不够用,风扇损坏或声音很大 ·堆放其他杂物或有污渍 ·镜子上有尘埃或指纹
(6)收银处 ·体现店铺统一规范的专业形象,进行充分的营业前准备,以保证开业后销售效率提高	·计算机收银系统运作正常 ·保持收银台整齐洁净 ·备有各类所需文具,并确保摆放整齐(笔、胶纸机、表单等) ·备有充足的单据、发票 ·备有充足的零钱 ·备有充足的包装袋	·收银处的文具、单据摆放杂乱无章,常用文具配备不足 ·单据、发票、零钱不足 ·包装袋不足或残旧
(7)早会 ·明确店铺提升重点,以更强的目的性和跟进性有效地提高店铺的服务和销售	·店长应及时通报每位员工最新到货产品、缺货产品、公司宣传资料、营业额、活动信息等资料 ·店长适时利用早会教授员工重点产品的销售方法 ·员工应自觉细阅店铺通讯板,留意公司或店铺所传递的信息	·不理会早会的资料 ·不理会公司的通告 ·店长不为早会做充足准备和不为缺席员工交待早会内容

三、售中服务

售中服务是指为进入销售现场，或已经进入选购过程的客户提供的服务。这类服务管理主要是为了进一步使客户了解商品特点，通过服务展示对客户的热情、尊重、关心、帮助和情感，并向客户提供额外利益，帮助客户做出购买决定。

1. 顾客的不同类型与服务方式

在商品日新月异的时代，作为导购员，光靠微笑和良好的服务心态是远远不够的。为了满足顾客的需求，导购员必须学习所销售商品的各种知识，只有对商品有相当程度的认识和了解，才能更好地为顾客提供完整的接待服务，真正做到“卖什么，学什么，懂什么”，做好顾客的顾问。作为一名导购员，要想通过良好的服务来开发顾客，首先必须了解顾客，把握不同顾客的购买动机和心理特征，才能为顾客提供更完善、更有效的服务。

(1) 从购买意向上划分

➢ 纯粹闲逛型

这类顾客原本无购买商品的意图，进入专卖店只是为了感受气氛、消磨时光，但也不排除他们具有冲动性的购买行为，或是为以后购买而事先观看商品。这类顾客进入商店后，有的行动缓慢，谈笑风生，东瞧西看；有的犹犹豫豫，行为拘谨，徘徊观望；有的则哪有热闹往哪去，喜欢随意摸摸，请求试穿或询问时不太爱搭理。

对这类顾客，如果有临近货架，导购员就不必急于接触，但应随时注意其动向，当他到货架前欲察看某商品时，就应热情接待。顾客对商品感兴趣时搭话，并引导他到店铺里面，忙碌的时候可以任其独自行动。接待时注意下一名进店顾客，只要说“欢迎”“谢谢”就可以了，同时宣传“这是今年店中的流行款式”“和这件配套的裙装下周到货”等商品的信息。能否使这类顾客不空手离开，是检验导购员服务水平高低的重要一环。

➢ 休闲购物型

这类顾客无明确的购买目标和购买打算，进入专卖店是希望能碰上符合自己心意的商品。他们进店后的脚步一般不快，神情自若地环视四周的商品，临近商品也不急于提出问题和购买要求。

对这类顾客，导购员应让其在轻松自由的气氛下随意浏览，只是在他对某个商品发生兴趣而表露出中意的神情时才进一步接触。此时，导购员应注意不能用眼睛老盯着顾客，这样会使他产生紧张心理或戒备心理；也不能过早地接触顾客，以至于惊扰他。在适当的时机下，导购员可以主动地向这类顾客介绍和推荐商品，推荐的商品应局限于新商品、新进商品、畅销品、珍奇品、促销商品几类。

➢ 明确购物型

这类顾客往往在有明确的购买目标后才走入商店，他们在出门前可能已在纸上或心中将购物清单、采购内容和预算准备得一清二楚了。因此，进入商店后一般目光集中，脚步轻快，迅速地直奔某个商品柜台，主动提出购买需求，不太可能有冲动购买的行为。

这类顾客的购买心理是“求速”，因此，导购员应抓住他临近商品的瞬间马上接近，动作要快捷准确，以求迅速成交。要注意在此期间不宜有太多游说和建议之词，以免令顾客产生反感，导致销售中断。

（2）从顾客性格和行动特征上划分

➢ 沉默型

此类型的顾客最多，所以穿着各异，所有的阶段都应该留意。他们的特征是话少，不愿被人打搅，忧郁无表情；从对商品留意到比较讨论阶段，自己已重复多次；讨厌过分的不切实际的赞美，不易展露笑脸。

要求导购争取在比较讨论阶段接近顾客，提出的问题一定是顾客可以回答的，接近时一定不能够给顾客压迫感。没有得到回复时，可继续提问“A和B，您更喜欢哪一款？”，顾客试穿之后轻声说“很适合您！”。不要把话题局限于商品上，如“您今天休息吗？”等随意的话题。如果导购跟在顾客身后像幽灵一样的话，就会适得其反，这类顾客对强买强卖最为敏感和反感。

➢内向型

这类顾客小心谨慎，总是低着头，穿着普通，有购买欲望的时候接近，一般先从小的话题说起。

要求导购首先进行稍微宣传，逐步加强宣传力度，引导顾客、鼓励顾客，但不要过于大声地和顾客说话；进行关联销售或建议搭配时，容易使顾客产生戒备心理，给予他们充足的梦想。语言示例如“您可以随意试穿一下”“这件绝对非常适合您穿着”。

➢ 随和型

指性格柔和，容易接近，不喜欢穿着艳丽颜色的顾客。

导购需要营造适合这些顾客的氛围，使他们留意并产生兴趣，从而可以亲切地交谈。“您看这件商品怎么样？”，用朋友一样的语气进行推荐。“搭配上这件会有另一种感觉”，也可以推荐关联商品。闲聊话题往往会持续较长时间，即使想回到商品，也会被再次转到闲聊的话题上。导购需要重复提及顾客喜好的商品。

➢ 多疑型

这类顾客眼神晶亮，语音尖锐，总是对导购的话采取怀疑的态度。

要求导购采取毅然的态度，自信地接待。面带微笑，说话时看着对方的眼睛，采用肯定的口吻或劝说的语气。语言示例如“这是＊＊面料的，这种面料的优点是……”“这个绝对没错的”。

➢ 犹豫型

这类顾客进店后面对款式拿不定主意，挑了很久还下不了购买的决心。

要求导购接待时在“帮”字上下功夫，耐心介绍款式，当好顾客参谋，帮助他们选购款式，一般顾客还是相信导购的意见的。语言示例如：“这件可以吗？价格低一点，质量也较好，它的特点是……”“这件最合适您，没有比这件更合适的了”。

➢ 自信型

这类顾客不冷静，喜形于色，体型苗条，爱穿突出身材的衣服，穿着有个性，常有得意的表情，通常十分讨厌磨磨蹭蹭的态度和行动。

要求导购迅速行动，否则顾客会失去耐心。注意应一直使用敬语，但不能随顾客的节奏行动，而要让顾客适应导购自己的节奏，这类顾客下次还会光顾。

由于比较探讨时间很短，所以要求导购在比较探讨时搭话，理解顾客所说的要点。

➢ 傲慢型

这类顾客属于不尊敬别人的人，常佩戴多件贵重首饰。

导购需要始终以低姿态投合对方的自大心理，全心赞成顾客的观点，重复顾客的话。语言示例如“是的”“好的”“漂亮极了”。应注意：离顾客过近会招致反感；不能用对待朋友的语气；赞美少了，他们会不高兴。送别时可以说“您果然选的不错”“您真有眼光”。

➢ 理智型

这类顾客在实际购买前，对所要购买的商品已经过考虑、研究和比较，即所谓的“深思熟虑”。他们购物时较为冷静和慎重，善于控制自己的情绪，不易受商品包装、商标和宣传的影响，喜欢细心挑选。进店后对其所要购买款式的规格等的描述比较完整，在购买前从价格、质量、花色等方面进行反复比较，仔细挑选。

要求导购接待这类顾客时耐心，做到问不烦、拿不厌。语言示例：“不要紧，您再看看这款，或者我另外给您拿几款，多比较一下，好吗？”

➢ 冲动型

这类顾客易受商品外观或厂牌名称的刺激而购买。购买时，喜欢追求美观、名牌和新产品，主要从个人兴趣出发，不大讲究商品的用处、性能，因而易受广告宣传的影响。看到或听到商店有新的款式，便赶到商店，不问价格、质量和用途，进店就买。

要求导购接待时在“快”字上下功夫，同时细心介绍款式、性能、特点和作用，提醒顾客考虑和比较。语言示例：“需要什么款式？我马上拿给您。”

➢ 习惯型

这类顾客往往忠于一种和数种厂牌，对这些厂牌十分熟悉和信任，注意力稳定，体验深刻，已形成习惯；购买时不经过挑选和比较，行动迅速，容易促成重复购买。他们进店后直奔所要购买的款式，并能讲出其规格，不买别的代替品。

要求导购做到在“记”字上下功夫，尊重顾客的消费习惯，千方百计地满足他们的要求。一般回头客较多，导购要立刻回答，轻轻点头示意，马上拿递款式，双手递给顾客。语言示例：“您想看看这个吗？需要什么款式？我给您拿。”

➢ 经济型

这类顾客尤其重视价格，对价格特别敏感，善于发现别人不易觉察的价格差异。

有的人习惯于追求低价，以价格低廉作为选购款式的前提条件，唯有廉价商品才能使之满足。他们熟悉款式，进店后精挑细选。

对这类顾客，要在“拣”字上下功夫，让他们挑到满意的款式。要求导购懂款式的性能、特点，问不烦、拿不厌。语言示例：“请您仔细挑，别着急。”“价格贵点，但质量很好！”

➢ 活泼型

这类顾客的购买决定往往由情感所支配，他们的情绪兴奋性比较强，情绪体验也较深，联想力丰富，审美感觉比较灵敏，因而其购买行为容易被情绪影响。

这类顾客性情开朗，活泼好动，选购随和，接待比较容易。要求导购在“讲”字上下功夫，多介绍，耐心宣传、解释，当好参谋，指导消费。语言示例：“请您看看这款，我建议您买这种款式，它比较适合您。”

➢ 无礼型

在众多的顾客中，有时会遇到以下一些情况，导购应该保持冷静，以企业的利益为重，意识到自己是在代表企业接待顾客，要得理让人，理直气和，妥善接待。

有的顾客不懂礼貌，不尊重他人，用命令式口气对导购说话，导购接待稍慢，便大呼大叫或敲击柜台或用脚踢货。导购要采取礼让的态度，不计较对方说话的方式，依然热情接待，让顾客快速购物后离去。

有的顾客性情暴躁，在进店前或在家发生了纠纷，或出现了其他不愉快的事情，因而心情不好，进店后心烦发泄。导购应从对方的“无名火”中悟出其遭遇和性格特点，采取和善转化的态度，用热情耐心的接待，友善和气的语言化解其粗暴。

有的顾客性子急、粗暴，导购稍有怠慢便出言不逊。导购要保持冷静，镇定自若，心平气和，坚持友善接待，做到“他愤怒我和蔼，他激动我平静”，使接待工作顺利完成。

有的顾客蛮不讲理，故意刁难。导购要坚持理智，得理让人，不计较，不动气，理直气和，使无理取闹者转变态度。

(3) 特殊类型的顾客

➢ 急于购物的顾客

一般情况下，众多的顾客临柜购物，导购应注意秩序，要求顾客依序购买。但是，有时会遇上情况特殊者，如有的人要赶车(船)，有的人要赶着上班，有的人要赶时间赴会，有的要去看护病人，等等。他们购物后确实有急事要办，希望能优先完成购物。对这类有特殊情况的顾客，导购不忙时，可按其所需，快速拿递，帮助挑选；导购应接不暇时，则要注意做好以下工作：

① 面带笑容，点头示意。导购发现有顾客临柜并高声急呼时，应迅速做出判断，用微笑和点头的方式示意“请稍候”。如果情况允许，可用语言直接作答：“请稍候”。

② 记清面容，以免忘记。导购向顾客示意或打招呼时，要记清高声急呼者的面容，以免接待时出差错。

③ 做好必要的解释。导购优先接待前，要向排在前边的顾客说明情况，取得谅解

和同意后，给急于购物的顾客办理手续。

④ 快速拿递，快速成交。导购要动作利索，快速拿递，快速结算，快速成交。

➢ 特殊需求的顾客

① 特殊体型顾客。指某些体型特殊或有某种特殊需要的顾客，比如身材高大或矮小、过胖或过瘦的特体顾客，以及断肢、驼背或畸形或有残疾的顾客。

导购在接待这类顾客时，应持关心、安慰、帮助的态度，尽量满足他们的需求。如不能满足顾客需求时，应语调委婉，态度和蔼地向他们致歉；或预约订货，请顾客留下联系方式，并建议采购部门采购，货到通知；或加工订制，让顾客试样或量体，联系加工定做，约期取货；或建议顾客去附近的商店购买。

② 团体顾客。数人结伴到商场购物的顾客，称为团体顾客。结伴的形式有夫妻、情侣、朋友、同事、同学、一家老小等。导购在接待这类顾客时，要根据情况区别对待。如果顾客之间意见一致，可按常规方法接待；如果彼此意见分歧，则要注意观察，辨明主从，协调意见。

数位顾客结伴进场购物，必有主从，导购可运用观察法，根据顾客进店后的举止言谈，分辨出：谁是主，谁是从；谁是款式的使用者、影响者，谁是购物的决策者、出钱人；谁是买主，谁是协助购买的参谋。在购买过程中，不同身份的顾客对购买决定的作用不同：

如为年轻夫妇或情侣，以女方为主。当女方喜爱而男方流露出不大愉快的表情时，便要注意观察，摸清缘由。如果女方的购买要求合理，而男方对女方的购买要求不理解，便可针对男方的心理活动，用委婉得体的语言转化男方的观点，促使成交。

如是一家老小或是结伴而来的朋友，导购必须从买主和使用者的实际情况出发，权衡款式是否适合买主和使用者的年龄、性别、爱好、身材、肤色等主观条件，再听听同来者的意见。

如是朋友、同事或同学结伴购物，一般以买者为主，但同来者有时会对买主起很大的影响。如果是同来者的意见正确，导购可协助他们说服买主和使用者。如果买主意见正确，同来者有分歧意见，导购可站在买主和使用者立场上，运用有关知识说服同来者，使大家意见趋于一致，不但完成交易，而且增进了感情沟通。

③ 老年顾客。老年顾客，一般记性较差，动作迟缓，挑选商品认真细致而缓慢。导购应采取耐心、提醒、帮助的方法，帮助挑选商品，耐心解答问题，收钱、找零、交货等细节均交待清楚；成交后提醒他们是否购买连带商品或其他商品，并帮助装袋和收拾好商品，让老人心里高兴。此外，很多老年人的听力和视力下降，要求导购在进行语言交流时适当提高音量。如果是以老年顾客为主要服务对象的店铺，店内的各种标牌在色彩和字体选择上要尽可能地醒目、易辨识。

④ 病残顾客。对病残顾客，尤其是聋、哑、盲人和手脚伤残的顾客，更要关怀备至。

接待盲人，要仔细问清需要，认真负责地帮助他们挑选质量较好的商品，找零、货品应逐件放到他们手中，并一一交待清楚。

接待聋、哑顾客，要多出示商品，让他们多挑多选。导购学会哑语（手势），有利于将企业的温暖送给聋、哑顾客。

对手脚伤残的顾客，要把商品送到他们面前，让他们慢慢挑选，完成购物后要帮助装袋，尽可能送放到他们感觉方便的地方。

⑤ 孕妇顾客。孕妇顾客，行动不便，动作缓慢，因身子沉重，不宜久站。导购应主动给予优先接待，并注意关照。

2. 售中服务流程

售中服务管理的主要形式有提供舒适的购物现场、现场导购、现场宣传、现场演示、现场试穿、照看婴儿、礼貌待客、热情回答、协助选择等。售中服务流程与规范包括以下内容：

（1）迎宾

有效分配人手在店铺不同位置，以便招呼顾客和维持店内积极的工作氛围。导购应面向大门靠边站立，不影响顾客进店浏览商品，并且可以立即上前接应顾客的询问。

在顾客尚未上门时，导购应进行商品整理、检查，以及陈列补充作业，为销售工作做好充分的准备。即使没有顾客时，导购也不得大声谈笑、服装不整齐、口嚼零食、双手插腰、背对大门、身体斜靠柜台或陈列架，更不可随意离开自己的岗位。

➢ 迎宾注意事项

① 保持亲切自然的笑容。

② 与顾客的目光接触时，要注视客人眉宇之间的地方，以表示尊重，且有亲和力。

③ 保持恰当的姿势与距离。

④ 声音宏亮，态度热情。

⑤ 根据不同时间段更换迎宾语。

➢ 致欢迎词

导购亲切地在客人进店的第一时间内与客人打招呼，常用欢迎词有：

① 欢迎光临＊＊＊专卖店！

②（非繁忙时间）早上好/您好/中午好！

③ 先生/小姐，这边有新到秋冬运动装，欢迎试穿！

④（繁忙时间）早上好/您好！欢迎光临，有什么可以帮到您？很高兴为您服务！

⑤（新年或圣诞）先生/小姐，新年好/快乐/圣诞快乐，欢迎光临＊＊旗舰店！

（2）留意顾客所需

导购通过发问，以及留意顾客浏览商品时的细节和行为表现，可掌握顾客的购买欲望，以满足顾客的需要。

导购让顾客自由地挑选商品，并不是意味着对顾客不理不睬、不管不问，关键是应该与顾客保持恰当的距离，用目光余光跟随、观察顾客，一旦发现时机，应立即跟进服务。

➢ 上前打招呼的时机

① 当顾客注视某一商品时。

② 当顾客用手触摸商品时。

③ 当顾客表现出寻找商品的状态时。

④ 当顾客与同伴交谈时。

⑤ 当与顾客的视线相遇时。

⑥ 当顾客将手提袋放下时。

⑦ 当顾客探视橱窗或模特身上的商品时。

⑧ 当顾客取下商品仔细打量并在自己身上比试时。

⑨ 当顾客直接拿商品询问价格时。

➢ 接近顾客的3米原则

"3米原则",就是指在顾客距离导购3米远的时候,导购就可以和顾客打招呼、微笑、目光接触。如果导购在老远的地方就和顾客打招呼,会显得过分热情。相反,如果顾客距离导购很近,而导购视若无睹,毫无反应,则显得过于冷淡。顾客通常喜欢在宽松、自由的购物环境中观赏和挑选。

➢ 接近顾客的常用方式

① 提问接近法。如"您好,有什么可以帮您的吗?""这件衣服很适合您!""请问您穿多大号的?"。

② 介绍接近法。如"您的眼光真好,这是我公司最新上市的产品"。看到顾客对某件商品有兴趣时上前介绍该产品,包括商品特性(如品牌、款式、面料、颜色)、优点(如大方、庄重、时尚)、好处(如舒适、吸汗、凉爽)。

③ 赞美接近法。对顾客的外表、气质等表示赞美,以接近顾客。如"您的包很特别,在哪里买的?""您今天真精神!""小朋友长得好可爱!(针对带小孩的顾客)"。俗语有"良言一句三春暖",好话永远人人爱听。赞美得当,顾客一般都会表示友好,并乐意交流。

④ 示范接近法。利用产品示范展示产品的功效,并结合一定的语言介绍,可帮助顾客了解产品,认识产品。最好的示范就是让顾客试穿。有数据表明,相当多的顾客试穿后能达成交易。顾客试穿时需注意:主动为顾客解开试穿服装的扣子、拉链等;引导顾客到试衣间并在外静候;顾客走出试衣间时,为其整理;诚恳评价试穿效果,可略带夸张和赞美之辞。

无论采取何种方式接近顾客,导购必须注意顾客的表情和反应,察言观色;提问要谨慎,切忌涉及个人隐私;与顾客交流的距离,不宜过近也不宜过远,正确的距离是1.5米左右,即平常所说的社交距离。

(3) 主动展示货品

导购应主动拿起挂件或展开叠装给顾客查看,让顾客更进一步地了解店铺的商品。展示货品时应注意以下细节:

① 留意并主动地询问顾客的需要。要根据顾客的体型、气质等要素展示,并介绍最适合其个性特征的服装。对体型偏胖的顾客,要展示A版型的服装;对体型偏瘦的

顾客，则展示 B 版或 C 版型的服装。

② 耐心地聆听顾客所需。导购向顾客展示商品时，应首先介绍中价位的商品，然后根据顾客的反应，介绍高价商品或低价商品，这样可以避免一开始就介绍高价商品却因顾客预算不足而产生尴尬，也可避免由于向富足的顾客介绍低价商品而引起顾客的不悦。根据顾客需求，有针对性地介绍货品的销售卖点(F. A. B.)。

③ 让顾客完全体会商品使用效果。例如将西裤放置于顾客的腰间并引至镜子前面，使得顾客可以清楚地感受到西裤与上装搭配的效果；或以亲切真诚的态度鼓励顾客试穿，让顾客更加全面地感受穿戴的效果。

④ 给顾客多重选择的机会。向顾客展示同类型而款式、颜色、价格等不同的商品，使顾客有多重选择的机会。

(4) 鼓励试穿

导购如何让顾客找到合适的货品并引发其购买欲，鼓励试穿是非常重要的环节。对于很多服装来说，只有通过试穿才能让顾客最终决定是否购买。通常，男性顾客试穿后成交的概率非常大，女性顾客试穿后的成交率稍低一些。试衣服务的标准流程如下：

第一步：目测顾客的穿衣尺码，尽量做到“一拿准”。

第二步：解开服装扣子、拉链后，将服装交给顾客。

第三步：手拿对应的衣架，使之与被试服装的数量一一对应，可防止货品丢失。

第四步：轻敲试衣间门，确认里面没人之后，为顾客打开试衣间门。

第五步：在顾客进试衣间之前，和顾客打个招呼：“先生，我叫小张，就在试衣间门口，如果衣服尺码不合适，请告诉我，我随时给您调换。”站在试衣间门口，等候顾客。

第六步：顾客走出试衣间后，如有必要，可协助顾客整理好服装；如试穿的是长裤，可采取蹲式服务，蹲下身协助顾客将裤脚边调整到合适的位置，一方面可以让顾客享受服务，另一方面可以使得顾客在照镜观察时有更好的穿着效果。

第七步：与顾客沟通，通过适度赞美，激发顾客购买欲望。

➢ 与顾客沟通应注意的细节

① 导购要了解并掌握顾客的真正需求，因此，应尽量由顾客说出自己的要求，不要自我猜测。

② 导购要善用红花配绿叶的技巧：“您很漂亮！配上这件衣服，您的腰身显得更细了。”

③ 导购要善于赞美。首先，导购要善于发现顾客的美，特别是别人未曾注意的细节美；第二，赞美的内容可以是顾客的身材容貌，也可以是顾客的服装配饰或是随身携带的物品或随行人员；第三，赞美一定要发自内心，否则可能会弄巧成拙。

④ 导购应以谦恭的态度与顾客对话，用自己的专业知识影响和引导顾客，绝不能盛气凌人，以顾问专家自居。

⑤ 导购应重点表达商品独特的价值，例如强调服装的品位、工艺的精细等。

⑥ 导购要站在顾客的立场上，实事求是地提出最适合顾客的建议，切忌为了急于

完成营业指标而说服或建议顾客购买不适用的商品或有质量问题的商品。导购经常容易出现的错误是，只要顾客试穿一件衣服，不管这件衣服是否真的适合该顾客，导购都会说："这件衣服穿在您身上样子很好！""这件衣服正好配您的气质！"如果一件穿在身上并不合适的衣服，导购硬说非常合适，只会引起顾客的反感。只有当顾客感受到导购发自内心的诚意时，才会对导购产生信任，进而成为本店铺的忠诚顾客。

（6）成交

在导购说服与建议的同时，顾客经过比较和评估，会在心中产生对商品、商店，甚至导购的信赖感，这时便进入了成交阶段。成交阶段的服务流程包括两项工作：首先是观察并掌握成交的机会；同时做好成交中的服务工作。

顾客在下定决心购买商品时会有一些迹象，表示对商品有购买的意愿，销售人员应引起注意。以下列举几种可能成交的机会：

① 顾客不断询问问题时，有突然沉默思考的动作。

② 顾客的话题集中在某一特定商品或者与同伴讨论特定商品，并询问意见。

③ 在导购对商品说明的同时，顾客不断地点头。

④ 顾客反复地询问同一问题，例如询问商品质量或售后服务。

⑤ 顾客在离开以后再次回来找同一件商品。

⑥ 有意无意地询问某特定商品销售的好坏。

除了上述情况外，由于每位顾客购买商品的习惯不同，导购可以在日常销售工作中不断用心体会，积累经验，培养自己的敏感度。

（7）附加推销

目的是通过发问与顾客沟通，了解顾客的需要及习惯，给予合适的建议，让顾客马上愿意试穿，使顾客一次性购买到所需的货品，从而节省顾客的时间。此时须做以下工作：介绍配搭货品；介绍新货和畅销货品；主动灵活地推荐促销货品。同时，提供服务：主动提出修改服务、给予有关建议、与顾客核对修改尺寸、主动告知顾客修改完成的时间、询问有关资料以便跟进 。

（8）收银服务

目的是提供有效、快捷而正确的收款，应留意以下细节：

➢引导顾客到收银台

例如"请到这边收银台付账"，将商品轻放于收银台上，并迅速开销货单。

收银员应面带微笑，诚心诚意地迎接前来交款的顾客，首先要说："您好！"然后确定需收取的金额。如果交款的顾客较多，则要说一声："抱歉，让您久等了！"完成收银后，收银员应以感谢的态度恭送顾客："谢谢您的惠顾，欢迎再来！"

收银过程实行"三唱"原则：唱价、唱收、唱找零。让顾客知道商品价格。导购员开单据之前，应将价格标签指给顾客看，并说出标价。收到货款后，收银员要重复收取金额。例如："先生，这款衣服的价格是 109 元，收您 200 元整，找您 91 元，请点一下。这是您的销货单，我们凭此单实行三包，请收好！"（双手递交零钱和购物单据给顾客）；

"这件衣服是 288 元,打 7 折后是 202 元。"这样做能避免由于顾客看错金额而导致的纠纷。货款合一的导购员从顾客手中接过货款时,一定要说:"谢谢您!您给我的刚好是 202 元。"或"谢谢您,收您 220 元,应找您 18 元。"……

➢ 最后点清

当收银员将钱放进收款柜之前,应再次对顾客说:"这件衣服打折后是 202 元,您给我的刚好是 202 元。"或"这件衣服打折后是 202 元,您给我的是 220 元,找您 18 元。"可能有人会认为这样多此一举,或因为工作太忙而省掉这道手续,但这样可能会导致麻烦。因为钱一旦进入收款柜内,除非能记住钞票的号码,否则谁也无法确定哪些钱是自己的。如果顾客记得自己递交的钱是 250 元,双方必定会因此而产生纠纷。因此,必须做最后的确认,以便发现有误时可及时补救。

➢ 再次确认

将找零交给顾客时,要再次确认,当收银员将余额和票据交还给顾客时,要双手递到顾客手上,若顾客不方便,也可以将余额和票据轻轻地放在台子上,绝不能随便扔在柜台或收款台上。在找还的同时,收银员应对顾客说:"对不起,让您久等了!应收您 202 元,您给我的正好是 202 元,请您收好票据!也请您保管好票据,如您回去后,不喜欢这个颜色或款式,或发现有质量问题时,可凭这张票据在 7 天内到我们专卖店来退换。"这时收款工作才算结束。

➢ 包装迅速、准确

收款后,或是由顾客自己将商品装袋,或是由收银员负责,或是在收银台设置专人负责。如果收款和包装的任务集于一身的时候,收银员必须迅速展开包装作业,但如果一味追求迅速,可能会装不好,或损坏商品,反而会影响专卖店的信用。

将商品小心折叠并妥善包装于规定大小的手提袋内(在放入手提袋内前再次让顾客确认商品),如有礼品,也放入手提袋内。要求包装迅速、准确,并双手递交给顾客,同时提醒顾客:"请带好您随身携带的物品。"

➢ 送客服务

致欢送词:"请走好,欢迎下次光临!"

无论客人是否在本店铺消费,都要以微笑和柔和的语气送别顾客,给顾客留下美好的印象。

3. 营业时间内的服务用语

(1) 服务时的礼貌用语

在适当时间使用礼貌用语,有助于顾客对店铺加深好印象。常用服务用语有:

➢ 顾客好像在寻找某样东西

"先生/女士,您好!有什么可以帮到您?"

➢ 顾客需要的货品已卖完

"我介绍您试一下这个款,这个款……"

“麻烦您留下电话和地址，货到时联系您。”

➢ 顾客需要的尺码需要进仓库取

“麻烦您稍等 2 分钟，我到仓库拿给你，可以吗？谢谢！”

➢ 顾客询问试衣间位置

“对不起，给您添麻烦了，试衣间在 * *，请跟我来！”（带路）

➢ 顾客试穿多款而不好意思

“别着急，慢慢试，我很高兴为您服务！”

➢ 顾客决定购买时

“您真有眼光，麻烦您跟我来，到这边付款。”

➢ 顾客付款完毕

“先生/女士，这是找给您的元和收据，请收好，谢谢您！”

“我们还有新到的……”

➢ 顾客表示谢意时

“不用客气，这是我们应该做的，希望下次再为您服务！”

➢ 顾客换货后

“很抱歉，给您添麻烦了，希望我们这样处理能令您满意。”

➢ 营业高峰时段，为防止导购招呼不周而导致顾客抱怨和流失

“真的不好意思，这段时间比较忙，招待不周，请见谅！您先看看我们店今年的这些新款，有喜欢的就叫我一声，好吗？”

“小姐，真的不好意思，让您久等了，请问……”

“真的不好意思，今天店里的顾客比较多，没有时间好好招呼您，真是抱歉。您先在这里坐一会儿喝杯水吧，我忙完了马上过来，好吗？”

“那好吧，您先等一下，我一会儿就过来，不好意思啊。”

（2）服务时的禁忌用语

用语文雅、不恶语伤人，是导购员工作用语“净化”的基本要求之一。所谓禁忌用语，是指在接待顾客过程中所发生的粗语、脏语、讽刺语等不符合服务要求、不适应通俗用语习惯的一些语言。例如：

“你自己看吧。”“不可能出现这种问题。”“这肯定不是我们的原因。”“我不知道。”“您这种体形的尺寸这里没有。”“这么简单的问题你也不明白？”“我只负责卖商品，不负责……”“这些产品质量都差不多，没什么可挑的。”“想好了没有？想好了就赶快交钱。”

每一个导购员，在做到“五个不”（低级庸俗的口头禅不讲；粗鲁侮辱的刺人话不骂；讥讽挖苦的责备语不吐；矫揉造作的体态语不露；生硬唐突的操作语不用）的同时，应该坚持使用文明用语，纠正不良的说话习惯，努力清除语言污染。

(3) 服务的语言艺术

① 给顾客介绍产品时,记住本店铺的货品只有好、很好、更好,绝不能出现这件不好而另一件比较好的介绍用词。

② 不用否定型,而用肯定型句子。例如"我们现在只有××商品",顾客不会觉得被拒绝,或许还会产生看看其他商品的意念。

③ 不用命令型,而用请求型的句子。例如"您看这样的款式可以吗?"或"您方便的话请留下您的电话!"等,含有请求的意味,顾客可能会欣然接受,愉快地同意。

④ 以恳切的语气作结语。例如"很适合您不是吗?"或"搭配起来很理想"等。语气显得很谦逊,整体听起来相当恳切,没有虚假的言行,使顾客产生充分被尊重的感觉。

⑤ 拒绝顾客时要先说"对不起",然后再说明原因,并运用请求型语气。例如"很对不起,请原谅,您要的尺码刚卖完,可否请您等两天,我试着从公司或其他店铺调,要不您留下电话,一到货我马上联络您?",从而冲淡了拒绝的印象,而且能感受到销售人员的美意。

⑥ 不可武断,而以暗示或建议的原则,让顾客自己说出"我觉得这个比较好"或"我觉得这个比较适合我"等等,让顾客有自己决定的满足感。

⑦ 与顾客第一次商谈时,尽量避免用具体的形容词来赞美顾客,应以比较普遍的形容词。例如"您穿这款式感觉蛮好的"等等。因为同顾客初次接触就用很具体的形容词赞美顾客,会让顾客觉得很假,缺乏诚意。

⑧ 要学会改变一般的说话习惯用语,避免说"您是挺胖的"而应说"这件衣服太小了";瘦小应说"苗条",肥胖应说"丰满";解释降价原因时,清库应说"回馈"或"让利"。

⑨ 和顾客商谈时,说话顺序也会产生不同的效果。例如"质量很好,所以价格高",会使顾客产生价格高的印象。应该先说负面再说正面,例如"价格虽然高,但品质优良",顾客会产生品质优良的印象。

⑩ 当顾客表现出将要决定的态度,例如试穿或欣赏时,或准备打开钱包时,要学会巧妙地终止谈话,以掌握商机。

⑪ 与顾客谈话时,不能连续询问,因为这样会让人产生自己被调查的感觉。只有在得到对方的回答后,才做作连续性的商品说明,询问的话题必须能促进消费者的购买欲。

⑫ 任何顾客都不希望到店铺来接受教育,因此,导购的介绍应适可而止。

4. 神秘人制度

顾客的期望与其对零售商提供服务的感觉之间往往存在差距。要缩小整体的服务差距,零售商可以采用多种方式,如设计用于保证服务水平稳定性的服务标准、采用质量控制体系法(ISO 认证)、对服务人员培训、零售管理人员巡店和"神秘人"制度等。其中,"神秘人"制度能够有效评价和改进店铺服务水平。

所谓"神秘人"制度,其实施过程是:首先,参照连锁零售品牌的服务规范制定评分标准;再次,由调查人员以匿名顾客的身份进入店铺,接受服务;最后,根据服务人员的服务水平进行打分，以此来评定店铺服务水平的高低。由于该方法是在服务人员不知情的情况下进行的，能够真实地反映店铺的实际服务水平，准确性高。在调查后，店铺可以根据调查结果改进存在的具体问题。将这一方法反复使用，可以迅速有效地找出服务中的薄弱环节，并有针对性地进行改正，最终起到改进服务水平的目的。由于该方法成本低，操作简单，针对性强，效果明显，已被越来越多的服装连锁品牌所采用。

"神秘人"调查不仅可以控制连锁店服务水平，还能反映很多客观问题，这些在品牌的日常管理中是很难察觉到的。比如店铺的客流量，有些店铺地处闹市区，客流量大，店员人手不足，这可以从不同时段的服务水平差异较大，以及一位店员服务的顾客数较多等数据反映。如果部分店铺出现店员在繁忙时段由于客流密度过大而忙不过来的现象，企业就应考虑在这些店铺增加店员。如果不同时段一位店员服务的顾客数一直很大，则应该考虑增加正式店员；如果不同时段一位店员服务的顾客数相差较大，则可以考虑增加临时店员，把需要培训少、难度低的工作分配给临时店员，让有经验、有技巧的正式店员腾出时间来做好难度较高的服务工作。

四、售后服务

售后服务管理是指店铺向已购买商品的顾客所提供的服务，它是商品质量的延伸，也是对顾客感情的延伸。这种服务管理的目的是为了增加产品实体的附加价值，解决客户由于使用本店铺产品而带来的一切问题和麻烦，使其愉悦使用，从而增加客户购买后的满足感或减少客户购买后的不满情绪，以维系和发展本品牌的目标市场，使新客户成为"回头客"，或者乐意向他人推荐本店铺的产品。售后服务管理的关键是坚持、守信、实在，主要方式有：包退包换、安装用户免费热线电话、商品质量保证、组织顾客现场交流、客户抱怨处理、顾客联谊活动、向用户赠送自办刊物和小礼品等。

1. 改衣服务

顾客购买了服装店铺的产品，店铺有义务为顾客提供改衣服务。

改衣服务原则：修改后衣服的款式不变；以最简单的修改为基准，如袖子或裤子改短等；如果顾客要求进行复杂的修改，应与技术人员联系后再答复，不可擅自决定。

改衣程序：帮助顾客量好改衣尺寸，并请顾客确认，填写"改衣卡"或"取衣卡"。

案例 6-3

Y 品牌裤装的免费服务

1995 年起步的 Y 品牌裤业有限公司，历经多年的发展，如今已经在全国拥有上千家专卖店，成为国内最大的裤装品牌之一。公司之所以能站稳脚跟并飞速发展，服务起到了关键性的作用。步入任何一家 Y 品牌裤业专卖店，墙上都有这样一句温馨的话："在 Y 品牌裤业，您购买时只需要试试裤子，然后喝点水，休息一下，其余的事让我们来做。"公司创立伊始就率先提出了"无障碍退换货、终身免费熨烫、缭边"的服务理念。由于该品牌主要针对县城市场，人员流动性小，这一免费服务举措在当地产生了良好的口碑效应，使得很多顾客成为其忠实顾客。

2. 资讯服务

货品售出后，店员应及时对顾客说明成分标签上的面料成分和质地特性，并告知商品洗涤和穿着方法；对于某些质地只能水洗或只能干洗的服装，必须特别说明，而且要写在发票上。这样做一方面会带给顾客一种受到周到服务的良好感觉，同时也尽量减少由于顾客的穿着洗涤方式不当所产生的产品质量抱怨与投诉。

3. 退换货服务

（1）货品退换程序

① 热情接待。

② 耐心听取购买时间和退换原因。

③ 检验发票，检验商品，确保可再次销售。

④ 按退换货权限进行调换和退货。

（2）退货服务标准

① 接待退换商品的顾客，要像对待购买商品的顾客一样热情，保持微笑。

② 无论顾客态度如何，都要以礼相让，坚持原则，说话和气，耐心解释。

③ 礼貌地请顾客出示收据并检查顾客带回的货品状况。

④ 对新取的货品，应请顾客试穿或检查质量。

⑤ 解决问题及时，不推诿或拖延。

⑥ 超越权限的事，交主管处理。

（3）退换货制度

目前，我国还没有鞋服类商品质量“三包”的统一专项标准，但有些城市已制定了相关地方标准。企业应遵守相关政府规定或按照高于相关规定的标准，来制定企业服务标准。

案例 6-4

某男装品牌的退换货规定

如顾客投诉货品有质量问题，经店长检查后情况属实，可以无条件地为顾客换取其他货品，但需满足相关规定：

① 顾客须在购物日起 7 天内，凭购物单据至所购专卖店换货。

② 货品只可换一次，且货品一定要吊牌未剪，未经穿着、弄污、人为损坏、洗涤和修改；如发现货品经穿着、弄污、人为损坏、洗涤、修改，专卖店有权不予换货。

③ 如未能鉴定是否有质量问题，可连同货品收据和换货报告，送交公司检验。

④ 顾客要求更换款式而价格有差异时，应依照以下原则处理：

a. 原则上只在同类商品间调换。

b. 所换的货品价格若高于先前购买的货品，差额需由顾客以现金补足。

c. 先前购买货品之价格，以单据所印为准，所换货品以当日销售价格为准。

⑤ 在销售过程中，导购员必须提醒顾客保留购物单据，以便在购物日起7天内方便处理换货服务。

⑥ 特价品不享受换货服务。

⑦ 顾客换货后应将购物单据收回，妥善保管备查；如顾客更换款式，须开红字单据，一联给顾客作为换货凭据，其余几联留底备查。

⑧ 若顾客遗失单据，专卖店不能提供任何换货、退款服务。

⑨ 退款：原则上不给予退款，若顾客要求退款必须持有效单据，退款额以单据上的金额为标准，不可立即回复顾客，需交有关负责人处理并在1个工作日内回复。

案例 6-5

某运动品牌的"三包"规定

(1) "三包"(修、换、退)期限

真皮鞋类：为发票或销售凭证起始日至3个月内。

非真皮鞋类：为发票或销售凭证起始日至1个月内。

服装类：为发票或销售凭证起始日至15天内。

(2) "三包"范围

包修：在"三包"期限内，正常穿着情况下出现开胶、脱线、跟面脱落等质量问题，均属保修范围。

包退：在"三包"期限内，出现断底(跟)、断帮面、返修后仍出现严重质量问题，服装出现严重褪色，负责退换。

包换：未穿过的新鞋不成双、鞋号大小不一，服装类裤管、袖子长短不一等，可以调换。

(3) 有下列情况之一者，不实行"三包"：

① 无销售凭证。

② 消费者穿着或保管不当而造成损失(如在过高或过低的温度下存放，或洗涤方法不正确等)。

③ 出现质量问题后，消费者自行维修而造成严重破损。

④ 一次性进行销价处理的产品，如注明：处理品、等外品、B级、残次品等。

⑤ 超出"三包"期限。

(4) 洗涤保养服务

随着市场竞争的日趋激烈，服装品牌之间的同质化竞争日益明显，有些品牌为了实现差异化竞争，提出了服装产品的免费洗涤保养服务，并取得了很好的市场反响。目前提供此类售后服务的服装主要集中在西装和皮衣领域。

案例 6-6

X 西装品牌的终身免费干洗服务

X 西装品牌公司投巨资分别在河南、河北建立了现代化的干洗厂，严格 6 道国际标准的干洗程序，严守干洗周期 4 天的承诺，200 多辆干洗服务车昼夜为干洗服务。据粗略计算，一套西服洗涤 3 年的费用相当于一套西服的全部利润，公司仅干洗这一项服务，每年就要支出 2000 多万元，每年利润的 35%用于售后服务。由于该品牌定位中档，免费干洗服务可以在目标客群中产生较大吸引力。实践证明，率先在行业内提出免费干洗服务，为 X 品牌的快速发展起到了巨大推动作用。

4. 顾客投诉处理

投诉的表象是客户对商品或服务的不满与责难，其本质则是客户对企业信赖度与期待度的体现，也是企业弱点所在。

(1) 投诉处理的意义

① 恢复客户对企业的信赖感。

② 避免引起更大的纠纷和恶性事件。

③ 收集信息。

④ 满意客户将是最好的中介(满意客户会将其满意度告诉另外的 2～5 人)。

⑤ 不满意客户是企业的灾难(不满客户会将其不满意度告诉另外的 25 人)。

(2) 顾客投诉处理的原则

不论是店铺的导购或店长，还是其他高层管理人员，在接到顾客的抱怨或投诉时，其处理的原则都是一致的。

① 树立“顾客永远是正确的，必须用顾客能获得满意的方式解决问题”的观念。有了这种观念，才能用平和的心态来处理顾客的投诉。这包括以下三个方面的含义：

a. 带着报怨和不满而来投诉的顾客，是对本品牌与店铺仍有期望的顾客。

b. 对于顾客的投诉行为，给予肯定、鼓励和感谢。

c. 最大限度地满足顾客的要求。

② 控制自己的情绪，避免感情用事，冷静斟酌选用对应语句，用缓和的速度说话，争取思考时间有效回复。

③ 牢记导购代表的是品牌形象，绝不可抱着“事不关己”的态度。

④ 处理顾客投诉，切忌拖延，而且处理投诉的行动要尽可能地让顾客明显觉察得到，以缓和顾客的怨气。

⑤ 给顾客道歉时要有诚意，绝不可口是心非，应由衷地、发自内心地关心顾客的焦虑。

⑥ 对顾客的抱怨要以婉转的方式表达，心平气和地加以解释，如果没有必要做解释，应少说为宜。

(3) 处理顾客投诉的步骤

处理顾客的投诉，相对来说是一件比较复杂的事情，需要导购具有一定工作经验的积累。导购应按以下步骤处理顾客的投诉：

➢ 保持冷静与自信

顾客投诉时，在言语和态度上往往带着一定的情绪，甚至有些非理性的行为，在这种情况的感染下，导购总是会感觉顾客在责备自己，也很容易被激怒，从而采取防卫性的行动和态度，甚至不愿面对和处理顾客的抱怨和投诉。事实上，顾客的抱怨并非针对某位导购，导购采取的对立态度，往往会让对方产生负面的反应，从而激化矛盾，而很多事情并不需要用冲突的方式解决。因此，为了降低顾客的激动情绪，让双方可以客观地面对问题，导购一开始必须保持沉着冷静，用友善的态度请顾客说明事情的原因。

导购应充分认识自己在处理顾客投诉时的角色，用充满自信的态度来接受顾客的抱怨，相信自己最终能最大限度地让顾客获得满意的答复。

➢ 认真倾听

认真耐心地倾听顾客对所发生问题的描述，不论顾客的情绪多么激动或叙说的时间有多久，都应仔细听完。认真倾听应注意以下几个方面：

① 让顾客先发泄不满的情绪。顾客如还没有把事情讲完就中途打断进行辩解，只会更加激怒对方，如果让顾客把要说的话说完，让其充分发泄要表达的情绪，可以让对方有种放松的感觉，心情会平和许多。

② 利用肢体语言转化顾客目前的情绪。倾听时应用专注的眼神和适时的点头表示自己正在仔细倾听，让顾客感知自己的意见受到了重视，同时导购也可借机观察顾客在描述意见时的各种情绪和态度，以此来决定后续的对应方式。

③ 倾听事情发生的细节，确认问题的关键所在。倾听不仅仅是一种动作，导购必须通过倾听来准确地了解事情的每个细节，然后确认关键所在，并当着顾客的面将问题的重点做书面记录。对于投诉的内容，如果在顾客叙述完后还是不十分明白，可再次询问对方，但要注意千万不能让顾客产生不被信任的感觉，应用委婉的语气请求对方提供想要确认的事情。例如“很抱歉，有一个地方我还是不明白，是不是可以再向您请问有关＊＊＊的问题”。在对方重新叙说时，导购应随时用“我懂了”或“我明白”来表示对问题的了解情况。

④ 不可与顾客争辩，不可指出顾客的错误。即使顾客的投诉是不合理，或错误的，也不可和顾客争辩。事实上，导购要做到这一点是很困难的。试想当怒气冲冲的顾客在你面前大发抱怨之言，却不是自己的原因，的确很难控制自己的情绪而保持冷静。但无论如何，与顾客争辩是很不明智的，即使是顾客之错，直接指出也是很不礼貌的。如果因为与顾客争辩使自己处于上风，顾客因为恼羞成怒或感到不好意思而不再光临，店铺失去的将是这位顾客及其背后的朋友圈。最好的方法是婉转地以间接的方式进行劝说，最终使顾客放弃投诉。总的原则应是寻找解决问题的办法，而不是指责谁的责任。

➢ 运用同情心

在顾客将事情的原因全部叙述完毕后，导购应运用深感同情的心理来回应对方，即站在顾客的立场，为顾客着想，扮演顾客的支持者，并且让顾客明白自己非常理解整个事情对其产生的影响，如："您说的对，换了我也会这么认为的……"或"实在抱歉，不过很感谢您告诉我们这款服装的缺陷，让我们知道了改进的地方，我会把您提出的问题写在顾客意见簿上，告诉我们的店长和其他同事，我们会加强对该款的检验……"等。

➢ 深表歉意

不管引起顾客投诉的责任是否在于店铺，只要能够诚心地向顾客表示歉意，并感谢顾客的意见，都会让顾客感觉自己受到了尊重。站在导购的立场，如果没有顾客的投诉，导购就不会知道本店铺的产品和服务存在哪些问题。一般而言，顾客愿意向店铺投诉，说明他们将会继续光临这家店铺，同时相信他们提出的问题能够得到妥善解决。因此，对于任何前来投诉的顾客，都应向其表示道歉和感谢。

➢ 及时有效地提供解决方案

处理投诉的速度与顾客的满意度十分重要，迟到的解决方式很难令顾客感到满意；同时，态度也很重要，即使给予顾客的补偿十分优厚、及时，但如果态度不好，也很难令顾客满意。

解决投诉方案时，要考虑问题的重点，分析投诉事件的严重性。问题的重点是顾客要获得怎样的需求：是换货、退货还是要求导购道歉？事情的严重性指判断是偶发性事件还是会批量产生的事件？如服装洗涤褪色但已卖出很多，或批量售出的商品中有1～2件存在拉链不平整现象。

负责处理投诉的员工提出任何解决方法时，都必须诚恳地与顾客沟通，并获得对方的同意，重要的是务必让顾客了解公司的诚意和付出的努力。

➢ 执行解决方案

当双方都同意解决的方案后，必须立即执行。如果在导购权限之内，应迅速、利索地圆满解决，如不能当场解决或无权单独解决时，则应明确地将事情的原因、处理的程序和手续、处理时间长短和经办人姓名等告知对方，同时请顾客留下联络电话，以便及时通知。

在顾客等待处理结果期间，导购应随时了解投诉处理的进展，当遇到变化时必须立即通知顾客，直至投诉全部处理完毕。

➢ 投诉的工作跟进

顾客的投诉经过妥善处理后，并不是事件的最终结束，某一例投诉并不是反映一位顾客的特殊需求，服装零售终端必须进行分析和总结，其目的不仅仅在于减少顾客的再次投诉，更在于通过每一位顾客的投诉处理，与他们建立友善且长远的客户关系。

① 分析处理得失。对于每一次顾客投诉的处理，都必须做好完整的书面记录并

存档，作为日后查询和定期分析投诉处理得失的依据。

一旦发现某些投诉经常发生，就必须追踪问题的根源，以改进现有的作业程序或明确规定处理办法。对于偶发性投诉或特殊情况的抱怨，店长或上级主管也应明确制定管理办法，以作为类似事情再发生时及时处理的依据。

② 对店内人员进行宣传督导，防止事件的再发生，利用早会或宣传栏向店内所有相关工作人员讲述事情的经过，并了解处理与改善方法。

③ 对于当场或当天不能解决的投诉，一旦处理完毕，必须立即书面或电话通知当事人，对给顾客所造成的麻烦再次真诚地致歉，确保每一件投诉事件均得到妥善解决，并给予顾客满意的答复。

④ 由消费者协会移交处理的投诉事件，在处理结束后务必与消费者协会联系，让对方知道事件处理的过程和结果。

⑤ 根据顾客投诉记录，店内导购应务必认识每位投诉的顾客，当该顾客再度光临时，应用热情的态度主动招呼对方。

➢ 如何接待异常激动的投诉顾客

如果顾客一开始就以非常愤怒的口吻和态度向店方提出不满，表示他所买到的商品非常恶劣，或者他受到了极不友好的服务，以致物质上和精神上都受到严重的伤害。面对这种情形，一定要真诚、柔和地向顾客道歉，详细了解顾客的不满和苦衷，找出最好的解决方式。如果顾客在沟通时勃然大怒，通常有两种原因：一是店员说了令人不愉快的话语；二是顾客不满意店员的解释。不管是哪种因素激怒了顾客，都要马上找出顾客生气的原因，并立即进行补救。可采取以下两种方法来缓和顾客的怒气：

① 撤换当事人。当顾客极度愤怒时，通常不会再相信店员的说明。假如该店员按主观意愿继续解释，会加剧顾客的不满和怒气。此时，应让其他人员来处理，而且应选择有经验、懂技巧、职位更高的高级主管，这会使顾客产生自己受重视的感觉。

② 改变场所。许多怒气冲冲的顾客会当场在店内高声抱怨。在这些顾客中，有些原本就是大嗓门，而有些是因为精神亢奋、情绪激动所致。另外，以高音量来压倒对方而显示自己的优势，也是人们常有的反应。遇到这种情况时，负责调解的人一定要沉着冷静，不可因为对方情绪激动，自己也跟着情绪化，而违背了调解人员该有的立场。当顾客在店内大声吵闹时，无疑会破坏店内购物气氛，从而影响店内其他顾客。

采用大声吵闹的方式的顾客，潜意识里是想引起他人的注意，以此来达到目的。因此，请他到另外一个场所，如员工休息室，并及时提供饮料或点心，可帮助他缓和情绪。

➢ 投诉处理过程中的"禁语"

"这种问题连3岁小孩都懂。"

"不可能，绝不可能发生这种事儿。"

"这种问题不关我的事，请去问生产厂家，我只负责卖货。"

"嗯……这个问题我不大清楚。"

"我绝对没有说过那种话。"

"不会。""没办法。""不行。"

"这是本店的规定。"

"改天我再和你联系。"

"别人穿得挺好的呀。"

"我们没发现这个毛病呀。"

"你先听我解释。"

"我们一直都是这么卖的。"

"你也有不对的地方。"

"你怎么这么讲话。"

"爱告哪儿就告哪儿。"

"这事没法儿办。"

"你去找消协吧,这是他们的电话。"

五、顾客关系管理

顾客是一个庞杂而多层次的集体,对顾客进行科学管理,是店铺掌握顾客需要,获得并保持顾客的关键一环。顾客管理可以帮助服装店铺建立与顾客沟通的双向管道,掌握消费趋势和时尚潮流,拉近与受众的距离,培养长期的顾客,培养顾客坚实的向心力和忠诚度,同时建立良好的店铺形象。

客户关系管理能把一次性客户转化为长期客户,把长期客户转化为终身忠诚客户。顾客管理有两个核心:一是不断发展忠诚/VIP 顾客;二是增加忠诚/VIP 顾客的重复购买。顾客管理要达到提升销售额的目标,就需要以顾客为导向,不断发现并满足顾客需求,经常超出顾客的期望值。客户管理系统构架如图 6-3 所示。

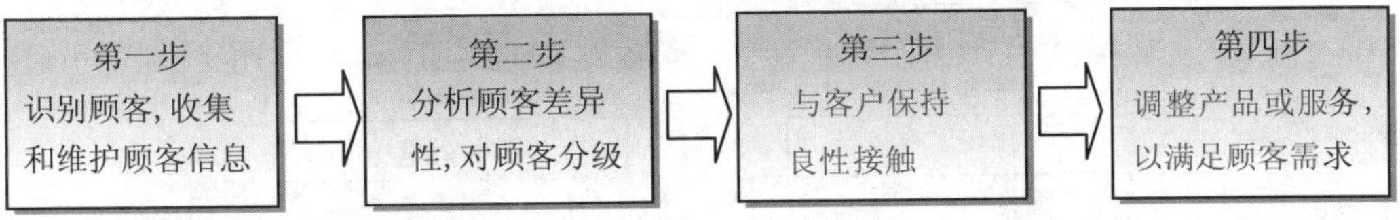

图 6-3 顾客关系管理的工作流程

1. 顾客关系管理的内容

(1) 建立顾客数据库

顾客包括每一位能影响店铺盈利的人,是一个庞杂而又多层次的集体。"建档管理"是将顾客的各项资料加以记录、保存,并分析、整理、应用,借以巩固顾客与店铺的关系,从而提升经营业绩的管理方法。其中,"客户资料卡"是一种常用工具,通常包括以下三个方面的内容:

① 客户基础资料:主要指客户的名称、地址、性别、电话。

② 客户特征:相貌、身材、年龄、性格。

③ 历史消费记录:主要包括消费的产品编号、消费日期、件数、单价、折扣情况等。

顾客管理是专卖店一项长期的工作，拥有一定数量的长期顾客，对提高专卖店的知名度，保证专卖店营业收入有极大帮助。

（2）顾客调查

认识顾客、了解顾客是服装店铺特别注重的工作内容。一个具有稳定客源与良好经营业绩的服装店铺，必须通过各种方法和途径了解：顾客的需求和期待是什么？对顾客来说，其中最重要的是什么？对于这些需求和期待，本店铺能满足多少？竞争对手能满足多少？店铺如何才能做到不只是单纯地满足顾客需要，而是真正地满足顾客所追求的价值？

（3）组织顾客系列化

一家服装店铺的顾客少则几十个、几百个，多则几千甚至上万。如何管理好如此众多的顾客，是一个十分重要而又急需解决的问题。组织顾客系列化，是一种化繁为简、行之有效的管理方法，具体操作时可使用以下两种不同的工具：

① 按顾客对待产品的态度组织。按照顾客对待产品的态度，可将顾客分为忠诚顾客、品牌转移顾客和无品牌忠诚顾客三类。管理的重点是培养对本店铺产品忠诚的顾客。

② 按顾客购买产品的金额组织。按顾客在本店购买产品的金额多少，将顾客划分为 A、B、C 三类：A 类，大客户，购买金额大，客户数量少；B 类，小客户，购买金额少，客户数量多；C 类，一般客户，介于 A、B 类之间。管理的重点是抓好 A 类客户，照顾 B 类客户。

将顾客系列化有利于培养本店铺产品的忠诚顾客。顾客系列化程度高，说明店铺产品形象好，有十分良好的顾客关系。根据顾客系列化，店铺应与忠诚顾客保持密切联系，同时吸引品牌转移顾客和无品牌忠诚顾客（图 6-4）。

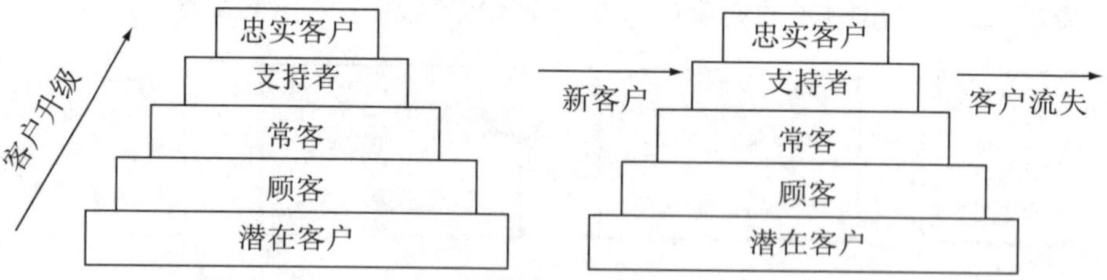

图 6-4　顾客的动态流动管理

2. 顾客关系管理基本原则

（1）让客户更方便

要让客户更便于取得店铺的服务，就如同家门口的杂货店，随时都能得到自己想要的信息。店铺可以让客户自己选择电话、网站、传真、E-mail 或面对面等沟通方式，及时取得产品信息、服务或提出建议。

（2）给顾客更多实惠

精明的经营者经常额外给予顾客的小恩小惠，会使新顾客成为回头客，而老顾客经常光临。表面上看，店铺使顾客得到优惠会受损失，但只要回头客多，这点损失会很快成倍地赚回来。优惠措施的实施，其关键在于给顾客优惠多少？给什么样的优惠？太少，无法打动顾客；太多，会使顾客怀疑，反而产生误会。优惠的多少一般根据出售商品的价格或经营所获得的利润来决定。

店铺选择优惠措施时，只需遵循一个原则：让顾客欣然接受，而且真正感觉得到了优惠。真正的优惠在于店铺优美的购物环境、优良的商品和服务质量、高尚的职业道德、周到的售后服务等，这才是店铺最终吸引回头客的根本原因。

(3)对客户更亲切

由于过分重视科学技术及其设备，使得很多服装店铺与客户接触时，变成了冰冷的"自动贩卖机"，尤其当店铺与客户间的关系纯粹是钱货交易时，客户对店铺的选择只依据价格，对店铺毫无忠诚度可言。

(4)优先对待老顾客

更多体现在对老顾客的接待上，如当顾客走到店铺前，导购可以说："您是特别的客人，我们为您准备了特别的礼物！"相信顾客必然会感受到这家店铺实施优先对待老顾客的接待态度。如不以一般性招呼"欢迎光临"来欢迎老顾客，而是笑眯眯地说："您今天下班比以往早啊，工作一天一定很累了吧！"相信顾客不但感到亲切，也会感到本店对老顾客的服务非常特别。如果导购极其忙碌，几乎没有和顾客说话的时间，表现出亲切的态度即可，最重要的是让顾客感受到"这家店总是以特别的态度对待我"。

留下老顾客的详细资料，包括：联系方式、姓名、身高、胸围、腰围、裤长、喜好、生日、结婚纪念日、购买频率等，并与顾客保持联络。当得知顾客过生日或结婚时，应及时祝贺。

(5)诚心接受顾客批评，虚心向顾客学习

诚心听取顾客意见和建议，及时记录、整理后反馈给公司，并向顾客反馈信息，时刻让顾客感到这是自己的品牌。

(6)个性化的接待

店铺要把每一位客户当作一个永恒的宝藏，而不是一次交易，所以必须了解每一位客户的喜好与习惯，并适时提供建议。要使光临店铺的顾客成为自己的老主顾，首先要求导购与顾客建立良好的人际关系，记住对方的容貌与名字，良好的人际关系也是从记住客人的容貌与名字开始的，如叫客人"陈太太"比叫她"这位客人"更能让她觉得愉快和亲切。进一步了解顾客的嗜好、性格与兴趣等。如了解客人想要的商品，并设法备齐；当导购看到一件某位顾客喜欢的商品，要及时告知对方，使客人真正喜欢来本店铺购物，从而成为老主顾。

(7)立即响应

对于客户行为，店铺必须通过每一次的接触不断总结，并且敏感地立即响应。

信息时代的客户关系管理，就是建立方便、关怀、个性化、立即响应的经营模式，透过网络与技术，让千里以外的客户都能感受到店铺的关怀。

严格遵守与顾客的约定和承诺，发生变化时，应及时通知顾客；如不能及时通知，应主动真诚地向顾客道歉，同时告知对方补救措施。有优惠活动时，应提前通知老顾客，并讲明活动细则；老顾客有特殊要求时，应尽最大努力满足。

经常变换陈列方式，变换吊旗或POP，变换展示方式，时刻以新颖面孔吸引老顾客。

案例6-7

某时装品牌VIP业务管理规范

1. VIP系统推广的目标

① 完善客户资源管理与品牌建设。

② 提高产品附加值，扩大边缘利润。

③ 扩大市场份额、扩大适销群体的占有比率。

④ 建立以市场需求为导向的经营体系。

2. VIP系统推广的目的

① 完善品牌经营中的相关环节。

② 强化和巩固品牌的固定消费群体，并使之不间断地增长，使品牌服务得以深化，以满足消费者在消费过程中的心理需求。

③ 建立健全的品牌客户管理系统，达到对目标市场的认知及了解，增强经营活动的目的性与计划性。

④ 带动单店网络管理系统的实施与发展。

⑤ 增强消费群体对品牌的认知与关注。

3. VIP系统推广的原则

① 切实地服务于忠实品牌的固定消费群体，使其享受公司提供的最大化服务及可能范围内的优惠政策。

② 建立完善的操作体系，充分整合公司有效资源，以体现公司品牌资产价值的最大化。

③ 操作系统应在可能范围内、在各环节基础上尽量简化，使其有延续性。

4. 关于VIP卡(金卡/银卡)

① 使用有效期：

a. 银卡：一年。顾客在持卡有效期间累计消费满3000元(含3000元)，有效期结束后可无条件更换新卡，否则该卡作废。

b. 金卡：一年。顾客在持卡有效期间累计消费满5000元(含5000元)，有效期结束后可无条件更换新卡，否则该卡作废。

② VIP卡适用品牌和范围：各级别VIP卡(含金卡/银卡)均适用于本品牌，折扣标准适用于原价。

5. VIP卡使用说明

① 关于获得银卡的资格：

a. 原有VIP卡顾客发卡标准，累计5000元的顾客可免费更换。

b. 原有VIP卡顾客根据系统记录消费信息，半年内有消费记录的免费更换（不包括第一条所列部分）。

c. 其他原有VIP卡顾客由公司统一以电话/短信方式通知，自通知日起半年内累计消费满3000元可免费更换。

d. 新顾客资源中一次性消费满5000元，可登记顾客资料卡，获取银卡。

② 关于获得金卡的资格：

a. 持银卡累计消费达10000元可免费更换金卡。

b. 一次性消费达8000元以上可免费获得金卡。

③ 关于发卡方式：

a. VIP管理员整理符合发卡条件的顾客资料，经店长确认后于1周内以邮寄方式直接寄至顾客。

b. 新发卡顾客由店长登记完整顾客资料后（外埠先发传真至核算部）随日报寄回公司，经VIP管理员复核无误后于1周内以邮寄方式直接寄至顾客。

c. 已办卡顾客在VIP卡未收到时在店内消费，经公司VIP管理员复核无误后可按持卡顾客对待，享受VIP优惠。

6. VIP卡享受的优惠及服务

① 银卡：

a. 顾客在享受原有高品质服务的同时，对所购商品享受原价的85%的优惠。

b. 公司根据顾客消费累计情况，不定期举行特殊回馈活动，回馈对象以公司统计资料为依据。

c. 持卡有效期内累计消费达3000元（含3000元）以上，可在有效期结束后免费更换新卡。

d. 持卡有效期内累计购物达10000元（含10000元）以上，可升级至金卡，享受金卡的优惠政策。

② 金卡：

a. 顾客在享受原有高品质服务的同时，对所购商品享受原价的80%的优惠。

b. 公司根据顾客消费累计情况，不定期举行特殊回馈活动，回馈对象以公司统计资料为依据。

7. 各类VIP卡的禁用范围

① 超过VIP卡有效使用年限。

② 公司组织的大型特卖场和特卖会。

③ VIP卡不享受折上折优惠（顾客可以任意选择VIP折扣或者商场现有的促销活动）；VIP卡不可与商场的贵宾卡同时使用。

8. VIP顾客档案管理

① 顾客资料卡对品牌管理的作用：

a. 了解目标市场消费群体的相关信息，为经营决策提供依据。

b. 可为品牌发展战略提供相关支持。

c. 可与消费群体建立直线联系。

d. 提供高品质服务的基本条件。

② 顾客资料卡管理程序：

a. 店内顾客资料卡存档：以店内顾客资料档案形式，保存顾客资料卡原件，由顾客及导购共同填写。

b. 系统内顾客资料卡存档：以电子表格的形式，保存在公司电脑部数据终端，由导购填写、录入，由VIP管理员审核、提交。

③ VIP顾客信息的收集规范：

a. 报表编制规范

- 销售凭证上必须注明VIP卡号。
- 销售日报编制时对于VIP消费需单独填写并注明卡号。
- 系统录入必须对应录入日报/销售凭证上的VIP卡号。

b. 信息反馈

- 系统支持VIP顾客试穿后未成交的信息反馈。
- 系统提供VIP顾客反馈的其他与经营相关的内容的收集。

c. 资源分析

- VIP管理员按周/月提供相关VIP信息报告（发卡进度、VIP顾客消费分析、VIP顾客信息反馈等）。
- 公司经营环节及时分析相关报告，并进行有针对性的经营决策。

附表：客户资料表（VIP贵宾申请表）

NO. 000001

一、个人资料

姓名：____________________ 性别：□先生 □小姐

出生日期： 年 月 日 信仰：________________

通讯方式1：________________ 2：________________

通信地址：____

邮政编码：____________________ Email：________________

证件种类/号码：____________________________________

职业：

□1. 家庭主妇 □2. 公务员 □3. 企业家/私营业主 □4. 管理人员

□5. 技术人员 □6. 学 生 □7. 文化艺术工作者 □8. 自由职业

□9. 其他（请注明）____________________________

个人月收入（元）：

□1500以下 □1500～1999 □2000～2999 □3000～4999

□5000～7999 □8000以上

二、购物资料

适合的尺码：

上装：□155/80 □160/84 □165/88 □170/92 □175/96

下装：□155/80 □160/84 □165/88 □170/92 □175/96

喜欢的着装风格：

□简洁 □优雅 □成熟 □华贵 □飘逸 □清纯 □野性

□中性 □前卫 □休闲 □时尚 □性感 □舒适

喜欢的着装颜色：

□红 □橙 □黄 □绿 □蓝 □米 □紫 □棕 □黑 □白

□灰 □其他(请注明)________________

经常购买的品牌：

品牌：1. ________ 2. ________ 3. ________

三、日后寄赠的精美礼物、最新流行资讯和优惠资讯

□ 1. 希望收取 □ 2. 不希望收取

四、申请 VIP 贵宾卡类型

□ 1. 金卡 □2. 银卡 □3. 会员卡

五、店铺信息

赠卡形式：□ 一次性购物 □ 累计购物

□其他(请注明)________________

申请日期：________ 贵宾确认：________

销售单号：________ 经办员工：________

店长确认：________

说明：1. 申请表填写好后，请于第一时间通知公司取回。

2. 贵宾卡编号由公司编取，印制后会及时送达店铺。

3. 接卡后请核对，确认无误后请及时通知贵宾。

参考文献

1.［美］昂德希尔. 顾客为什么购买. 刘尚焱，译. 北京：中信出版社，2004.

2.［美］迈克尔·利维，巴顿·韦茨. 零售管理.4版. 俞利军，王欣红，译. 北京：人民邮电出版社，2004.

3.［美］斯蒂芬·P·罗宾斯.组织行为学.7版.北京：中国人民大学出版社，2005.

4.杨大筠，李宽. 店铺运作. 北京：中国纺织出版社，2004.

5.蒋智威. 服装营销结构与工具. 上海：东华大学出版社，2001.

6.万艳敏. 服装营销战略、设计、运作. 上海：东华大学出版社，2001.

7.邓国区. 人力资源管理. 南京：南京大学出版社，2007.

8.范志红. 店铺商品管理. 北京：机械工业出版社，2007.

9.王建四. 服装应该这样卖. 北京：北京大学出版社，2008.

10.高绍凤. 应用气候学. 北京：气象出版社，2001.